有机增长

激活高产行为
以取得非凡业绩

[美] 伯纳德·J. 贾沃斯基（Bernard J. Jaworski） 著
[美] 罗伯特·S. 卢里（Robert S. Lurie）

孙琰 译

THE ORGANIC GROWTH PLAYBOOK
ACTIVATE HIGH-YIELD BEHAVIORS
TO ACHIEVE EXTRAORDINARY RESULTS - EVERY TIME

中国科学技术出版社
·北京·

The Organic Growth Playbook: Activate High-Yield Behaviors To Achieve Extraordinary Results - Every Time by Bernard J. Jaworski & Robert S. Lurie
Copyright © 2020 Bernard J. Jaworski & Robert S. Lurie
Original English language edition Published under exclusive licence by Emerald Publishing Limited.
Simplified Chinese translation copyright © 2022 by China Science and Technology Press Co., Ltd.
All rights reserved.
北京市版权局著作权合同登记　图字：01-2022-2442。

图书在版编目（CIP）数据

有机增长：激活高产行为以取得非凡业绩/（美）伯纳德·J.贾沃斯基，（美）罗伯特·S.卢里著；孙琰译. —北京：中国科学技术出版社，2022.9

书名原文：The Organic Growth Playbook: Activate High-Yield Behaviors To Achieve Extraordinary Results – Every Time

ISBN 978-7-5046-9756-1

Ⅰ.①有… Ⅱ.①伯… ②罗… ③孙… Ⅲ.①企业管理—销售管理—研究 Ⅳ.① F274

中国版本图书馆 CIP 数据核字（2022）第 165888 号

策划编辑	杜凡如　龙凤鸣	责任编辑	龙凤鸣
封面设计	马筱琨	版式设计	蚂蚁设计
责任校对	张晓莉	责任印制	李晓霖

出　　版	中国科学技术出版社
发　　行	中国科学技术出版社有限公司发行部
地　　址	北京市海淀区中关村南大街 16 号
邮　　编	100081
发行电话	010-62173865
传　　真	010-62173081
网　　址	http://www.cspbooks.com.cn

开　　本	880mm×1230mm　1/32
字　　数	222 千字
印　　张	10.75
版　　次	2022 年 9 月第 1 版
印　　次	2022 年 9 月第 1 次印刷
印　　刷	北京盛通印刷股份有限公司
书　　号	ISBN 978-7-5046-9756-1/F·1052
定　　价	69.00 元

（凡购买本社图书，如有缺页、倒页、脱页者，本社发行部负责调换）

序言

20世纪90年代初，在与客户打交道的过程中，罗伯特开始注意到，市场营销中的规律性范式愈加模糊不清，他为此感到费解难安。罗伯特的客户都在按照市场营销学的金科玉律行事：细分市场，识别目标，然后在理想客户心中形成差异化的产品定位。然而，这一套标准流程并不总能带来企业的有机增长。一次又一次，罗伯特观察到，尽管突出产品差异化的营销活动研究充分、设计巧妙，却只能偶尔带来两位数的销售增长率，大部分情况下收效甚微，有时候甚至会意外导致总体销售额的下滑。另一方面，罗伯特注意到有些客户的产品质量过关，尽管没有特意强调产品差异化，销量却仍能稳定上涨。这看似随机组合的结果令罗伯特困惑不解，左右为难：他是应该继续遵循普遍认可的惯例，永远无法确定这是否可以帮助客户实现增长，还是应该对这一现象刨根问底，然后另辟蹊径？

本书选择另辟蹊径，不仅是为了彰显个性，还是为了可以找到加速有机增长的可靠方法。到了20世纪90年代中后期，客户借助本书的核心观点以及相关工具，都实现了更快增长。21世纪初，伯纳德开始教授这些工具的使用方法，并和罗伯特一起在各类企业中测试、完善这些工具。在不同规模的企业中，在"商对商"（B2B）和"商对客"（B2C）行业中，以及在发达经济和新兴经济中，这些工具都奏效了。事实上，它们的效果十分显著，客户甚至开始将全新的行动方案纳入其未来的发展规划中。在过去五年中，我们两人齐心协力，进一步优化了行动方案，并总结了方案的核心原则。

多年的努力和经验成果汇集成这本书。本书的写作目的很简单，我们希望为读者提供一套全面综合的方法，持续推动企业的有机增长。过去的经验告诉我们，仅靠更新市场营销方案是不够的，还需要对组织层面的工作方式做出一些重要改变。企业若将行动方案运用到单一产品或品牌中，可以创造巨大收益，但是，如果整家企业都按照这一方案行事，则可以获得更大收获。

本书的主要受众是营销从业人员，他们每年都在为实现大幅增长目标而苦思冥想。为此，我们详细介绍了如何运用本书提出的方法工具，并借用客户企业的具体案例来阐释这一过程。我们选取了来自不同行业的四家客户企业，他们对于行动方案的运用都卓有成效。其次，本书也针对学术研究人员和老师。市场营销的传统观念认为，在客户心中突出产品差异化是实现增长的金钥匙，而我们则试图向这一金科玉律发起挑战。产品差异化是必要的，但不足以带来增长。我们认为，要实现有机增长，改变客户心理收效甚微，唯有改变客户行为才能马到功成。因此，我们方案的核心就是首先在客户选购过程中，识别并影响那些会对销售增长产生重大影响的关键行为。

关于具体方法。本书构建在市场营销行业的不断试错、反复尝试的基础之上，基于我们与客户合作，共同加速有机增长的经验教训。我们也有幸借鉴了一些优秀同事的经验，他们的客户同样运用了这些方法。在具体实践过程中，我们曾取得巨大成功，本书也重点介绍了一些成功案例。在最开始，我们也的确走了一些弯路，但是，从中吸取了经验，并据此调整和修正了我们的方案。

本书凝聚了我们许多同事和客户的努力及汗水。

本书第1章总览全书内容，向读者介绍我们方案的核心概念和方法。第2章到第10章则详细讲述本书方案的五大核心原则，并引用了四个完整的客户案例来具体阐明行动方法，列出了读者可在各自企业运用方案的具体方法和技巧。第11章和第12章介绍了在不同企业、行业和环境中运用工具的经验教训。对于那些希望把本书提出的原则纳入其组织中并据此行事的读者而言，最后两章为必读章节。

很高兴可以将我们多年来总结、探讨、修订、完善的观点与大家分享，希望各位可以喜欢这本书，并将书中学到的内容运用到实践中去，使各自的组织实现更加强劲、更加可靠的有机增长。

伯纳德·J.贾沃斯基

罗伯特·S.卢里

目录

第 1 章
本书概述 / 001

1. 高管最迫切的任务：收入增长 / 004
2. "有机增长"方案 / 009
3. 第一条原则：绘制选购过程瀑布图 / 012
4. 第二条原则：基于倾向细分市场 / 013
5. 第三条原则：发掘目标行为的关键动力和阻碍 / 014
6. 第四条原则：制定行为改变价值主张 / 015
7. 第五条原则：有重点地投资 / 015
8. 前进道路 / 025

第 2 章
泰拉斐：实现药品销量的再次腾飞 / 029

1. 选购过程和高产行为改变 / 031
2. 重新思考市场细分 / 038
3. 行为改变的动力和阻碍 / 041
4. 行为改变价值主张 / 043
5. 本章后记 / 046

第 3 章

第一条原则：绘制选购过程瀑布图 / 049

    1. 传统观点 / 051

    2. 本书方案：绘制选购过程瀑布图 / 054

    3. 高产行为有哪些特征？ / 054

    4. 第一条原则说明 / 057

    5. 做出选择：挑选并明确行为目标 / 069

    6. 对比上游和下游行为目标 / 074

    7. 结论 / 076

第 4 章

恩塞维节能服务公司：每个人看待市场的角度都一样 / 077

    1. 选购过程和高产行为改变 / 079

    2. 重新思考细分市场 / 086

    3. 行为改变的动力和阻碍 / 092

    4. 行为改变价值主张 / 095

    5. 有重点地投资 / 098

    6. 本章后记 / 099

第 5 章
第二条原则：基于倾向细分市场 / 101

1. 传统观念 / 104
2. 本书方案：基于倾向细分市场 / 109
3. 第二条原则说明 / 115
4. 第一部分：识别可行且有意义的市场细分变量 / 123
5. 第二部分：构建市场细分框架和倾向热力图 / 126
6. 第三部分：基于倾向划分客户群体 / 133
7. 结论 / 135

第 6 章
璀璨美妆：当场赢得客户 / 137

1. 选购过程和高产行为改变 / 141
2. 重新思考细分市场 / 144
3. 行为改变的动力和阻碍 / 146
4. 行为改变价值主张 / 153
5. 有重点地投资 / 155
6. 本章后记 / 156

第 7 章

第三条原则：发掘目标行为的关键动力和阻碍 / 159

1. 传统观念 / 162
2. 产品中心论 / 163
3. 动力偏见 / 164
4. 推动商业往来 / 165
5. 方案：行为改变的动力和阻碍 / 166
6. 第三条原则说明 / 171
7. 第一步：完成客户行为框架 / 172
8. 模型运转：总体把握客户行为框架 / 187
9. 第二步：书写客户叙事 / 189
10. 第三步：提取动力和阻碍 / 193
11. 结论 / 196

第 8 章

恺撒金融：我们要管理客户的全部投资组合 / 199

1. 选购过程和高产行为改变 / 201
2. 重新思考细分市场 / 207
3. 行为改变的动力和阻碍 / 211
4. 行为改变价值主张 / 216
5. 有重点地投资 / 221
6. 本章后记 / 223

第 9 章

第四条原则：制定行为改变价值主张 / 225

1. 传统观念 / 228

2. 方案：行为改变价值主张 / 232

3. 第四条原则说明 / 238

4. 行为改变价值主张模板 / 240

5. 明确角色、内容和动机 / 242

6. 明确如何激发目标行为的价值 / 247

7. 结论 / 250

第 10 章

第五条原则：有重点地投资 / 251

1. 传统观念 / 254

2. 将支出分摊到选购过程的每个阶段 / 255

3. 将支出分摊到所有客户群体 / 256

4. 将支出分摊到所有媒体渠道和策略 / 258

5. 方案：对客户群体排序，有重点地支出 / 259

6. 第五条原则说明 / 262

7. 明确总体规划 / 264

8. 描述客户群体 / 265

9. 将客户群体排序分组，置入不同的执行波段 / 268

10. 估计资金和时间安排 / 271

11. 制定有重点的、针对具体群体的营销活动 / 273

12. 结论 / 276

13. 对"有机增长"方案的运用 / 277

第 11 章

"有机增长"方案在不同市场的应用 / 279

1. 欠发达经济市场 / 281

2. 欠发达市场中的不同经济体 / 285

3. 传统"商对商"市场 / 291

4. "商对商"选购过程 / 293

5. 客户身份 / 296

6. 客户稀少且集中 / 298

7. 价值体系中的位置 / 300

8. "商对商"市场：特殊案例 / 303

9. 高度管制的竞争市场 / 303

10. 盈满的价值体系 / 305

11. 受政府影响的复杂选购过程 / 306

12. 高创新（高科技）市场 / 307

13. 结论 / 310

第12章
克服组织障碍 / 311

1. 传统行业观念 / 313
2. 冲突的观点和分布图：销售、营销和研发的不一致 / 314
3. 投资不足的客户调研 / 316
4. 分摊到各个领域的商业投资 / 318
5. 晋升周期和职位轮转 / 319
6. 增长障碍的解决方案 / 321
7. 从传统观念到全系统替换 / 322
8. 从众多分散的观点到统一的观点 / 324
9. 从客户调研投资不足到市场驱动的认知 / 325
10. 从分摊商业投资到有重点地支出 / 326
11. 从职位轮转到长期视角 / 327
12. 结论 / 328

第 1 章

本书概述

山姆·威尔科克斯是一家全球生命科学巨头的营销副总裁。几年前,山姆曾进退维谷。当时,其公司最新药品泰拉斐(Terrafix)在上市第一年,销售收入便突破了6.8亿美元,但销售增长率却自此停滞不前。雪上加霜的是,公司最强劲的竞争对手正大力推广替代产品,还有一同行准备上市一种与泰拉斐疗效相似的药物。高级管理层不断施压,要求山姆制订一套全新的、更加有力的市场推广方案。

泰拉斐团队曾绞尽脑汁向客户传达清晰的突出差异化的产品信息,而这一策略似乎也行之有效:医生都对泰拉斐有所耳闻,认定其为一种有效、可靠的治疗药物。相比同类药物,泰拉斐定位明确,在目标医生心中享有独特地位。然而,由于某种原因,这并没有带来泰拉斐销量的提高。山姆研究了销售数据,发现医生只给小部分符合泰拉斐适应证的患者开具了该药处方,他意识到还需其他应对之策。

为了更好地理解这一断层,山姆团队精确量化了医患双方在患者年度体检前、中、后的多种相处模式,研究结果与山姆的直觉不谋而合:许多有患病风险的患者没有得到相关诊断,获得药物处方。事实上,在大部分情况下,医生都在进行主观定性评估,无法确定患者的实际患病风险,而无明确诊断时,医生大多选择不用药物治疗。相比之下,该团队发现,如果病人接受了新的客观诊断检查,开具泰拉斐处方的可能性则提高了4倍。简而言之,如果医生可参考客观的诊断检查结果,而检查结果也明确提示检查者有患该病风险,那么医生便会采取行动。显而易见,推广泰拉斐并不需要进一步突出其产品差异化,而是需要引导医生进行诊断检查。

该团队放弃了最初的推广战略,不再使用突出泰拉斐优势的传统营销方案,转而关注两项行为导向活动:一是说服更多首诊医生开出客观检查,二是引导患者主动要求客观检查。山姆团队彻底改变了思维方式,选择重点改变一些关键行为。

首先,他们将相关医患群体重新细分,以便更加精准地识别和对标最可能开出或要求检查的目标群体。然后,他们深入研究哪些因素可能会鼓励或阻碍目标患者要求进行检查。与突出产品优势的传统关注点大相径庭,这些因素涵盖了相关检查手段的普及程度及患者对其身体状况的关注程度等多个方面,却与产品本身关系不大。

明确目标群体及其检查行为的驱动因素后,山姆团队重新设计安排了截然不同的营销活动。从前,营销资源被倾注于一系列品牌宣传推广活动,主要针对医生。此后,该团队则大力投资非品牌相关的宣教活动,通过将检查定位为"关注健康就是照顾自己"行为的自然合理延伸,鼓励患者主动要求相关检查。探索性研究已表明目标患者会以此为荣。该团队还大力投入其他非品牌活动,比如普及诊断检查的必要性,降低检查费用,以及引导医生开具该检查。

我们将会在下一章详细介绍泰拉斐的案例。现在,我们需要注意的是该团队的新方案与传统战略迥然不同，产生的结果也截然不同。全新的营销活动将客观诊断检查的数量提高了60%，而就像团队分析预测的那样，诊断检查的普及直接带来了泰拉斐处方的增加和销量的提高。全新营销活动推行的第一年，泰拉斐全年总销售收入上涨了9%，与此同时，由于活动更具有针对性，相关的营销支出反而降低了1500万美元。营销活动调整后的三年内，泰拉斐的销售额上涨近50%，达到1.31万亿美元。

尽管山姆的故事令人大开眼界，但这绝非特例。一次又一次，我们看到这一方案开花结果——营销人员从整体上把握客户选购行为，发掘影响客户行为的未知机遇，最终实现了销量增长。在本书中，我们将详细介绍4个案例，同时分享一些企业通过识别和激发关键客户行为而实现增长的小故事。这些案例虽涉及多个产品品类和行业，但是却存在一些共性：产品团队都实事求是，因势利导做出决策，激发客户高产行为，最终都实现了业绩的显著提高。这些决策为营销团队、销售团队和产品团队指明了前进方向，使得各团队统一步调，向着共同的目标一起努力。

1. 高管最迫切的任务：收入增长

我们常常看到很多人都面临和山姆一样的挑战：产品虽然品质优良，但销售增长率却不尽如人意，需要重整旗鼓。实现稳定的盈利增长是高级管理层的首要目标，这通常被视作评价经理表现的黄金标准。这其中的原因显而易见，可靠的收入增长是影响公司股价和业务成功最重要的因素。总经理或产品经理若能实现稳定的两位数增速，为公司赢利，就会获得丰厚的奖励，升职加薪。那些传奇的首席执行官，如通用电气的杰克·韦尔奇、国际商业机器公司（IBM）的罗·郭士纳、强生公司的詹姆斯·伯克，在收入增长率方面的表现都出类拔萃。而近些年，塔塔集团的拉丹·塔塔、字母控股的埃里克·施密特和甲骨文的拉里·埃里森等首席执行官的立身之本，就是即使在经济困难的环境中，他们也能实现公司业绩增长（见《年度首席执行官和有机增长》）。

年度首席执行官和有机增长

许多赫赫有名的首席执行官都因能连年创造稳定的、赢利的有机增长，而获得大家认可。例如：

- 《哈佛商业评论》将诺和诺德的拉尔斯·瑞比安·索文森评为2015年全球最佳CEO排行榜榜首。当被问及其公司的战略时，索文森指出："有时会有外行人来跟我说，'你们收入的80%都来自糖尿病治疗，应该开展多元业务。'但我始终认为，你应该做自己了解、擅长的事。过去，我们尝试过不少多元化战略，但无一奏效，原因是科研和商业固有的不确定性，以及我们自身战略的不成熟，所以我们一直追求有机增长。"

- 《财富》杂志将耐克首席执行官马克·帕克评为2015年度商业人物。在他的领导下，耐克公司收入增长是2006年的两倍，占据62%的市场份额，同时以8.5%的年增长率稳定增长。据耐克公布，2015年，其利润达30亿美元，接近销售额的11%。

本书致力于帮助读者实现企业的快速、可靠的收入增长，而不需要进行收购。当然，收购另一家企业是实现收入增长的一条捷径，也可助力企业获得进一步增长所需的技术、资产和渠道。在实现增长方面，收购的确比在市场竞争中脱颖而出要便捷得多。然而，无论是通过打败竞争对手，获得更大的市场份额，还是引导客户扩大产品采购规模，赢利的、稳定的有机增长，才是对企业和经理的决定性考验。不论读者多么擅长处理企业运营的复杂挑战，如果读者不能找到方法，提高现有产品或新产品的销量，那么读者的公司迟早会消失，或是被收购，或是被解散，或是关门大吉，就是这么简单！

粗略看一下任意一天的商业新闻，你都会认识到持续的、赢利的增长是多么的重要。许多头条新闻都讲述了企业因不能实现收入目标，而面临种种后果的故事。在这些故事中，企业常面临的后果有股价下跌，以及公众对公司战略的质疑（见《有机增长挑战》）。

有机增长挑战

下面三个小故事，就是我们所说的未能实现增长目标的典型案例。

- 随着富有的中青年用户市场趋于饱和，网飞公司在美国的订阅量增长放缓。当订阅数增速较前一季度下降0.3%时，网飞的股价下跌14%。
- 麦当劳未能实现股市分析师预测的收入增长，引发群众关于快餐行业开始败落的恐慌，股价因此下跌3.8%。
- 国际商业机器公司进一步调整公司战略。根据其公司公报，该公司

> 连续16个季度收入同比下滑。分析师指出，这一趋势还将继续延续。其他科技巨头，如惠普和易安信（EMC）同样亟待刺激增长。这使得公众对这些行业巨头的未来前景十分担忧。

增长挑战随处可见，这是因为几乎所有经理，不只是首席执行官，都面临着严峻的竞争环境，却又没有足够的可用工具来实现增长。如今，几乎所有市场都充斥着大量竞争对手，他们的个人能力、人才框架和产品都大同小异。此外，在这些市场中，客户几乎都对现有产品了如指掌，对产品信息耳熟能详，对许多产品的性能了然于心。

因此，大多市场的大部分经理其实都在努力推广优质（而非绝佳）产品，而对于客户和潜在客户而言，这些产品都大同小异。经理们都清楚各自产品有几个卖点，或是在功能方面有优势，或是在服务方面有优势，可以借此在同类产品中脱颖而出。尽管经理们经常不愿承认，但是他们也都清楚，相比同类产品而言，其产品也有一些弱项。最重要的是，经理们都知道，他们基本上都在同一起跑线上竞争，每个人都在玩同一个游戏，彼此的才能、产品和推广方案都相差无几。在这样的竞争环境中，要想找到一条持续发展、走向成功的康庄大道，绝非易事。

大多数经理都使用同样的方案来制定增长策略，进一步加剧了竞争环境的固有挑战。在过去几十年中，世界各地的商学院都在教授同样的方案，所有的从业人员也都在工作过程中运用同样的方案。这套方案可分为四步：细分市场、按序排列并识别目标、产品定位、开展推广。具体而言,产品经理首先要将市场划分为数个不同的客户群体,每个群体有各自独特的产品需求;然后筛选客户群体、确定目标群体;接下来要明确价值导向,针对目标客户群体,制定独特且有说服力的产品定位;最后宣传、普及产品,大力将产品推向目标群体。这一经典方案的前提是,如果企业的产品定位良好,那么自然会带来增长。

可惜,事与愿违。

事实令人诧异。大家发现,大部分新产品在竞争市场上的推广并没有奏效,或是未能实现销售额的大幅提高,或是直接失败。近期,《哈佛商业评论》中的一篇文章指出,在快消品和零售行业,75%的新产品上市第一年的销售额不足750万美元,只有3%的新产品取得了5000万美元的销售收入,而5000万美元被视作新品推广成功的黄金标准。"商对商"行业的数据同样惨淡。众所周知,为推动现存商品销量增长而对营销和销售做出的投资,多是事倍功半,甚至常常血本无归。

销售增长表现不佳,部分原因可能是经理和其团队没有尽责。事实上,在大部分企业,导致增长失败的原因都是执行不当。然而,通过观察一些团队的工作,以及和许多团队合作的经历,我们清楚地认识到,大部分团队实际上都非常尽职尽责,恪尽职守。我们开始意识到,行动失败的根本原因在于,这些团队未能找到有效途径,识别在竞争市场中增长的具体方法。

现在正是时候运用全新的行动方案,应用全新的行动手册,指导拥有优质产品的经理和团队行动了,只有这样才能实现持续可靠的超常增长。

2. "有机增长"方案

本方案的核心观点是，关注一两项客户行为，集中发力，设计供应方案和营销活动，可带来销售收入的加速增长。这与传统的增长方案截然不同，因为后者关注突出产品差异化，以便在同类产品中脱颖而出。

"有机增长"方案与传统方案的对比

传统方案	"有机增长"方案
● 关注在目标客户心中突出产品差异化	● 关注改变客户选购过程中最具影响力的行为
● 基于产品优势、人口统计学特征或客户态度细分市场	● 基于做出关键行为的可能性细分市场
● 围绕产品用途和客户态度，制定客户概况	● 制定客户概况，反映关键行为的主要动力和阻碍
● 制定重点创造差异化产品认知的价值导向	● 制定重点改变客户行为的价值导向
● 将营销资金投入以上四个步骤，以传递产品信息	● 营销投资关注改变客户行为，而非传递产品信息
● 关注多个客户群体，全面拓展市场	● 按照优先次序，对重要客户群体集中发力

传统方案的核心逻辑是，如果相比同类品牌，自家的品牌足够特别、足够优秀，那么客户自然会倾向这一品牌并主动选购此品牌的产品。然而，事实却常与此逻辑背道而驰。每个客户在购买某一产品或服务前，都会完成某种选购过程，或是向已经购买产品的朋友询问意见，或是去店里试用产品，或是在网上查询关于产品或服务的信息，了解然后权衡产品利弊。这一选购过程有时很漫长，涉及多项活动和多次反复，有时则十分迅速。然而，在每个客户的选购过程中，都有一项决定性的活动，会影响客户最终购买哪项产品或服务。客户选择去某一类型的商店，而非其他商店，最终会在一小部分可选的品牌中进行选购；客户向朋友询问意见，而不是去网上调查，就会因此相信某一品牌优于其他品牌。客户最开始可能倾向于购买品牌甲，但是因为去了便利店而非百货商店，选择在网上调查而没有询问朋友，最终可能做出另一种选择，选择购买品牌乙。这本书就是基于这一重要认知，为读者提供了一套行动方案，指导读者在客户选购过程中的关键时刻改变其行为，引导他们走上购买你方产品或服务的道路，而非购买对手的产品或服务。一旦营销团队可以影响客户选购过程的关键环节，企业销售额便会加速上涨，而且事半功倍。

本书延续了传统方案的四步结构，同样提倡细分客户市场；对客户群体按序排列，并识别特定目标客户；针对各目标群体明确价值导向；然后根据价值导向，设计供应方案和营销活动。书中方案和传统方案的区别在于这些步骤的具体内容，在于如何细

第1章 本书概述

分市场，如何明确价值导向。书中方案关注客户行为，而非产品本身。如果读者围绕客户决策过程中的高产行为细分市场，确定目标，定位产品，而非关注产品定位，那么贵公司的销售增长率可以因此提高1.5倍到2倍，并且可以期待长期保持这一增长趋势。但是，如果读者按照传统方案行事，继续专注产品定位，据此制订增长计划，那么读者的增长大计可能仍会举步维艰，甚至寸步不前。

最开始，当我们在与客户合作，帮助他们实现产品和服务的有机增长时，我们当然没有计划去提出什么惊世骇俗的观点。最初，我们只是想帮客户借助传统方案取得更好的结果。然而，一次又一次，我们看到头脑灵活、经验丰富、积极上进的企业经理运用了传统方案，却总不能得偿所愿，实现增长目标。随着时间的推移，我们逐渐意识到，传统模式未能带来增长的原因，在于其最重要的假设：一旦客户能区分并且倾向于这一产品，一旦客户认定自己喜欢上了某一个产品，那么他们就会购买这个产品。

事实上，我们在多个市场中观察到的是，尽管客户口口声声说他们了解并且喜欢某一产品的定位，然而他们最终却会选择购买另一产品。为什么？这是因为在客户选购过程中，他们的所见所闻使得另一个起初看起来不尽如人意的产品，在当时的情况下，变成了更好的选择。换句话说，客户购物时身边的人，他们购买产品的场所，或在网上浏览产品的顺序，都影响了他们选购过程中的行为，使他们放弃了最开始倾向的产品，而选择购买另

011

一完全不同的产品。这说明了什么问题呢？这说明，即使客户认为某个产品的定位清晰准确，富有吸引力，在很多情况下，他们仍不会购买该产品。的确，绝佳的产品定位是销售增长的必要条件，但是仅靠产品定位本身，却远不足以推动增长。要推动销售额可靠、快速的增长，重要的是关注影响客户在整个选购过程中的行为方式，而不是仅关注位于选购过程最后一步的产品。

要在激烈的市场竞争中实现销售额的更快上涨，营销团队必须改变客户购买前的活动。这一认知看似简单明了，背后却有深层的逻辑和现实意义。在理解其深层含义的过程中，我们发现了一套全新的行动方案，并将其体系总结为五条原则。这五条原则各自强调了一种关于增长战略某方面的全新思维方式，共同构成了本书的核心内容。

3. 第一条原则：绘制选购过程瀑布图

这些原则在很早就初露端倪。一旦开始着手将"选购行为最关键"的认知纳入日常实践中，我们就会面临两个相互关联的实际问题。第一个问题是，客户的选购过程常常涉及多项活动，要改变所有活动必然劳民伤财。然而，我们发现，在我们研究的所有选购过程中，只有一两项活动是决定性的，会影响客户的最终选择。这就意味着，读者不需要去改变客户所有的选购活动，只需要去识别并改变那一两项决定性的活动，就可以进而对客户的最终购买决策产生重大影响。这本书的第一条原则就概括了这一观点：绘制选购过程瀑布图，提炼出一两项关键的客户高产行为，重点施策。瀑布图可以识别并量化选购过程中的多个分叉点或转换点，在这里，客户或是会退出选购过程，或是会遵循另一截然不同的活动序列。当然，在选购过程的早期、中期和后期，客户都可能，也的确会，退出选购过程。面对这一问题，人们可能会下意识地想要面面俱到，想去消除选购过程中的所有退出点。然而，在绘制瀑布图的过程中，读者会发现，在整个选购过程中，一般存在一两个环节，会有大批客户退出或者改变路径。这些环节的客户行为即使是发生轻微调整，也能对客户群体的选购路径产生巨大影响。瀑布图十分重要，读者可以借此识别客户选购过程中的高产行为。

4. 第二条原则：基于倾向细分市场

第二个问题是，在整个市场上，推动或阻碍客户朝某一方向改变高产行为的因素可能会千差万别。改变某些客户行为轻而易举，有的则很难改变；调整供应方案或宣传信息对有的客户奏效，可引导其改变行为，对其他客户则效果甚微。这就意味着，考虑到效率和效果，营销团队必须根据客户出现高产行为的倾向细分市场。本书的第二条原则就概括了这一启示：基于倾向细分市场。

在这一阶段，我们已经决定关注行为改变。总体而言，传统方案的概念工具和策略方法只能帮助团队理解和影响客户在产品差异化层面的态度或心态，已经明显不够用了。我们需要另辟蹊径，帮助团队理解和改变客户在选购过程中的特定行为。例如，如果读者身处家具行业，想提高品牌甲的销量，那么按照传统做法，读者就会花时间弄清哪些颜色、形状和材料，会让自己的沙发、桌子和椅子脱颖而出，吸引客户，还会花时间弄清如何最好地宣传这些产品特色。相比之下，按照我们的方案，如果读者已经确定，那些在综合家具卖场采购的客户更可能选购品牌甲，读者就会花时间弄清客户去综合家具卖场的动机，据此确定价值导向，开展营销活动，说服客户去综合家具卖场采购。

5. 第三条原则：发掘目标行为的关键动力和阻碍

本书的第三条原则是发掘目标行为的关键动力和阻碍。这里的逻辑简单明了：充分、深刻地理解客户采取或拒绝高产行为的原因至关重要，因为这是团队采取行动，影响或改变客户行为的基础。我们会在下文讨论，充分理解客户行为动机需要大量的数据收集、分析和整合，但是所有任务的目标都是一致的，即识别最可能引导客户做出目标行为的因素（即动力），以及最可能阻止他们做出目标行为的因素（即阻碍）。

6. 第四条原则：制定行为改变价值主张

这本书的第四条原则是制定有吸引力的行为改变价值主张（BCVP）。每家企业必须建立清晰的产品定位和产品价值主张，但是拥有独特的产品价值主张并不能确保增长，读者还必须理解客户行为的动力和阻碍，据此制定营销活动，改变客户行为。我们继续讲上文提到的例子，所有旨在引导客户去综合家具卖场采购的宣传信息、营销活动和供应方案，要想取得成效，都必须激发客户行为动力，减少客户行为阻碍。行为改变价值主张要清晰地表明，客户一旦做出目标高产行为，将会受益匪浅。

7. 第五条原则：有重点地投资

最后，我们意识到，不仅需要将重点从产品转向客户行为，还必须彻底改变公司的投资习惯。这本书的第五条原则就是有重点地投资，按序投资，将精力和资源集中，重点发力，以便帮助企业在激烈的市场竞争中脱颖而出。最后这条原则说明，需要遵循严谨系统的方案，有序地开展营销活动，以改变特定目标群体的行为。

总的来说，以上五条原则共同组成了一套独特的系统性行动方案，可以帮助读者完成这看似棘手的挑战——在残酷激烈的市场竞争中，实现优质产品销售额的更快增长。这五条原则明显脱离并超越了传统方案，不仅独树一帜，而且能够可靠、有效地提高销售增长率。在这些年中，我们发现，无论在任何地点或行业，无论企业规模大小、成熟与否，无论竞争环境多么恶劣，即便没有突破性的创新，应用本书方案的团队仍能将其增长率提高1.5倍到2倍，实现历史性跳跃。

任何团队都能取得这一成就，只要读者愿意遵循这一全新方案，据此制订增长计划，只要读者愿意根据我们的原则和方案制定、执行战略方法。如上所述，每一条原则都囊括了关于增长计划的全新观点，与传统方案大相径庭。例如，第二条原则谈到，细分市场需要基于客户做出特定高产行为的倾向，而非基于客户的需求或态度。同样地，第四条原则提到制定不同的价值主张时，要关注行为改变，而非产品功效。

运用这五条原则，读者会在制定增长战略时做出截然不同的选择。例如，遵循第五条原则，读者会针对产品目录绘制选购过程瀑布图，因此获得许多深刻认知。这些深刻认知随后会成为读者的行动逻辑和行动依据，指导读者识别一两项高产行为，进而构成增长战略的重心。就像图1.1展示的那样，每条原则都将指导读者做出一项或多项关键战略决策，共同构成企业的增长战略。

书中的原则可指导读者针对增长方向和方式，做出系统性的、密切相关的决策。最终，读者将针对那些在选购过程中，最有可能做出高产行为的客户群体，调整供应方案、宣传信息和媒体组合的各个方面，以说服目标客户群体频繁做出高产行为。我们将在本书的后续章节，详细介绍每个原则（及其相关决策）背后的认知和逻辑。

第1章 本书概述

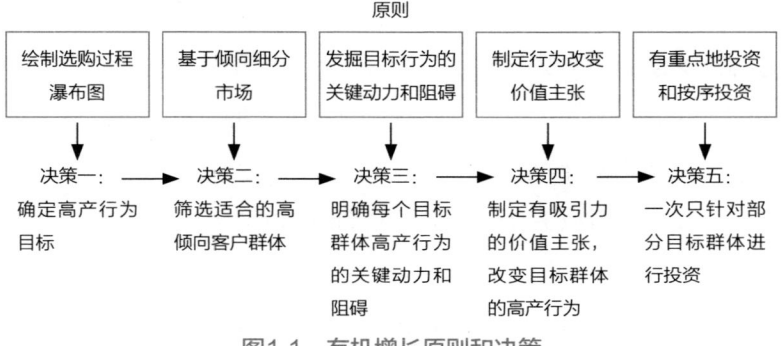

原则

```
绘制选购过程    基于倾向细分    发掘目标行为的    制定行为改变    有重点地投资
   瀑布图         市场         关键动力和阻碍    价值主张        和按序投资
     ↓             ↓              ↓              ↓              ↓
  决策一：        决策二：         决策三：        决策四：        决策五：
 确定高产行为   筛选适合的高    明确每个目标     制定有吸引     一次只针对部
    目标       倾向客户群体    群体高产行为      力的价值主     分目标群体进
                             的关键动力和      张,改变目标     行投资
                                阻碍          群体的高产行为
```

图1.1 有机增长原则和决策

然而，所有系统都有这样一个共同特点：只有把握全局，才能更好地理解其中的个别部分。针对这一问题，我们特意提前逐一介绍了五条原则，向读者说明这五条原则如何共同构成统一的整体。

到现在，读者应该清楚，我们认为，要提高业绩增速，需要理解并利用客户在整个选购过程中的行为偏好和厌恶。绘制选购过程瀑布图量化地展示在选购过程中，大批客户停止采购或更换路径的环节。读者的任务就是从客户的众多举措和行为中，筛选出一两项会最终影响客户购买决策的决定性行为，并将这些行为定为行为目标。行为目标要简单、清晰地说明需要哪些行为改变，以及具体如何改变。一个典型的行为目标通常会这样表述——[某人（或角色）]在选购过程中应采取"甲行动"，而非"乙行动"。

第一项决策十分关键，因为行为目标是所有后续工作的关注点。如果挑选恰当，行为目标中确定的行为改变，将会在整个选

017

购过程中产生最大收益。即使是轻微改变这些客户行为的频率，也能大幅影响客户购买或使用特定产品的频率。尽管这些行为看起来可能微不足道，常出现在选购过程的早期，却可以深刻影响客户实际的购买行为。

决策乍一看似乎有悖常理，读者也许会问：

难道最高产的行为目标不应该是"购买我的产品"吗？毕竟，如果我将行为目标定为"联系零售商（而非网上调查产品）"，或者"去综合家具卖场"，我不能确定每个客户都会改变行为。但是，如果我将行为目标定为"购买我的产品"，并且成功说服客户做出这一行为，那么产品就卖出去了。

这个观点听起来似乎合情合理，但存在一个致命的缺陷。相比在购买之前说服客户做出改变，例如，联系零售商或者去综合商店，在购买那一刻说服客户改变行为更加困难，成本高昂，机会渺茫。换句话说，在购买那一刻改变人们行为的措施本身收益率极低，在竞争残酷的市场中尤为如此，因为这些市场中的买家警惕性极强。相比之下，针对上游选购行为采取措施，通常是更加划算的选择。

回顾一下大多数经理面临的困境：经理们都在绞尽脑汁推广产品，或提高销量；他们的产品虽然质量优良，却没有突破性的创新；他们遵循了传统方案，都通过各种渠道、各种方式宣传，尽最大努力、用最大频次宣扬其产品优势，换句话说，他们实现

第1章 本书概述

了宣传份额的最大化；然而，其销售额增长却停滞不前。为什么？这是因为，这些竞争市场中的客户相信，他们已经了解了产品优势，在做出产品购买选择时有理有据，所以干脆屏蔽了那些无休止的恼人的"购买我产品"的宣传信息。

相比之下，客户一般不太抗拒尝试诸如联系零售商，或者去商店现场试用等全新的选购行为。事实上，这些行为会让客户自我感觉更加良好。通常来说，说服客户改变上游行为比改变购买时刻的行为要容易得多。而且，如果这些上游行为可以影响客户行为，让他们自然而然地重新考虑不同产品的优势，那么改变这些上游行为的效果就会更加明显。

本书的第二项决策涉及筛选出具体客户群体，对其采取针对性措施。这种"先细分，后排序"的决策在结构上和传统方案一致。任一市场的众多客户千差万别，很难去安排适合所有客户的宣传信息和供应方案，对此，合理的做法是将类似的客户划分为客户群体，确定每个群体的相对适合程度，然后针对几个最适合的客户群体，制订宣传和供应方案。

因此，一般而言团队都会绞尽脑汁地细分市场，然后对客户群体进行排序。遵循常规的最佳实践，团队会按照一定的方式组合客户表述的产品功能偏好、客户的固有特征（如客户规模），以及／或客户的普遍态度等因素，据此将客户细分为不同群体，然后按照群体对公司财务（如增长率、收益率等）的可能贡献，以及适合群体的服务方式，对这些群体进行排序。

本书的第二条原则关注已经筛选确定的行为目标，指出了新的行动方向，与上述做法截然不同。第二条原则提倡全新的市场细分方式，即按照客户在选购过程中做出高产行为的倾向将客户分组。具体而言，客户如果会联系零售商或去综合商店，且行为频率类似，动机相近，那么根据其行为倾向，就会被划分为同一群体。为确保对标准确，划分客户群体要参照客户的行为特征，且这些特征需要与公司面向客户的功能显著相关。显而易见，客户群体若有很大倾向做出目标行为，如联系零售商或试用产品，就会成为营销活动的最大目标，起码在初期的营销活动中是这样的，而那些可能会抗拒改变其上游选购行为的客户，后来才会被定为活动目标。

弄清读者想针对的高产行为是什么，以及哪些客户群体最可能做出这些行为，算得上首战告捷，但这还不够，读者还需要了解如何调整营销活动，包括营销信息、供应方案、媒体组合等，以说服那些客户做出理想的选购行为。为此，本书的第三项决策提倡对高产行为的关键动力和阻碍进行排序，为重新设计营销活动奠定了基础。

增长计划的成功需要深刻理解客户的思考和决策方式。按照传统做法，团队几乎只关注客户对产品的看法，用各种方式研究客户对不同产品的需求、态度和看法，常常把研究成果变成一篇叙事文，用讲故事的方式描述客户关注的重点，解释客户为什么会购买这款产品，而非其他产品。这一通用做法本身无过，但是过度关注产品本身，且常隐含一个强大的认知前提，即认定客户最关注的是哪种产品、供应方案或解决方案对自己最有利。

相比之下，本书的第三条原则及其相关决策转移了读者的关注重点，引导读者去理解客户在整个选购过程中的思维方式。研究分析结果常常表明，除产品特性和益处外，还有很多因素会影响客户决策。为了有效地整合和描述这些因素，可以将这些因素称为动力和阻碍。这里，"动力"指推动客户做出特定行为的因素，而"阻碍"则指阻止客户做出特定行为的因素。动力和阻碍可以是简单的物理因素，例如产品的可获得性，或产品包装的尺寸或形状是否适用；动力和阻碍也可以是微妙复杂的心理因素，如客户向往的群体正在使用该产品。列出一系列动力和阻碍，可揭示客户决策过程的关注重点，为读者提供行动参考和指南，读者可据此设计营销活动，快速有效地改变客户高产行为。有趣的是，我们发现，相比试图一遍遍地说服客户为什么品牌甲要比品牌乙更好，花时间移除或减少关键行为的阻碍更富有成效。

包括动力和阻碍在内的双边方案起源于一个客户决策模型，这一模型比单边产品模型更加细致务实、科学严谨。近些年来，认知心理学和行为经济学研究表明，客户所处情境，客户在该情境下最想做或实现什么，以及他们在情境中的认知和态度，会相互作用，共同影响并决定客户决策和行为。客户决策模型同样认为，客户在任何选购过程开始前就形成的偏好和态度会影响其决策，然而，这一模型还强调人们的关注点和关注程度会随情境改变而改变。

例如，客户若是和朋友同行，而非单独去购物，那么选择的购物地点以及购买的产品将会发生显著变化；若是他们带孩子去购物，而非和朋友一起，那么他们的选择会再次改变。事实上，客户在特定情境中的行为目标会强烈影响，甚至常常会决定他们关于购物方式、购物地点和购物选择的想法。在"没人会因购买IBM的产品而被解雇"的经典论述中，这个道理一目了然。买家即使知道另一家公司的产品更好，也想要购买该产品，但是由于在老板和同事眼中，购买IBM的产品是一个明智的选择，那么对买家而言，或许随大流购买IBM比购买最优产品更加重要。第三条原则指导读者分析目标客户群体行为背后的原因，并将这些认知整合，形成群体层面的客户叙事。读者随后可以从这些叙事中发掘出哪些因素会推动客户做出高产行为（即动力），以及哪些因素会阻止客户做出高产行为（即阻碍）。

　　根据第四条原则，即制定行为改变价值主张，做出第四项决策，读者也就从制订计划的理论世界来到了设计供应方案和营销活动的现实世界中。高产行为的动力和阻碍描述了某一群体客户关注的全部内容，构成了行为改变价值主张的基础，但是读者不应该（也不可能）激活所有动力，消灭所有阻碍。相反，读者应该根据这些动力和阻碍，制订一套连贯统一的方案，鼓励客户更加频繁地做出高产行为。这一方法简称行为改变价值主张。然后，读者需要将价值主张转化为具体行动，调整产品定位和供应方案、宣传信息、宣传媒体等，以便引导客户改变行为（见《亚马逊推动有机增长的行为改变价值主张》）。

> **亚马逊推动有机增长的行为改变价值主张**
>
> 行为改变价值主张有别于产品价值主张。产品价值主张通常是市场推广计划和活动的设计模板，而事实上，行为改变价值主张涵盖了产品价值主张。良好的产品定位至关重要，是增长的必要基础，但是仅靠良好的产品定位不足以推动增长，因此需要特定的宣传信息和供应方案，影响客户的整个选购过程。以亚马逊为例。按照传统观点，我们的定位分析应关注亚马逊的优势，相对于其他购物网站或实体店而言，亚马逊为一站式购物，操作简单，方便快捷，价格低廉，但是目标用户已经了解亚马逊在这些方面的优势，亚马逊因此已经拥有了良好的市场定位。然而，如果营销团队认识到，亚马逊付费会员用户（按月或按年支付订阅费用，享受免邮和其他免费服务）的购买量是非付费会员用户购买量的六倍，那么团队可能会制定截然不同的宣传信息。行为改变价值主张会关注为客户提供行为动机，引导客户改变特定行为，在亚马逊的例子中，就是引导非付费会员用户成为会员。

最后一项决策要求有重点地投资，以推动目标客户做出高产行为改变。在工作中，我们常意外地发现，要企业改变营销资金的分配，特别是转而将资金重点分配到几个客户群体，以及营销方案的重要方面，十分困难。这一问题之所以存在，部分原因是企业需要权衡利弊，资源有限，企业必须决定停止哪些活动，开始哪些活动，或增加哪些活动，而这通常是艰难的抉择。我们经常发现，企业的营销资金常被用来执行一系列的营销策略，包括全新的和传统的媒体宣传战略。许多企业都习惯性地将营销资金分摊到多个营销宣传活动上,我们有时称这种做法为"花生酱营销"。

我们观察到,当公司选择重点施策,在投资顺序和规模方面有重点地分配资金时,营销的效果会更加显著,可以有效地推动潜在客户做出特定的行为改变。简而言之,决策五的本质就是确定重点投资的目标群体和行为目标。回到上文亚马逊的例子,相比引导客户购买更多产品或使用更多服务,促成非付费会员用户转为付费会员用户,需要迥然不同的营销策略组合。

这本书的核心体系就是以上五条原则和五项决策,即关注几项高产行为;根据客户做出高产行为的可能性细分市场;明确客户关键行为的动力和阻碍;制定行为改变价值主张;以及有重点地投资,以影响目标群体的行为。在第2章,我们会详细介绍并分析山姆·威尔科克斯和泰拉斐的故事。在这里,我们先用图1.2简单说明指导山姆行动的原则、选择和决策。遵循本书的方案,山姆和他的团队书写了一个关于增长的精彩故事。

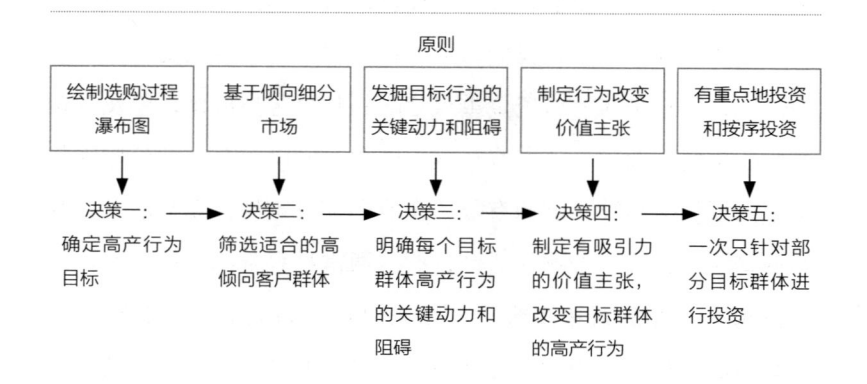

原则

绘制选购过程瀑布图	基于倾向细分市场	发掘目标行为的关键动力和阻碍	制定行为改变价值主张	有重点地投资和按序投资
↓	↓	↓	↓	↓
决策一:确定高产行为目标	决策二:筛选适合的高倾向客户群体	决策三:明确每个目标群体高产行为的关键动力和阻碍	决策四:制定有吸引力的价值主张,改变目标群体的高产行为	决策五:一次只针对部分目标群体进行投资

第1章 本书概述

泰拉斐

| 引导患者要求进行客观检查 | 之前未接受评估的、受教育程度高、年纪偏大的女性群体 | 认识到情况严重；遵循严谨的"先检查后治疗"的惯例，维持青春/美丽/自我价值；愿意主动与医生讨论病情 | 要求进行客观检查对身体健康有益；主动出击，了解自身健康风险本来就是照顾自己的一部分 | 先针对一个客户群体采取两年行动，然后再采取两年行动 将资金分配从向医生细致宣传，转向非品牌相关的患者活动，以及普及检查设备 |

图1.2　泰拉斐的综合营销决策

8. 前进道路

通过多年与市场中各类型"商对商"和"商对客"企业的数百次合作共事，这本书得以不断完善。每一次工作完成后，每6到12个月，我们都会与客户联系，向客户询问一系列的问题，对比实际销售收入增长额和执行"有机增长"方案之前的增长预测，借此分析书中的方案对公司增长的影响。结果发现，不论何时何地，只要遵循了书中的原则，客户的销售额均有上涨，平均而言，实际销售增长率是管理人员之前预测增长率的1.5倍到2倍。图1.3列出了一系列"商对商"和"商对客"公司的销售额增长情况，涵盖了不同的产品品类和增长规模。其中，恩塞维（EnServ）、璀璨（Sparkle）和恺撒（Caesar）三家公司的例子，会在本书详细论述。我们的主要发现是书中方法的效果可靠。就像美国跳高运动员迪克·福斯贝利在1965年采用背向横杆,头部先越过横杆的背越式跳高姿势,一举打破跳高纪录一样,我们的方案,虽然也借鉴和调整了传统方案的一些重要元素,但同样颠覆了传统的营销观念和方法。

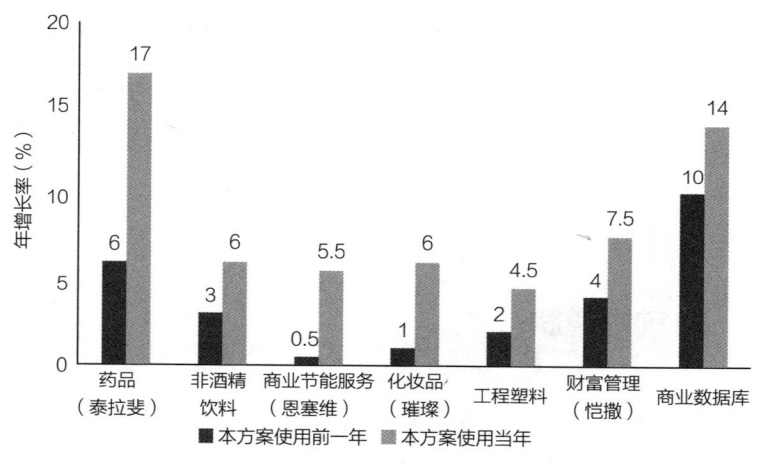

行业(企业)	本方案使用前一年	本方案使用当年
药品(泰拉斐)	6	17
非酒精饮料	3	6
商业节能服务(恩塞维)	0.5	5.5
化妆品(璀璨)	1	6
工程塑料	2	4.5
财富管理(恺撒)	4	7.5
商业数据库	10	14

图1.3 "有机增长"方案使用结果调查

本书剩余部分主要围绕上述原则和决策展开。本书的第二部分,即第2章到第10章,介绍了四个客户案例和五条原则。其中,四个客户案例涉及多种产品和行业,讲述了企业领导或团队如何通过应用书中的方案,重新激发其产品或服务的销售增长。第2章详细介绍了泰拉斐团队面临的挑战,以及他们做出的决策。在第4章,我们描述了一家"商对商"节能服务公司面临的增长挑战,以及他们如何通过绘制选购过程瀑布图,采用独特且有效的方式重新细分市场。在第6章,我们讲述如何通过弄清女孩在选购点试用化妆品行为的动力和阻碍,找到实现增长的关键。第8章则讲述了一家财富管理公司如何通过减少行为阻碍，吸引更多潜在客户使用他们的投资服务，实现更快的增长。

我们之所以会筛选这些案例，是因为这些案例都清晰地反映了一条或多条原则，证明这一行动方案可以适用千差万别的产品种类和行业。在每个案例章节后，都紧跟着一个理论章节，详细描述相关决策和原则，逐步指导方案的执行方法。理论章节也包含了一些额外的例子，都源自我们与不同企业的合作经验。

本书的最后两章关注对书中方法的执行。在第11章，我们分享了一些重要经验，可帮助读者在不同类型的市场中充分应用这本书。第12章是终结章，介绍了我们在与客户打交道的过程中经常遇到的组织障碍，包括组织结构（如公司内的组织竖井）、人力资源政策、市场调研总体投资不足等在内的一系列问题。针对这些障碍，我们提供了一些具体实践中行之有效的建议。

尽管我们的目标是全面系统地介绍书中的决策和原则，但是，首先，我们想强调，这是一套简单易学的体系，其中的概念浅显易懂，方案可适用于大多数组织，为各企业领导所用。我们已将其中的知识传授给了同行，他们将这一方案带到世界各地，据此培训了许多经理，而后者将这一体系嵌入许多全球领先公司的管理体系中。我们编写此书的目的是，将我们用毕生心血研究和完善的方法传授给更多的经理人。我们已经看到，许多人借助此书的体系，获得了组织层面和个人层面的进步，我们希望能有更多受众会因此受益。

第 2 章

泰拉斐：实现药品销量的再次腾飞

山姆·威尔科克斯仍记得，在泰拉斐计划评审会议结束时，自己是多么头晕眼花，精疲力竭。三年前，他推广的药品开局便赢得满堂彩，泰拉斐上市第一年的销售收入达到6.8亿美元，第二年的销售增长率为11%。然而，在第三年，泰拉斐的销售增长率却降为6%。当时，山姆发现自己四面楚歌，不得不面临来自高级管理层的问题轰炸，要被迫说明问题的原因以及纠正措施。

泰拉斐是一种突破性的治疗药物，其全新的作用机制可以治疗一种严重的慢性病。与2型糖尿病、骨质疏松和青光眼类似，这种慢性病最开始多是无症状的，只有病程发展到晚期，才会出现症状。这种无症状疾病常被患者和医生忽视，直到患者出现严重症状及多种并发症时，才会被发现。泰拉斐为医生提供了一个全新的治疗手段，可以停止甚至逆转此无症状疾病的病程发展，这是之前的治疗手段都无法实现的。

山姆执行了近乎完美的教科书式的药品推广方案，包括花大价钱雇佣销售代表，向高处方率的医生宣传推广该药品的良好功效（有一条宣传信息声称，泰拉斐的疗效比医生开具的传统治疗药物要好得多）。此外，山姆还赞助或积极参与一系列重大的医学会议和研讨会，因此获得了数名有影响力的关键人物的支持。他还曾在知名杂志上大力投放广告。一切似乎都预示着，这些营销活动会帮助泰拉斐实现其15%的年增长率目标。

然而，直到山姆和北美领导团队成员一起出席年度评审会议之时才知道，泰拉斐的销售表现明显低于其增长预期。临床业务部经理将销售数据提交给评审会议，数据显示，医生开具泰拉斐处方的频率明显低于其适应证的发病率。跟踪数据显示，医生充分了解泰拉斐宣传的功效，但是在这一认知和他们开处方的行为之间存在明显断层。管理团队怀疑，是不是泰拉斐略显烦琐的治疗方案妨碍了医生开具该药品处方，或是妨碍患者坚持服药。关于患者态度的讨论，随后再次引发与会人员的激烈争论，他们对直接面向消费者的广告是否可提高该药品的销量莫衷一是。

山姆团队的内部讨论则是另一番光景。很多人提议应该加倍努力，让更多医生了解该药品的功效。然而，公司管理层明确表示，在取得更多积极成果之前，山姆不会获得额外的营销资金。在评审会议上，关于药品低处方率的信息，也让山姆犹豫不决。就在这时，山姆联系了我们，让我们帮助弄清楚这一模式背后的成因。

"我们决定后退一步，离问题远一些，来看是否能够理解为什么潜在患者没有获得药物处方。"山姆说，"这是我们第一次全面地评估患者和医生每一步的决策及行动。"

1. 选购过程和高产行为改变

我们和泰拉斐团队进行了深入的分析，发现我们需要关注患者和医生的一系列活动和行为。这些行为不仅包括医生决定开具泰拉斐处方，还涵盖处方决定之前的一系列活动，包括回顾患者

有机增长：激活高产行为以取得非凡业绩

在医疗体系中的一般行为（图2.1）。通过研究患者在选购过程中的决策选择，我们有了一些意外的发现。

当疾病恶化变得更难治愈时，患者和医生都能注意到明显的

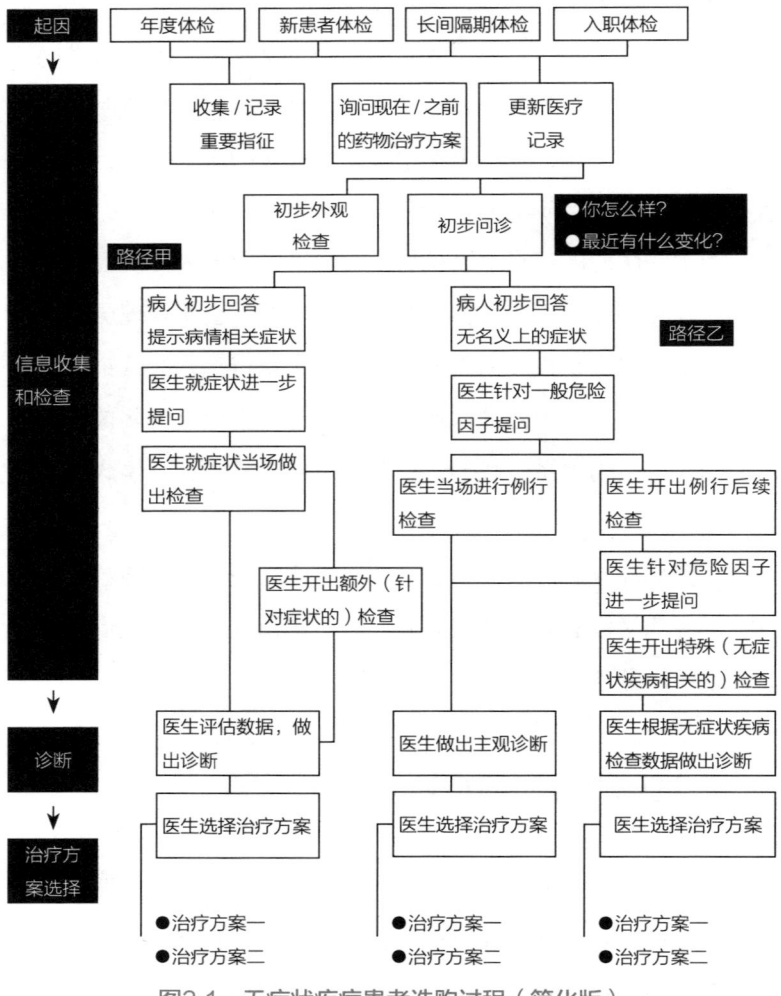

图2.1 无症状疾病患者选购过程（简化版）

症状，医生随后会针对症状进行检查、检测，并据此明确诊断，这一过程由图2.1中的路径甲表示。然而，在这一疾病发展的大部分进程中，患者并不会出现明显症状。因此，即使患者能够确诊，也是在医生向患者询问了有针对性的问题之后，这一过程由路径乙表示。

事实上，山姆的研究表明，路径乙包含三种基本诊断路径：医生没有做出评估或诊断；医生通过患者的回答针对危险因子做出主观评估；或者医生评估危险因子，同时针对无症状疾病进行客观检查。无评估路径发生的概率是35%。换句话说，在三分之一的患者体检中，医生完全没有想过自己会诊断出无症状疾病。其他大部分年度体检，约占总数的50%，遵循仅评估危险因子的路径。在这种情况下，医生仅根据患者对于危险因子相关问题的回答，做出诊断。根据患者的回答，医生可能会诊断病人为无患病风险、有患病风险或已患病。最后，在约15%的年度体检中，医生会询问所有与危险因子相关问题，开出一种新研发的扫描检查（图2.2）。在这种情况下，医生不会在诊室里当即做出诊断，而是会等到检查结果出来后再下定论。根据检查结果的不同，患者同样会被诊断为无患病风险、有患病风险或已患病，但是，医生根据检查结果做出的诊断会更有把握、更加精确。

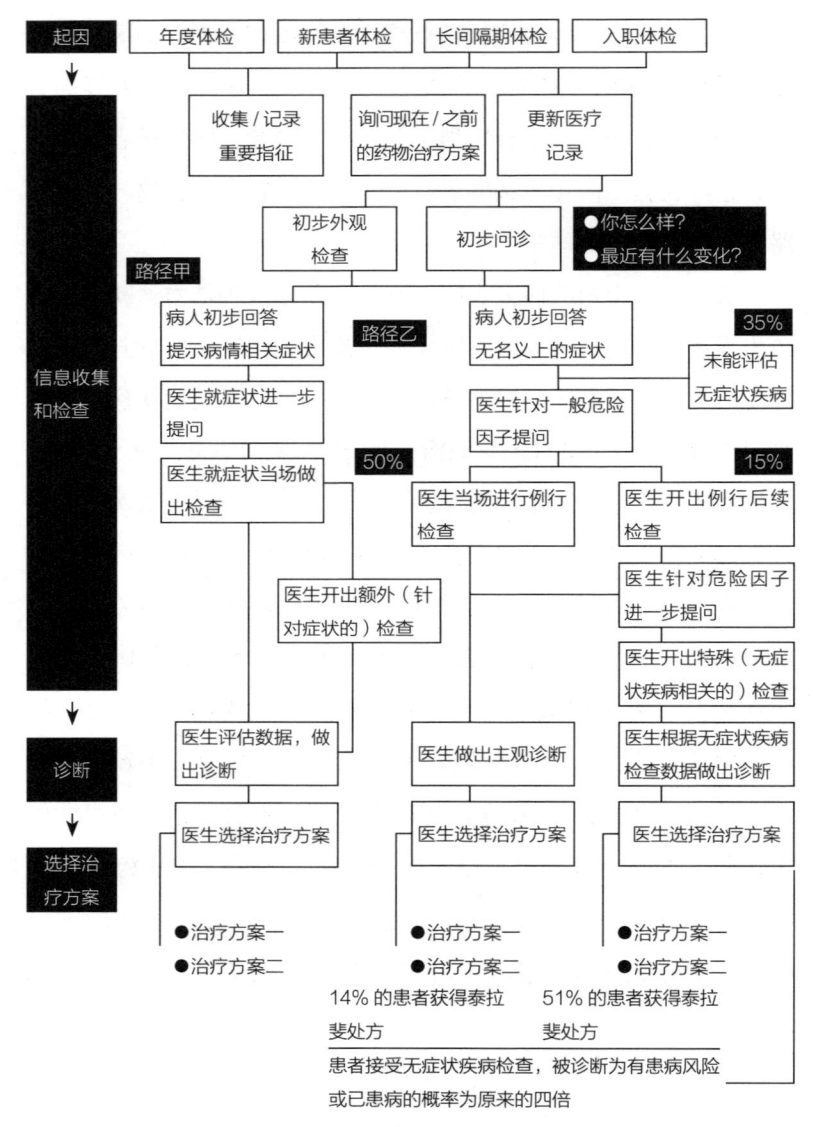

有机增长：激活高产行为以取得非凡业绩

```
起因
  ↓
        ┌─────────┬─────────┬─────────┬─────────┐
     年度体检   新患者体检  长间隔期体检  入职体检
        └────┬────┴────┬────┴────┬────┴────┬────┘
             ↓         ↓                   ↓
         收集/记录  询问现在/之前      更新医疗
         重要指征   的药物治疗方案      记录
             ↓         ↓
         初步外观    初步问诊    ● 你怎么样？
          检查                ● 最近有什么变化？
  路径甲     ↓         ↓
         病人初步回答   路径乙   病人初步回答           35%
         提示病情相关症状       无名义上的症状     未能评估
             ↓                    ↓           无症状疾病
         医生就症状进一步          医生针对一般危险
信息收集     提问                  因子提问
和检查       ↓            50%       ↓              15%
         医生就症状当场做         医生当场进行例行    医生开出例行后续
         出检查                  检查             检查
                                                  ↓
                                              医生针对危险因子
                     医生开出额外（针                进一步提问
                     对症状的）检查                   ↓
                                              医生开出特殊（无症
                                              状疾病相关的）检查
             ↓                    ↓                 ↓
  诊断   医生评估数据，做         医生做出主观诊断    医生根据无症状疾病
         出诊断                                   检查数据做出诊断
             ↓                    ↓                 ↓
 选择治  医生选择治疗方案         医生选择治疗方案    医生选择治疗方案
 疗方案
             ↓                    ↓                 ↓
         ● 治疗方案一            ● 治疗方案一       ● 治疗方案一
         ● 治疗方案二            ● 治疗方案二       ● 治疗方案二
                              14%的患者获得泰拉    51%的患者获得泰拉
                              斐处方              斐处方
                              患者接受无症状疾病检查，被诊断为有患病风险
                              或已患病的概率为原来的四倍
```

图2.2 　无症状疾病患者量化选购过程

第 2 章　泰拉斐：实现药品销量的再次腾飞

"我们的发现非常出乎意料，"山姆说，"不仅只有少数患者接受检查，以确定其患病风险，而且超过三分之一的患者并没有受到任何常规评估。考虑到该疾病的总体发病率，这个群体中很有可能有一些存在患病风险的病人，因此有很多原本可以从泰拉斐治疗中获益的患者，实际上却错失了治疗过程，因为他们没有接受扫描检查。"

在这个分析中，可以看到关于医生行为的两个惊人现象。第一个现象是诊断很大程度上取决于医生遵循的路径。如果医生只根据患者关于危险因子问题的回答来做出判断，那么他们将会诊断85%的患者无患病风险，5%的患者有患病风险，10%的患者已患病。如果医生可以参考客观检查结果，以及危险因子的相关信息，那么只有41%的患者会被诊断为无患病风险，21%的患者会被诊断为有患病风险，38%的患者会被诊断为已患病。

显而易见，主观的疾病评估（只使用危险因子相关信息）是非常不准确的。在被诊断为无患病风险的患者中，有超过半数的患者面临诊断错误。当医生参考客观检查时，做出的有患病风险或已患病的诊断比例，几乎是医生主观评估时诊断比例的四倍。没有明确的检查资料，证明疾病的存在或发展，医生通常会对疾病的诊断或治疗持保守态度。就像山姆说的那样，"事实证明，如果没有客观检查，那么医生根本就不知道他们的诊断或治疗是否正确"。

分析中得出的第二个认知是，已有诊断资料的类型会很大程度上影响医生的治疗建议。如果医生只根据主观资料做出判断，那么他们的治疗建议有58%的概率是改变饮食习惯和加强锻炼，28%的概率是开出其他治疗药物，14%的概率是开具泰拉斐处方。然而，如果医生同时参考客观检查结果和主观资料做出判断，那么他们的治疗建议只有24%的概率是改变饮食习惯和加强锻炼，25%的概率是开出其他治疗药物，51%的概率是开具泰拉斐处方。换句话说，如果医生确定了患病概率，那么他们开出药物处方的概率是建议改变饮食习惯和加强锻炼概率的两倍，开具泰拉斐处方的概率是没有相关检查资料时概率的3.6倍。

> "我记得，当调查结果出来的时候，当我们第一次看到这个结果的时候，"山姆说，"房间里鸦雀无声，都能听到针落地的声音。很快，大家就意识到，最有效的营销活动就是让每位患者都接受检查，因为，一旦患者接受检查，他们就更有可能获得泰拉斐的处方。"

我们与泰拉斐团队合作，共同研究无症状疾病的选购过程，得出了两个结论：

- 改变一两项高产行为，可以大幅提高药品处方数量，增加收入；
- 要针对那些高产行为，即引导患者主动要求客观检查和引导医生开出检查，需要完全不同的营销方案。

"然后，我们的心凉了一下，"山姆回忆到，"我们已经清楚地认识到如何推动增长，但是当时的我们对此却没有任何行动计划。我们一直都在开展营销活动，向医生细致地宣传产品功效，但是，这些却与推广检查没有任何关系。"

分析结果彻底改变了山姆和其团队的思维方式。然而，即使有数据支撑，放弃关注推动某一特定输出行为（如医生开出更多泰拉斐处方），转而将工作重心放在改变选购过程早期的输入行为上（如病人要求进行客观检查），也绝非易事。山姆团队已然相信，针对上游输入行为采取行动，可以带来理想的结果，但是在此之前，在产品上市之后，他们曾将几乎所有精力都放在了向医生宣传产品功效，以及引导医生直接订购产品上。从这方面来看，山姆团队和当时绝大多数的药品营销团队没什么两样。关注上游行为与行业传统认知相悖。

山姆团队明确提出两项简明的行为目标：鼓励患者主动要求他们的首诊医生开出客观检查，而非等医生给出建议；以及引导首诊医生主动进行无症状疾病客观检查，而非不做相关评估，或仅根据危险因子做出主观评估。如果能够实现这两项行为目标，那么将会鼓励更多患者接受客观检查，而不会再像现在一样，有大批患者脱离选购过程。如上所示，在年度体检中，85%的患者一般没有接受任何与无症状疾病相关的评估，或者只接受了主观评判，因此离开了走向泰拉斐处方的路径。当然，鼓励患者接受客观检查，扩大市场整体规模，同样有利于泰拉斐的竞争对手。然而，分析指出，泰拉斐将会从这一行为改变中受益更多。

此外，增加客观扫描检查数量，可带来更加精确的诊断，有患病风险的患者以及已经患病却没有任何症状的患者都可以从中受益。客观检查可提供准确的数据，那么医生据此开出泰拉斐处方的概率将会大大提高。值得一提的是，山姆团队并没有完全放弃向医生宣传，让他们相信，对于无症状疾病患者以及疑似患者而言，泰拉斐都是最好的治疗药物。当然，山姆团队现在已经认识到，相比努力引导医生进行客观检查，鼓励患者主动要求检查的行为改变可以带来更大收益。

2. 重新思考市场细分

将注意力转移到高产行为上，山姆团队需要重新思考他们的整套推广和销售方案，包括如何定义和细分市场。就像山姆所说：

> "过去，我们市场细分的方法和大多数竞争对手的方法大同小异。我们先会找出那些会开出很多处方的医生，将其定为我们的优质客户，然后投入精力财力，通过多种渠道，向这些医生宣传泰拉斐的益处。对于我们而言，这种旧的细分方式已经不再奏效。我们现在需要回答的问题是：哪些患者和首诊医生最可能，起码是可能，要求或开出检查？"

为了实现目标，泰拉斐团队需要根据客户做出理想行为的倾向找到目标客户群体。为此,他们就一系列患者的显性特征展开调查,这些特征共同反映了患者要求检查的意愿。"我们知道,说服不同患者主动向医生要求检查的难度不一,"山姆回忆到,"所以,我们希望,可以确保将精力和有限的资源放在那些最可能被我们说服的患者群体上。"泰拉斐团队不仅关注具有哪些特征的患者可能会购买泰拉斐,例如,关注哪些年龄段或哪种性别的患者患无症状疾病的风险更高,还试图识别哪些特征与理想选购过程行为相关,以便更加精准地细分患者群体。他们的研究表明,受教育程度、年龄和性别,都会显著影响患者主动要求检查的意愿,也会影响他们对于自身健康状况的关注程度和了解程度。泰拉斐团队还发现,患者之前是否接受过无症状疾病检查,会影响他们要求进行新检查的意愿。泰拉斐团队使用这些变量来衡量患者行为目标方面的差异,并据此将其细分为不同群体(表2.1)。

他们发现,年龄在55岁到64岁,之前未接受过无症状疾病评估,接受过4年以上高等教育的女性,最有可能要求医生进行检查。相比之下,受教育程度在高中及以下的年轻女性,主动要求检查的可能性则小得多。因此,泰拉斐团队决定关注受教育程度高的年龄较大的女性,将其定为全新营销活动的目标群体。

尽管这一群体包含的患者数量并不是最多的,但是,泰拉斐团队相信,针对这一群体的宣传信息和媒体组合可以辐射到周围群体,例如年龄在65岁以上,接受过4年以上高等教育的女性。

有机增长：激活高产行为以取得非凡业绩

表2.1 细分患者

	未评估 本科及以上 上过大学	未评估 高中及以下	无患病风险 本科及以上 上过大学	无患病风险 高中及以下	有患病风险 本科及以上 上过大学	有患病风险 高中及以下	已患病 本科及以上 上过大学	已患病 高中及以下
年龄在55岁以下，女性	群体七 未评估，受教育程度更高，50岁到54岁，15%/35%	群体一 3%/10%	群体二 10%/12%		群体三 9%/14%			
年龄在55岁到59岁之间，女性	目标群体 未评估，受教育程度更高，55岁到64岁，9%/45%	群体九 未评估，受教育程度低，55岁到64岁，10%/38%	群体十 接受评估，未检查，受教育程度更高，55岁到64岁，8%/35%		群体十一 根据检查评估，受教育程度更高，55岁到64岁，7%/18%			
年龄在60岁到64岁之间，女性								
年龄在65岁以上，女性/男性	群体八 未评估，受教育程度更高，年龄65岁以上，6%/40%	群体四 12%/13%			群体五 3%/18%		群体六 10%/27%	

注：群体规模 / 要求检查的倾向
浅灰色表格代表次要目标群体

040

考虑到其第二个行为目标是关注引导首诊医生开出检查，泰拉斐团队也根据医生做出理想行为的意愿对医生群体进行了细分。

泰拉斐团队将行为目标放在市场细分活动的核心位置。

"这对于我们来说是一个全新的方式，我们彻底改变了关于如何细分市场的思维方式。"山姆说，"通过关注行为目标，我们找到了目标医生群体和目标患者群体，这是我们之前从未注意到的。然而，既然已经确定了营销目标，那我们就必须弄清哪些活动可以最有效地改变他们的行为。"

3. 行为改变的动力和阻碍

山姆的团队需要再次弄清自己知之甚少的事情：什么会导致患者或医生要求（或不要求）客观检查。根据我们提供的框架，他们发现，有三个因素会影响患者和医生的想法：他们对于疾病和治疗的预设认知及态度、他们对当下情形的判断，以及他们对当下情形中理想结果的定义。在框架的帮助下，泰拉斐团队获得了两项主要成果：目标患者的简明叙事，以及理想行为的一系列动力和阻碍。新的患者叙事和传统的患者叙事截然不同，后者通过研究客户一天的生活，从而了解他们的需求和渴望，而前者则重点关注山姆和团队想要改变的客户行为，以及客户与这些行为相关的思考过程（表2.2）。

表2.2 目标患者群体的客户叙事

这位女性六十几岁，生活中十分关注健康问题。这一方面是由于她和老伴刚刚退休，希望可以保持健康，以便两人可以开始计划很久的活动，如外出旅行和走亲访友。另一方面，健康同样事关尊严，身体健康时，她会感觉自己更年轻，也会让自己看起来更年轻。 因此，她非常关注自己的健康状况。她会注意做一切有益于健康的事，如健康饮食、服用维生素、睡眠充足等。她的首诊医生是一名全科医生，她会一年三次去找医生问诊体检，并定期拍胸片，做巴式涂片，查胆固醇。她认为，医生是保健知识的主要来源，因此比其他人更加愿意主动与医生谈论身体症状。 尽管这位患者受教育程度较高，她并不认为自己很了解无症状疾病（事实上，她知道的比自己意识到的多）。她的家族中没有人患有这个疾病，她也不觉得自己有相关症状。但这并不意味着如果自己患上无症状疾病，她会放任自流。她知道这个疾病会在长期引起严重的健康问题。	但是，在她这个年纪，并不认为自己有必要担心会患此疾病。另外，她相信，如果她能照顾好自己，饮食健康，定期锻炼，就不需要过度担心自己会患上无症状疾病。在这个阶段，这位女性并不了解与无症状疾病相关的检查。她和她的医生从来没讨论过这种检查（假设如此，她没有任何明确的患病危险因子，因此医生从未建议她做相关检查），她也没有接受过相关检查。她并不反对做这个检查，虽然她已经有很多保健活动要做。当然，如果她或者她的医生认为有必要做检查（而且，她的保险会支付检查费用），她一定会同意。但是，在当下，她没有任何理由去考虑做这一检查。

表2.3中列出了一系列的动力和阻碍，概括了这一详细客户叙事揭示的重要认知。动力是一些心理和物理激励，一旦得到加强，可以引导目标群体的患者主动要求医生进行检查。阻碍即一些心理和物理障碍，会阻止患者做出以上理想行为。

其中，有多个行为动力和目标群体渴望保持年轻容貌有关，目标群体认为，坚持积极健康的日常活动，会让她们看起来更加年轻。另外，目标群体中有很多人会将无症状疾病和年老力衰联系到一起。由于这些女性并不认为自己年老，她们就会抗拒思考自己的患病风险。针对这种抗拒心理，泰拉斐团队需要唤起人们

表 2.3　理想行为的动力和阻碍

要求无症状疾病检查的动力	要求无症状疾病检查的阻碍
● 保持健康十分关键，人们会感觉自己更年轻且看起来会更年轻 ● 感觉自己和医生都应该负起责任，确保自己定期接受潜在健康问题的相关检查 ● 感觉自己有责任主动和医生讨论健康问题 ● 认为无症状疾病情况严重，应该积极检查治疗	● 没有明显症状或危险因子 ● 认为自己年轻，不会患无症状疾病 ● 更愿意相信无症状就是自己无患病风险 ● 有许多保健活动要做，如做很多检查和进行很多活动 ● 无症状疾病需要额外/特殊问诊和费用

关于无症状疾病风险更多的紧迫感，团队目标因此变成了制定相关的宣传内容，推动目标群体采取行动，同时避免引发人们产生对疾病的担忧和羞耻感。"我们利用这些客户叙事来帮助自己弄清，可以采取哪些最有效的针对这些客户的措施。在这个例子中，"山姆说，"我们发现可以帮助人们克服接受检查的一些阻碍，从而产生最大的影响，这也就是我们投资的方向。"

4. 行为改变价值主张

泰拉斐团队发现，将无症状疾病检查与其他有计划的日常积极健康行为联系在一起，可以有效地鼓励目标群体进行该检查。特别是，他们利用了对这一群体的长期认识，即认为关注健康可以帮助维持甚至改善外貌。具体而言，人们对于"无声杀手"疾病的早期检查已形成了固有态度，之前关于胆固醇和心脏病的营销活动，曾敦促人们"了解你的数据"，换言之，即接受胆固醇检查，了解自己的胆固醇水平。而泰拉斐团队就利用了这一认知体系，宣扬女性应该接受客观科学的检查，来了解自己的无症状疾病数据，就像她们必须了解自己的胆固醇水平一样。

泰拉斐团队还应用了同样的方法，鼓励医生开出客观检查。他们发现，医生一般并不了解该疾病诊断不足的程度，这是因为有的医生只靠主观危险因子问题做出判断。向医生展示诊断不足的数据，以及通过客观检查可带来的更准确的诊断结果，可以加强这一认知：优秀的医生，要做出正确的事，就应该先开检查。泰拉斐的公司还和医疗协会合作，制定了全新的检查指南，将客观诊断检查定为诊疗的黄金标准。

此外，泰拉斐团队认识到，需要确保一些基础因素到位，才能鼓励正确的行为。例如，阻止开出或要求无症状疾病检查的现实障碍，如检查场所的数量有限，会影响团队全新行为宣传的有效性。为了解决这一问题，他们绘制了患者和医生行动轨迹，确定可以在哪些区域普及检查。重要的是，他们不能直接控制所有触点。

他们的分析识别了四个主要的检查障碍，这些因素会阻止医生开具泰拉斐处方。当他们首次推广该药品时，在美国，只有50%左右的教学医院有诊断设备，可进行无症状疾病客观检查。为此，山姆的团队开始与设备生产厂商展开多方合作，以便普及诊断设备。这些努力卓有成效。三年内，美国约有几千家医院可进行相关检查，全国人口的90%可就近接受检查。随后，团队与医院合作，增加医院内可操作检查设备的技术人员。最后，每次检查100美元到200美元的费用对于许多患者来说是个阻碍，而如果可以让保险覆盖

第 2 章　泰拉斐：实现药品销量的再次腾飞

检查费用，那么医生就会更有可能开出检查，这也意味着更多的病人可以用保险支付检查费用。因此，公司开展了专项活动，以说服付款方（保险公司等）覆盖这些检查对他们来说是有益的，因为更多精确的早期诊断及治疗，可以改善参保人的健康状况，降低长期成本。

最后，还有一潜在因素会阻止医生做出无症状疾病诊断，即医生不熟悉如何解读检查的标准结果。为此，泰拉斐团队和主要的专业协会合作，成立了工作组，制作了浅显易懂的索引，医生可以据此解读患者检查数据，判断患者无症状疾病的病程。

"现在，我们清楚地知道如何让医生和患者进行检查，以及我们可以从哪方面入手鼓励检查行为。即使这样，"山姆说，

> "让所有人就如何分配营销资金达成共识，也绝非易事。我们习惯了将营销资金分摊到一系列的活动上，以便推广品牌，公司也的确可以因此赢利，但是，我们知道这些做法并不能给我们带来理想的增长，我们必须叫停一些活动，以便开展更重要的活动。当然，当你告诉同事，你将要减少他们所关心的活动预算时，他们可不会给你'好脸色'看。"

泰拉斐团队将大部分营销资源转向一项非品牌相关活动，旨在鼓励目标患者群体做出理想行为，即进行无症状疾病检查。这一方案同样与团队过去密集的以产品为中心的品牌宣介相去甚远。团队将剩余的资源分配在两项活动上，一是调整针对医生的宣传活动，让高倾向医生理解并且开出检查，二是与检查设备厂

045

商、保险公司,以及医学协会合作,以减少检查的阻碍。

有趣的是,由于其营销活动变得更加精准,山姆和他的团队的总体营销支出实际不升反降。他们逐步开展活动,先是专注年龄较大的可能要求检查的女性,以及最可能开出检查的医生群体。过了一段时间,等到这些新行为普及开来,等到已推出的项目减少了检查的物理性阻碍,如缺乏检查设备,就开始针对次要目标群体展开营销活动了。

5. 本章后记

图2.3概括了本书的五条原则和山姆团队做出的具体决策。因为采取了有针对性的营销手段,大批的无症状疾病检查使得泰拉斐处方数量在第一年上涨18%,第二年上涨30%,第三年上涨40%。

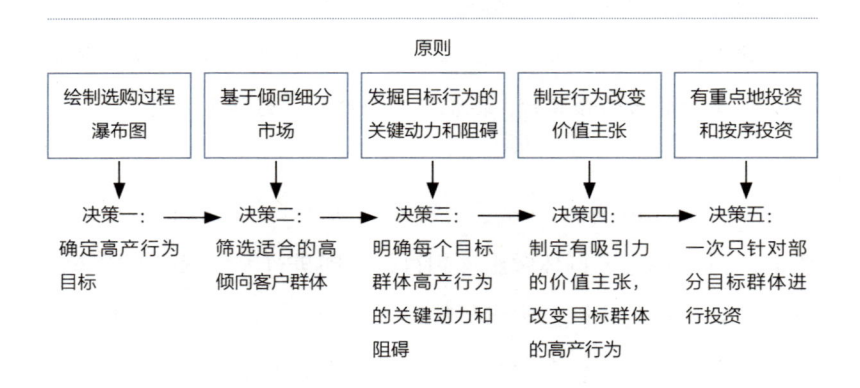

原则

绘制选购过程瀑布图	基于倾向细分市场	发掘目标行为的关键动力和阻碍	制定行为改变价值主张	有重点地投资和按序投资
决策一: 确定高产行为目标	决策二: 筛选适合的高倾向客户群体	决策三: 明确每个目标群体高产行为的关键动力和阻碍	决策四: 制定有吸引力的价值主张,改变目标群体的高产行为	决策五: 一次只针对部分目标群体进行投资

第 2 章　泰拉斐：实现药品销量的再次腾飞

泰拉斐

| 引导患者要求进行客观检查 | 之前未接受评估的、受教育程度高、年纪偏大的女性群体 | 认识到情况严重；遵循严谨的"先检查后治疗"的惯例，维持青春/美丽/自我价值；愿意主动与医生讨论病情 | 要求进行客观检查对身体健康有益；主动出击，了解自身健康风险本来就是照顾自己的一部分 | 先针对一个客户群体采取两年行动，然后再采取两年行动 将资金分配从向医生细致宣传，转向非品牌相关的患教活动，以及实现检查设备的普及 |

图2.3　泰拉斐的综合营销决策

与此同时，在三年中，泰拉斐销售额增长超过50%，年销售收入增加4亿美元，而营销支出却下降了1500万美元。"在放弃旧有的推广战略，新营销活动的支出下降后，我感觉自己或许不应该为此提心吊胆，"山姆说，

"然而，我知道新方案一定最奏效。为什么？因为我们相信，绘制选购过程中得到的数据已清晰地表明高产行为是什么，以及通过改变高产行为我们能有哪些收获。我们其他所有的行动都环环相扣，与这一认知紧密相关。"

第 3 章

第一条原则：绘制选购过程瀑布图

泰拉斐案例研究中的支点是即使面临压力,也要迅速做出改变,山姆·威尔科克斯仍然决定重新审视其市场推广战略。特别是,通过再次分析,他发现,泰拉斐增长的最大源泉来自未确诊患者或误诊患者的治疗,而这可以扩大患者的实际规模。更重要的是,山姆发现了之前忽视的一些事情:最能扩大目标患者群体的行为是,医生在开药过程早期决定进行客观检查。相比主观诊断患者有无该疾病,当医生借助客观检查做出同样的判断时,他们开出泰拉斐处方的可能性会更大。

山姆决定放弃传统营销方案,不再引导医生开出泰拉斐处方,转而开展一项更有针对性的上游营销活动,鼓励医生和患者做出关键行为改变,要求进行检查,泰拉斐的增长率因此翻了一番,同时营销和销售支出大幅下降。大部分医生已经认定泰拉斐是更好的治疗手段,要鼓励他们开出更多的泰拉斐,则需确保他们可以从客观检查中得到明确结果,进而心安理得地开药。

这个案例说明了本书第一条原则的战略意义,说明团队应该绘制选购过程瀑布图,关注几项高产行为。此外,该案例还体现了选购过程中输入行为和输出行为的差异。这里,输出行为指客户决定购买产品或退出选购过程,而高产的输出行为如果发生改变,可以为产品和服务带来最大的增长。在山姆的营销案例中,医生开出泰拉斐处方就是高产输出行为。从另一方面看,输入行为是客户在购买和消费之前做出的选购行为或决策,位于选购过

第3章 第一条原则：绘制选购过程瀑布图

程的上游。高产的输入选购行为会让客户走上特定路径，最终极有可能做出理想购买（输出）行为。说服医生进行客观检查，以及引导患者要求医生进行检查，都属于输入行为，可以最大概率确保这些患者诊断正确。山姆开展了一系列营销活动，重点就是要改变这一高产行为，最终实现收入的大幅增长。

1. 传统观点

几十年来，营销人员始终被教导，可以用一简单的线性四步模型来捕捉和理解客户行为：

- 有需要的客户认识到潜在相关产品的存在；
- 客户考虑这些产品的优缺点；
- 客户购买一项产品；
- 客户尝试已购产品。

在有些版本的模型中，还有第五步，即客户重复购买产品。根据这一模型，传统观点认为，营销人员和销售人员的任务就是制订和执行计划，以便在每个阶段引导客户。营销人员要确保潜在客户认识到其产品的存在，说服客户将他们的产品纳入备选，不断引导客户购买他们的产品。

这一"认识—考虑—购买—尝试（—重复）"的传统模型是山姆团队最初制订泰拉斐推广计划时的行动模板。当时，他们大力投资，通过各个渠道，使用各种方式，提高泰拉斐的知名度，开展了包括赞助会议、投放商业广告、发放提示赠品（带品牌标识的笔、处方笺等）在内的一系列活动。尽管在营销活动后期，用于提高知名度的支出逐渐减少，山姆仍然将很大一部分预算用于这一活动。他还投入时间和金钱，努力确保医生的处方备选中有泰拉斐的存在。为实现这一目标，山姆通过一系列渠道，准备了各种资料，以便医生可以看到数据，了解泰拉斐的作用机制，以及其相比同类药品的优势。最后，山姆还稳步推进一项大规模的推广活动，雇佣销售代表每月多次拜访医生，说服医生开具泰拉斐处方，而非其他治疗药物。

然而，这一原始营销计划效果不尽如人意，最终搁浅停滞。这是因为其背后的传统模型存在两个方面的缺陷。第一，传统模型认为，客户购买过程的几个阶段比每一阶段内的活动更加重要。这使得山姆的团队将大量时间和金钱投入在每个阶段引导医生进入下一阶段上。在我们的经验中，这样的现象屡见不鲜，我们称之为"花生酱营销"，也就是团队倾向将营销资金分摊到整个过程中，甚至分摊到每个阶段中的所有的活动和渠道上。

事实上，客户在任何选购过程中的进展都有路径依赖，特定的阶段和活动就显得尤为重要。我们随后将在本章谈到，客户在一项活动中的认知和行动会强烈影响他们下一步的认知和行为方向。这就意味着，客户购买某一特定产品的概率，会受到选购过程早期活动或信息的强烈影响。在泰拉斐的案例研究中，开出客观诊断检查的医生，与不开检查的医生，在选购过程中走上的路径截然不同，最终做出的购买决定也迥然不同。泰拉斐的故事说明，选购过程中的某些阶段和活动，会比其他部分更加重要。营销和销售计划需要认清这一现实。

传统模型的第二个缺陷是，该模型是非常抽象的内向型模型。在模型中，各个步骤抽象地概括了一些复杂难懂、本质上难以观察的客户心理过程和状态。我们非常同情那些被要求提高客户对产品认识的营销团队，他们面对这一棘手的任务不知所措，因为他们根本不清楚认识具体指什么，也不清楚如何提高认识。此外，传统模型中的步骤更加准确地反映了企业希望客户怎么想、怎么做，如认识并考虑他们的产品，而非描述了客户的实际行为。简而言之，传统模型并没有准确地描述客户（如泰拉斐案例中的医生）如何发现、评估并且选购产品，因此，传统模型并不能很好地指导团队选择媒体、渠道、宣传信息等（见《传统选购过程的局限》）。

传统选购过程的局限

尽管传统模型在商界仍然盛行，但学术界却已经开始致力于改善其缺陷。例如，现在的大多模型提倡一个五步的过程：问题识别、信息搜集、选项评估、购买决策，以及购买行为。

这一新方案比传统模型更加关注活动和客户。然而，这一模型仍然假设不同阶段以及每个阶段中的不同活动相互独立，互不影响，这就意味着企业仍需大力投入引导客户在不同阶段间的过渡。就像泰拉斐的故事说明的那样，这一方案会劳民伤财，效果甚微。

2. 本书方案：绘制选购过程瀑布图

传统营销计划将资金分摊在多个目标群体、增长源泉和选购阶段中，尽管看似分散了风险，但是事实上可能风险更高。因为这些计划并没有将资源集中到可以带来最大经济收益的特定行为上，所以它们不仅造成了资源的浪费，还会掩盖关于那些可以推动增长的少数活动的信息。泰拉斐的案例研究表明，当公司拥有关于客户行为的询证认知，而非仅是态度和动机时，就可以更加高效、有效地集中营销火力。

我们认为，在设计商业计划时，应着力在引导客户选购过程中做出高产行为。要实现这一点，团队需要深入研究整个选购过程，量化识别选购过程瀑布图中的退出点。客户行为的特定改变，如病人主动要求进行检查，而非简单地回答医生的问题，应该是市场营销的金线，贯穿所有营销计划。细分市场，以及后续就筛选的目标客户群体展开行动，都以这些金线为基础。如此制定营销活动时，识别高产行为在前，细分市场在后。因此，目标高产行为改变是设计产品供应方案、宣传内容以及促销活动的关键考量。

3. 高产行为有哪些特征？

高产行为有三个具体特征。第一，高产行为发生在选购过程早期，会强烈影响客户后来的行为，或者是否会继续选购。例

第3章 第一条原则：绘制选购过程瀑布图

如，一位母亲去运动商品专卖店时，看到的可选冬衣品牌和她在百货商店看到的选项截然不同。如果她只需购买一个品牌，那么她最初购物场所的选择会强烈影响其最终的购买决策。相比之下，在金融领域，关键高产行为则是引导人们安排第二次预约理财顾问，或者再次访问公司网站。在理论上对理财计划感兴趣的人群中，有很大一部分没有进行理财，部分原因是有的人觉得与理财顾问的第一次会面十分令人不适，因此再也没有回去。然而，一旦人们克服了心理障碍，决定再次拜访理财顾问，或者再次访问网站，那么他们购买理财产品的可能性就会大大提高。显而易见，选购过程早期的特定活动会深刻影响购买结果。

第二，高产行为会带来增长源泉，使特定企业比同行受益更大。一般而言，潜在增长源泉包括提高市场份额，减少份额损失，提高钱包份额，吸引新客户等，增长源泉的价值由企业的战略定位决定。例如，对于一家市场份额大、销售范围广的企业而言，引导行为改变，提高新客户进入市场的速度，则可比同行企业受益更大。在其他条件相同的情况下，拥有大市场份额的公司更可能从新市场收入中受益。反过来看，对于一家缺乏强大销售渠道、市场份额不足、或知名度不高的企业而言，对于吸引新客户进入市场的投资则会得不偿失。对于这种类型企业，引导客户更换供应商可能是一个更加有用的行为改变。

如果识别的行为目标可以引导客户做出一定的购买行为，而且相比同行，对本企业有更大的战略意义，那么本企业的收获就会更大。例如，在高客户获取成本的行业，企业也许会通过对现有客户进行交叉销售，推广其新服务和产品，从而实现增长。在这种情况下，企业可引导客户改变其信息收集渠道和产品购买渠道，让客户了解额外的产品供应方案。例如，维斯塔印刷公司（Vistaprint）成功地通过在其网站提供免费定制名片，获得了客户，同时还在网站上展示了一系列相关的供应组合，涵盖支票簿、定制咖啡杯、小企业网站等。

第三，企业相信，高产行为可以带来合理的投资收益。选购过程早期的某些客户活动，或许会深刻影响其后续的购买决策，但是改变这些行为可能会劳民伤财、得不偿失，因此评估投资收益是找到正确高产行为的重要组成部分。

以上三个特征共同决定了某一行为改变是否高产。在我们说明具体方法、识别和筛选高产行为改变之前，有必要先简单谈一下市场细分的问题，我们会在第5章做出更加详细的说明。一旦识别了医生在泰拉斐选购过程中的高产行为改变，即进行无症状疾病的客观检查，就需要回答这样一个重要问题：哪些医生最可能让病人进行客观检查？面对这一问题，山姆团队开始考虑市场细分的重要变量。因此，识别行为改变和市场细分方式紧密相连，并非相互独立。这也是为什么在整个过程中，读者首先需要识别选购过程中的高产行为。根据客户做出目标行为的倾向对其进行划分，常可以制订一些独特的、容易被忽视的市场细分计划。因此，从逻辑上讲，必须先分析选购过程，然后细分市场。

4. 第一条原则说明

为了理解为什么高产行为如此关键，我们首先需要观察和评估在整个选购之旅中究竟发生了什么。通过选购过程瀑布图，我们可以捕捉并且梳理这一内容。

在瀑布图中，我们可以看到客户的全部活动，从他们心中出现购买需求的那一刻，到他们最终购买（或放弃购买）该产品。按照发生顺序，组织排列这些活动和决策，然后在流程图上标注这些活动和决策发生的频率，读者就会发现，有些活动和决策必然发生，而有些则取决于之前的活动是否发生。数据在手，我们可以通过选购过程瀑布图，轻松识别高产行为。我们会在下文详细说明瀑布图的相关内容，现在，大家只需知道，选购过程的量化可以帮助企业识别目标行为，找到可实现最大增长的机会。我们可以看一下美国人选购葡萄酒的过程（图3.1），以便理解选购过程瀑布图的工作原理，以及如何借此识别高产行为。

图3.1最引人注目的点就是其内容很多。读者可能会认为选购葡萄酒是一个相对直截了当的选购过程，但是它也有这么多步骤和选择。然而，即使涵盖纷繁复杂的元素，一个有效的瀑布图也会有一个清晰结构，可有效反映选购过程。瀑布图按序排列，顶端是最早的活动和决策，底部则是最后的活动和决策（实际购买行为）。可以看到，在客户选购葡萄酒的过程中，首先会出现某些行为或事件，催生或触发整个选购过程，然后客户会进行接下来的步骤，包括调查研究、渠道选择和渠道访问，最终选择购买

某些或某个品牌的葡萄酒。

注意，在图中，输入行为和输出行为均有列出。回顾一下，输入行为发生在选购过程的早期，会影响客户后续是否购买的决策。对于葡萄酒来说，输入行为可能包括聘请餐饮承办公司，与朋友交流，浏览网上公布的葡萄酒排行，清点家中葡萄酒库存，或脑海中冒出了该念头（我今天想买点葡萄酒）等。输出行为则指客户确定购买决策或退出选购过程。由于客户可在任一时刻退出，因此，每个阶段皆列出输出行为。相比之下，购买行为只发生在过程末尾，反映了购买的不同方式，而不同的购买方式会对企业增长产生不同的影响。例如，客户的购买行为可能是重复购买同样的产品/品牌、同样的数量、同样的用途；也可能是扩大购买同样的产品/品牌，不同的用途；亦可能是转换行为，即客户购买了新品牌。

按照其在选购过程中的不同阶段，将瀑布图中的活动分组。图3.1左侧的标签代表了活动所在的阶段，反映客户为实现相似目的，几乎在同一时间做出的一系列活动。

例如，非渠道相关研究阶段包括参加品酒会、与朋友讨论、阅读酒类网站文章、阅读报刊文章等在内的多种活动。活动阶段就将相似的客户重要活动组合在了一起。由于不同的活动只是为了实现同一目的的不同方式，所以很少有客户会参与同一阶段的所有活动。因此，阶段分组虽是人为的，但能反映特定市场和行业的一系列特殊活动。只有在少数"商对商"市场中，客户选购过程不能被有意识地划分为清晰明显的不同阶段。尽管阶段分组

第 3 章 第一条原则：绘制选购过程瀑布图

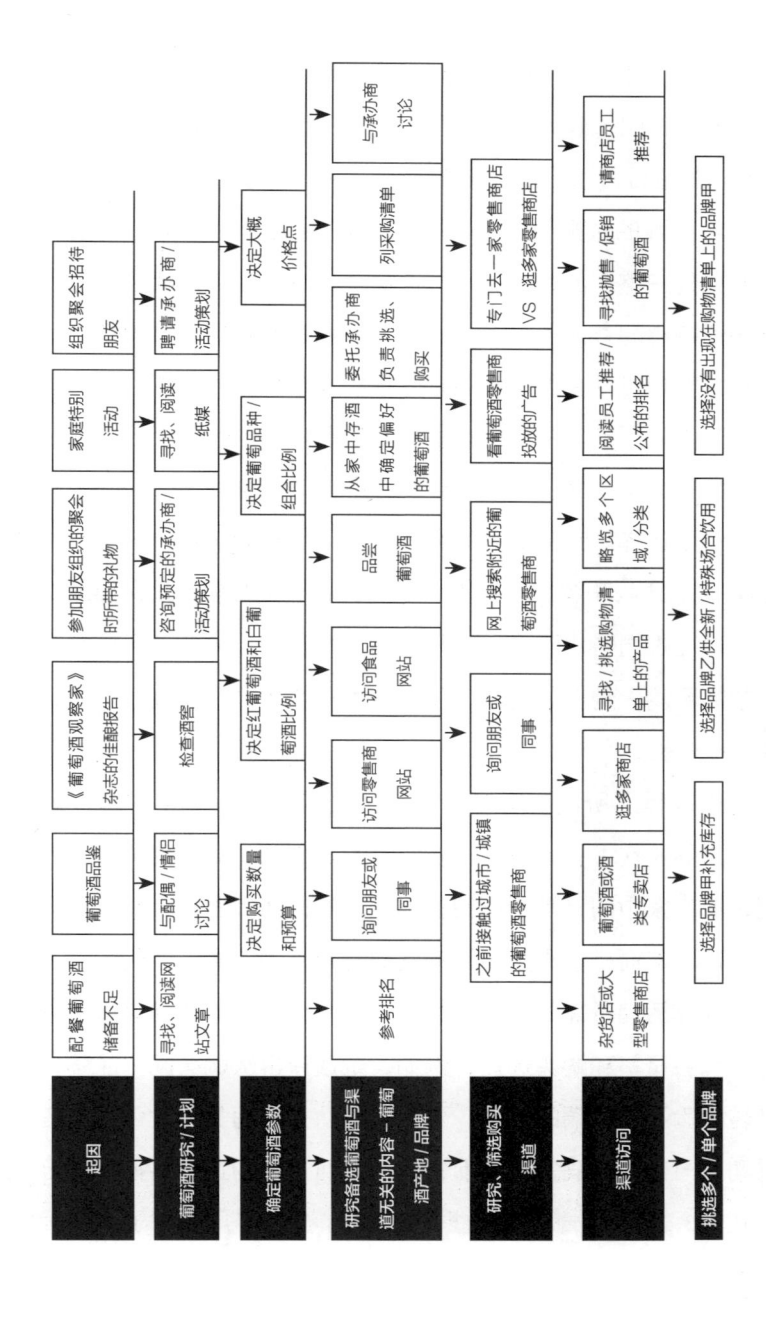

图3.1 葡萄酒选购一般过程（供个人／家庭饮用）

存在一些局限性，它们仍然具有重要意义。阶段分组显示了为了同一目的，在同一时间做出的行为，可以反映现实状况的本质，提示在何处进行营销干预会有意义。

顺着良好的选购过程瀑布图结构，我们可以跟踪、评估客户一般如何在整个流程中流动。从概念上讲，客户可能会有几千种选购葡萄酒的方式。极端情况下，就像经典弹珠台上的弹珠一样，每个客户可以遵循一条独特的顺序或路径，完成流程图。事实上，对于一个市场中的绝大多数客户而言，他们走上的不同选购路径数量有限。我们的经验表明，超过90%的客户只会在10条以内的路径中选择。在葡萄酒的案例中，我们将会挑选出其中两条常见路径（图3.2和图3.3）。此外，客户还会更加频繁地做出某些活动，进而走向特定路径。正是这种选购过程行为的路径依赖，以及频率不均，创造了机遇，使企业可以找到并利用高产行为，实现更快增长。

选购过程之所以会有路径依赖，是因为客户在上游阶段的行为会引导其在下一阶段做出特定行为。例如，如果葡萄酒买家发现，他们家中的日常用酒储备不足，他们随后通常会和配偶／情侣讨论。然而，如果是要为家庭的特别活动买酒，他们下一步一般会计算活动所需的葡萄酒数量。最终，上游的活动会深刻影响客户购买概率和购买选择，例如，是选择再次购买同一品牌，还是转为购买更高端的品牌。可以想象，客户为长期收藏或投资而采购，与为补充日常用酒而采购，从而走上的选购路径千差万别。在图3.2中，佳酿买家选购路径或许源于客户读到了《葡萄

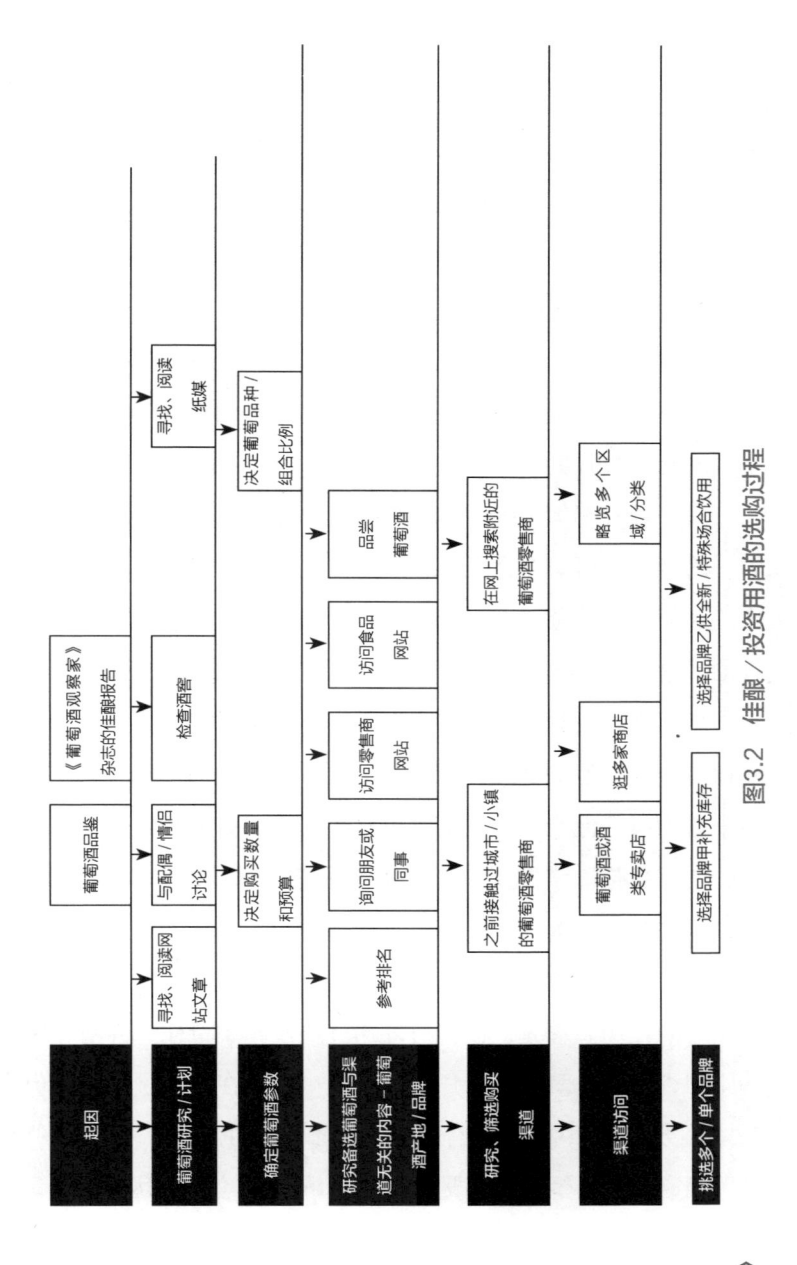

第 3 章　第一条原则：绘制选购过程瀑布图

图3.2　佳酿／投资用酒的选购过程

酒观察家》杂志中关于一种新酒的介绍。这一上游行为发生后，客户可能会去清点一下自己的酒窖库存，看看是否有必要购买新酒。随后，客户将会开展多方调查研究：参加葡萄酒品鉴、查看专业网站，或者咨询其他懂酒的朋友。研究表明，如果这种新酒不能达到某些标准，那么随后客户可能退出选购过程。反过来讲，如果新酒在被研究后顺利通过所有考核，那么客户很可能会去商店购买新酒。对于这位客户而言，从多个网站和著名酒类评论家那里获得肯定的信息，可能会深刻地影响其后续活动是否发生，以及在哪里发生。

对于补充日常用酒的客户而言，他们的选购路径则截然不同，路径依赖可能会在很大程度上取决于客户对产品和渠道价格点的评估。与葡萄酒爱好者不同，普通消费者不会被新酒的新闻打动，也不会在选购过程中浏览专业网站，深入研究产品。

相比之下，对于这些客户而言，产品调查研究不如渠道研究和评估重要，他们会通过浏览不同的零售商网站，参考之前去不同渠道购买其他产品时留下的价格印象等，努力找到提供最低价格的销售渠道。事实上，图3.3中的活动与图3.2中的活动极少重合，令人十分意外。

有三种不同的方式可以量化选购过程的活动，每种方式都有其独特的作用。首先，读者可以通过阶段频率量化，弄清在因某些原因进入每一阶段的客户中，有多少客户在选购过程后期仍会保持活跃。例如，在所有有理由购买葡萄酒的客户中，80%最终会进入确定葡萄酒参数的阶段，只有40%的初始客户会达到渠道访问

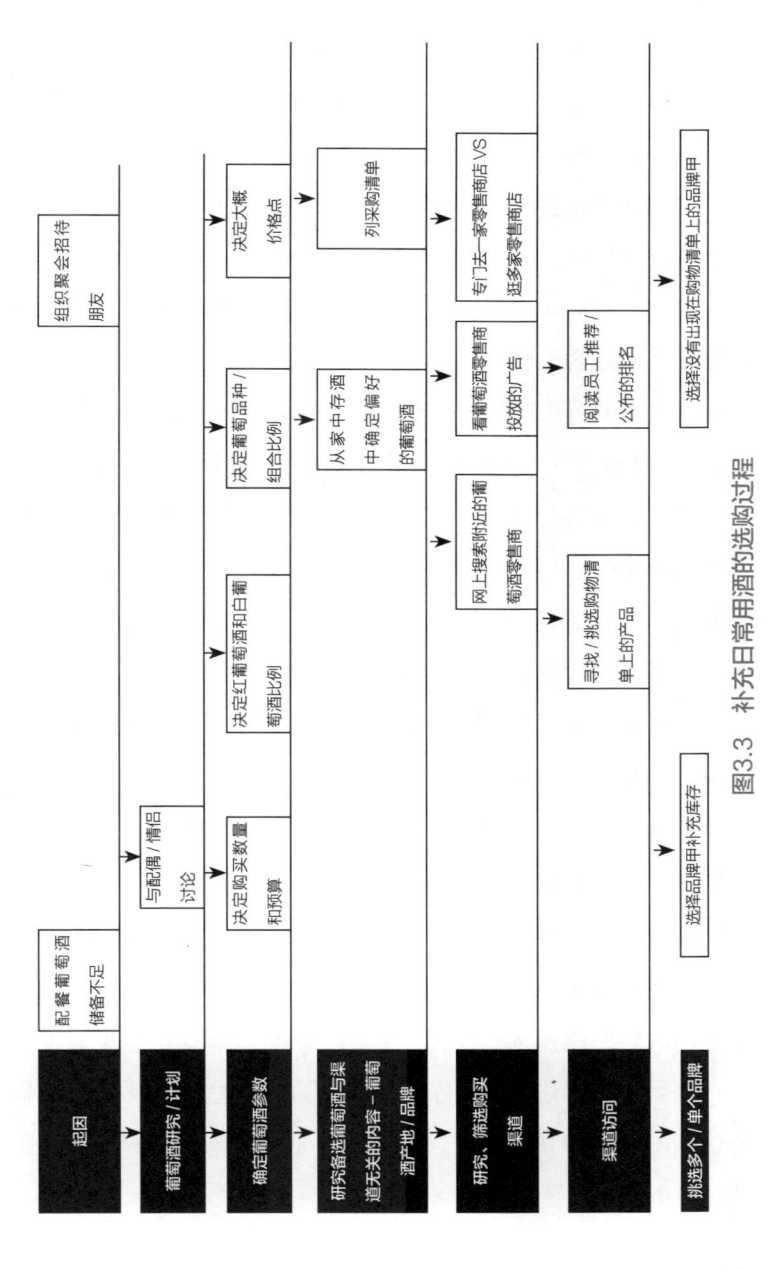

第3章　第一条原则：绘制选购过程瀑布图

图3.3　补充日常用酒的选购过程

阶段。阶段量化表明，随着客户退出选购过程，在阶段间退出的客户数量十分庞大，且分布不均。例如，如同图3.4的右侧所示，随着客户离开确定葡萄酒参数阶段，进入非渠道相关品牌研究阶段，仍留在选购过程中的客户数量下降了5%，但是，随着他们进入渠道研究阶段，客户数量却下降了35%。

第二，读者可以借助阶段内频率量化选购过程。阶段内频率是指在选购过程的任一阶段，客户进行某项活动的频率。例如，在那些进入渠道访问阶段的客户中，80%选择去葡萄酒或酒类专卖店，只有20%选择去杂货店或零售商店。在分析过程的设计媒体组合阶段，这些数据十分重要。如读者所料，阶段内的频率模式会随客户遵循的路径而千差万别。注意，每个阶段的百分比数值加起来并不总等于100，这是因为客户在每个阶段可能进行多个活动。

第三，量化选购过程可以研究特定选购路径的频率，换句话说，就是客户通过前面阶段中特定的活动序列，最终做出特定购买决策的频率。例如，为了特殊场合，聘请餐饮公司，并由他们决定葡萄酒的选择，因而产生了一个特定选购路径，这一路径发生的频率只有8%。然而，这一路径也许价值极高，因为整个过程的客户退出率很低，研究表明，尽管这一路径只占购买现象的8%，却可以带来13%的最终购买。在有些情况下，有必要识别某一阶段内的特定路径依赖现象。例如，如果询问员工意见只发生在客户去酒类专卖店，而非杂货店时，那么这些活动尽管都隶属渠道访问阶段，却并非真正地相互独立（见《为什么标准的选购漏斗分析不够用？》）。

第3章 第一条原则：绘制选购过程瀑布图

> **为什么标准的选购漏斗分析不够用？**
>
> 绘制选购过程瀑布图时，高度注意细节看起来似乎有些分析过度，但是，这对于识别高产行为来说却是必需的，细节精准可帮助简化执行过程，实现更快的增长。一般而言，简单分析不会更好，反而会有误导性，有时甚至会有危险的错误结论。选购过程的传统模型只关注宏观阶段，如认识、考虑、购买、试用、再次购买等，忽略了实际选购行为的关键细节。经常可以看到，片面的分析会导致花生酱营销，不仅劳民伤财，而且不能实现更快的增长。

选购过程瀑布图和量化并非终极目标。相反，细致分析，发现并确定一两项关键行为，对实现更快增长产生重大影响，才是真正的终极目标。然而，进行深入分析，确定目标，需要一套全新的市场调研方案，有别于现在大多数企业的做法。事实上，我们之前曾遇到很多客户为全面细致地构建选购过程，收集了一些数据，但是至今只遇到一位客户，收集到了所有所需数据。在大多数情况下，客户拥有选购行为的部分定量数据，以及各种行为频率的部分定量数据，却很少可以量化选购路径的细节，或不同阶段间的退出率。

我们提倡的过程需要一套两步的市场调研方案，涵盖定性分析和定量分析。在第一阶段中，要进行定性分析，识别所有所需客户活动和行为，以帮助绘制全面的选购过程瀑布图。我们的经验表明，要进行这一定性分析，需要采用特殊的方法，需要进行一对一的采访，关注客户行为的故事背景，重点是要细致描述近

◆ 有机增长：激活高产行为以取得非凡业绩

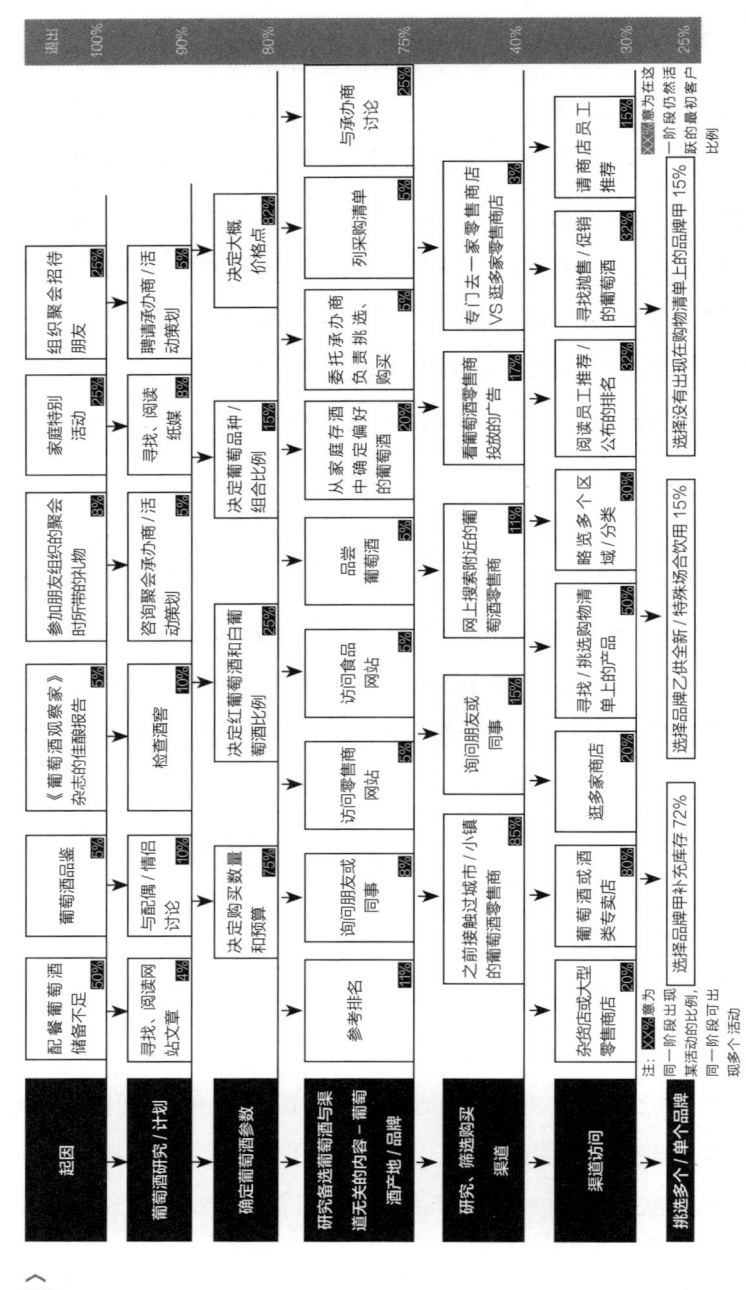

图3.4 量化葡萄酒选购过程

第 3 章　第一条原则：绘制选购过程瀑布图

期发生的特定选购情境。例如，采访为家庭购买空调的客户时，我们需要知道这是为了过冬而做出紧急采购，还是深思熟虑后的决定。客户每一步活动的细节可能会千差万别，关键是要识别许多不同的情境，引导客户用自己的语言讲述每个情境中的故事。采访者要深入探查，确保故事完整、细节充分。所选样本必须十分丰富，可以帮助全面绘制不同路径，但是，这一阶段的调查不需要采访许多客户，采访20名到30名客户足矣。在这一阶段，关注客户群体的做法并不能奏效，因为客户群体不能详细叙述完整的故事。基于这些采访，我们可以构建一个足够细致的假设选购过程（见《"商对商"瀑布图的特殊案例》）。

> **"商对商"瀑布图的特殊案例**
>
> 　　有些读者可能好奇，选购过程和瀑布图是否适用"商对商"市场。对此，我们的答案是"当然"。在第4章，我们将会介绍恩塞维节能服务公司的选购流程，这是一家行业能源产品供应商。
>
> 　　在第11章，我们为"商对商"行业的营销人员提出了许多具体的建议。在此我们先提前介绍一下那些建议。在绘制"商对商"选购过程瀑布图的过程中，需要记住以下几点：
>
> - 重要的客户常常数量有限，因此对他们进行深入的定性采访至关重要。
> - 通常情况下，在"商对商"选购过程中，有4到6位重要的采访对象。团队应该识别采购、产品研发、生产、企业管理过程中的关键角色，理解他们的视角和行为。

> - 销售人员的传统观念和普遍认识，常会阻碍在"商对商"市场中形成全新的认知。
> - "商对商"行业的营销人员和销售人员经常低估选购过程中的阶段和步骤数量。
> - "商对商"客户的产品研发周期常会强烈影响他们开展选购过程的方式，团队不应将目光局限在客户产品采购决策上，还应关注其上游行为。

　　第二阶段，量化分析。在这一阶段，至少要量化阶段间的流动、每个阶段的退出率，以及每个阶段内的行为频率。图3.5展示了葡萄酒选购过程中阶段层面的量化分析。这种调研并不涉及复杂的统计过程，但是设计问题顺序时需要十分注意，以便反映选购模式。考虑到营销人员要找到不同客户群体遵循的各种路径，这就需要客户样本足够大，以确保可充分量化大量的潜在路径，并按照其重要性对其排序。

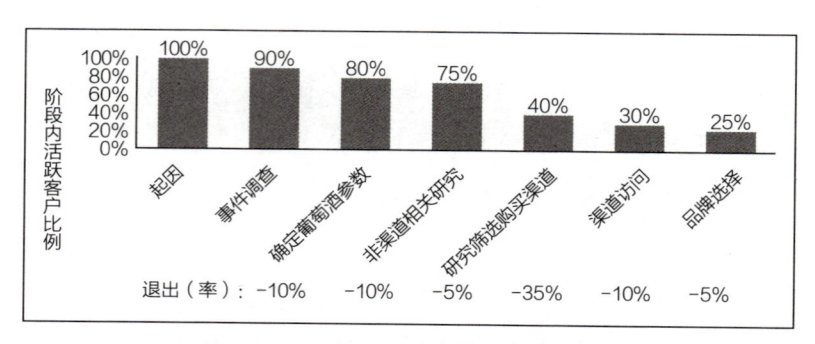

阶段内活跃客户比例	起因	事件调查	确定葡萄酒参数	非渠道相关研究	研究筛选购买渠道	渠道访问	品牌选择
	100%	90%	80%	75%	40%	30%	25%
退出（率）		-10%	-10%	-5%	-35%	-10%	-5%

图3.5　绘制选购过程：阶段内的客户退出率

5. 做出选择：挑选并明确行为目标

详细绘制整个选购过程中的客户活动，必然会揭示一些关键的、之前忽视或未知的细节，会显示客户行为内容、做出行为时的同伴，以及行为发生时间。这一调查研究同样会说明在选购过程中，客户做出特定行为的动因。对于团队而言，这将是一个智慧宝库，充满了实用的锦囊妙计。选购过程的调查研究常会阐明一些微妙却重要的影响模式，而正是这些影响模式主导了客户选择。调查研究可为公司的销售团队提供宝贵的信息，可以提示营销人员哪些类型的媒体或网站最能取得客户信任，甚至可以示意并指导产品经理设计或改善产品供应方案。然而，绘制和量化客户选购行为的真正价值在于，可以帮助识别关键的战略性的高产行为，帮助读者团队据此制订增长计划。例如，图3.5的瀑布图显示，在非渠道相关研究和渠道研究两个阶段之间，有大批客户退出。在其他条件相同的情况下，这些在选购流程早期退出的大批客户，显然可以作为营销团队的工作重点。我们发现，有些团队发现了这一规律，并且针对客户选购之旅早期的高产行为采取行动，因此实现了业绩的飞速增长，即使在整体方案执行一般的情况下也是如此（见《关于瀑布图的诊断性问题》）。

关于瀑布图的诊断性问题

构建完如图3.5那样的瀑布图后，读者可以提出一些诊断性问题。我们建议团队探讨下列几个关键问题：

> - 为什么客户会在阶段间退出选购过程？（例如，为什么在非渠道相关研究和渠道研究两个阶段之间，有35%的客户退出选购过程？）
> - 如果我们转变了客户在这一阶段的退出行为，我们是否会受益更大，还是所有竞争对手都能获益？
> - 是否有足够的机会空间？
> - 竞争对手是否会针对我们的行动采取措施？如果是，会采取什么措施？
> - 我们能否以合理的成本换取行为的改变？这项投资是否有利可图？

选择高产行为改变，最好的操作模式就是制定我们所谓的行为目标。如图3.6所示，一般而言，行为目标会简单具体地说明理想的行为改变，以便团队执行。图3.6中的阶段N就意味着行为目标可出现在选购过程的各个阶段，而非只出现在品牌选择阶段。

```
角色甲

做出活动或行动一（在阶段N）

而没有做出活动或行动二（在阶段N）
```

图3.6　确定行为目标

这一模式强调，读者必须做出三项特定的亚决策，以便明确高产行为，作为增长计划的战略基础。首先，读者必须识别选购过程中，行为改变影响最大的人物或角色。在"商对商"市场中，行为目标通常是一个组织角色，如设计工程师、品牌经理、

第 3 章 第一条原则：绘制选购过程瀑布图

销售副总裁、采购经理等。而在"商对客"市场中，在形容消费者或消费单位时，一般会给角色定位加上人口统计学特征描述，例如，妈妈是影响者、爸爸是购物者，或青少年是最终用户。

第二，读者必须确定在选购过程中，哪个环节的行为改变会产生最大影响。如上所述，选购过程通常很复杂，包含多个阶段。这一部分的选择需要识别是该在早期（上游）还是在后期（下游），针对关键人物行为采取行动。第三，读者必须决定目标行为改变是什么。换句话说，读者必须详细描述希望目标人物／角色做出什么全新行为，以及希望目标人物停止什么行为。

泰拉斐团队这样描述其制定的医生行为目标：首诊医生向患者提问危险因子相关问题的同时，会开出无症状疾病的客观检查，而非仅询问危险因子。这个简单却全面的表达是泰拉斐团队的北斗星，指导其调整了营销方案。而他们的三项亚决策如下：

- 针对首诊医生，而非专科医生或护士；
- 尽量在早期改变首诊医生行为，改变他们开始与患者交流之后的行为，而非改变其选购过程后期行为；
- 在首诊医生现有行为（向患者提问危险因子相关问题）的基础上，引导其做出额外行为（开出检查）。

再举一个例子，让我们回顾一下葡萄酒的选购过程。在这个案例中，团队发现，在非渠道相关研究和渠道研究两个阶段之间，会有大批客户退出选购过程。团队通过深入研究数据，精准识别出一项高产行为，即非渠道相关研究阶段中的产品品鉴，特别是影响者和决策者的共同品鉴。对此，团队的行为目标也许就是：妻子在筹备一个大聚会，应该说服她老公去参加内部品酒会，而不是让妻子自己品鉴。团队的行为目标也可能是列举出其他采购情境和行为，例如：

> 妻子将不同的葡萄酒样品带回家，和老公一起在家中品鉴，而不是直接购买了商店售货员推荐的产品。

在以上两个案例中，团队都瞄准了扮演主导采购负责人／购物者角色的妻子，最想改变她的行为。此外，团队认为，影响行为的关键阶段发生在选购过程早期的信息收集阶段，在以上案例中，关键阶段即为客户对比不同葡萄酒的阶段。最后，团队描述了他们最希望妻子做出的某项行为（或某些行为）。

行为目标只有描述准确细致，才能有效地发挥作用，帮助团队中的每位成员清晰明了地识别目标。这种做法可以提高效率，大幅减少整个过程中出现的浪费。如上所述，传统营销方案针对全部阶段，并且默认针对每个阶段的大部分活动，甚至是所有活动，因此，团队会尽力在每个阶段、每个活动中影响客户。如果预算较小，预算的安排如此分散，杯水车薪，会导致整个营销活动效果甚微；如果预算充足，团队就会将很大一部分资金用在一些实际并无多大用途的阶段和活动上，试图向客户宣传，并与客户互动。这一现象就应了那句谚语，"大半的广告支出都是竹篮打水一场空"。如果读者的团队可以精确识别关键的高产行为，将资源集中在特定阶段、特定人物或角色,用于影响那一特定的行为改变,将会事半功倍,或是会用更少的成本实现销售目标,或是会用同样的支出实现更大的增长。

要识别能强烈影响后续活动的客户选购行为,理想的方式是量化选购过程,追踪客户如何在不同阶段和活动间流动。当泰拉斐团队研究无症状疾病的选购过程时,他们通过采访进行定性研究,识别和绘制了所有阶段和每一阶段内的所有活动。而后,他们进行了大规模的调查,量化出有多少医生通过每一阶段,有多少医生在每一阶段进行了可能的活动,以及非常重要的一点,医生的活动顺序。

这些类型的数据,包括阶段参与、活动参与和活动顺序的数据,为提示高产行为的存在提供了宝贵的线索。阶段参与的数据,特别是每个阶段的退出率,突出了高产行为在选购过程中的可能位置。泰拉斐团队关于高产行为的第一条证据是发现,因为在体检的初始阶段,医生发现了其他疾病的症状,需要第一时间处理那些症状,所以许多患者根本没有被问到无症状疾病的问题。由于这一原因,约有35%的患者退出了选购过程。高退出率警醒了泰拉斐团队,让他们认识到,诊断阶段的某些活动可能就是高产行为。活动参与的数据,特别是活动顺序数据,通常会直接指明关键行为。高产行为的定义就是会强烈影响客户后续活动的行为。举个例子,假设活动顺序数据表明,参与某一活动的所有客户都是按照这个顺序行事:访问一家可靠检测机构的网站,如《消费者报告》杂志的出版方消费者联盟的网站,然后只去出售评级最高产品的商店或场所选购，并最终购买了一个产品，那么营销人员就可以认定，访问可靠检测机构的网站是一项高产行为，因为一旦客户访问了网站，他们后续就会沿着一个独特的路径行动，最终，他们通常会购买该产品。

6. 对比上游和下游行为目标

在泰拉斐的案例研究中，理想的行为改变是引导医生开出检查，发生在整个过程的诊断阶段。在葡萄酒的例子中，理想的行为改变是参加品酒会，发生在消费之旅的信息收集阶段。对于"商对商"客户而言，理想的行为改变通常与企业信息搜集的模式有关。认识到理想的行为改变发生在特定阶段，对于企业来说有很强的现实意义，因为就像泰拉斐团队那样，如果读者关注上游的行为目标，那么将会大幅改变支出模式。据我们观察，企业会将大部分资金（约占总金额的70%—80%）用在购买决策的阶段。泰拉斐团队之前也是这么做的，他们曾错误地认为医生在不同选项中做出抉择时，也就是在选购过程的末期，泰拉斐丧失客户的风险最大，因而曾将85%的营销预算投入选购过程的末期。然而，他们研究后发现，在选购过程的上游丢失的客户数量远远超过了下游，因此不得不彻底改变其关注重点和资金分配。

传统的下游行为目标要求说服路人甲去购买你的产品，而非对手的产品。这一观念在大多数营销团队中根深蒂固。即使详细量化了选购过程，发现大部分客户因在选购过程早期的选择或活动,离开选购过程或更换品牌,但是营销团队仍然会就是否应该放弃传统"推售"方案,转移销售和营销重点而争论不休,因为他们认为放弃传统方案是有风险的。然而,事实正好相反,选择将上游活动作为行为目标通常风险更低。

这是由团队战略所面临环境的本质决定的。你拥有或即将发布一个优良产品,但是市场竞争十分激烈。在这样的情况下,集中精力吸引客户购买你的产品,无疑是一场硬仗。为什么?因为熟悉你产品的客户潜意识里有充分的理由拒绝购买它,除非你的方案能够彻底改变客户对产品的认知,否则他们绝对不会回心转意。面对这类营销活动,客户通常心存警惕,在心里建起了一道墙,抵挡着营销团队的营销冲击。客户顽强抵抗,营销徒劳无功,时间、金钱、资源的投入往往是竹篮打水一场空。反过来讲,如果团队关注在上游确定高产行为目标,试图改变客户输入行为,一般可以在两方面发力,最终扭转乾坤。第一,在选购过程的这个阶段,客户并不会强烈抗拒改变行为,而在客户改变行为后,他们通常会对产品产生正面印象,最终更有可能购买产品。此外,改变一系列的上游行为比改变一项下游行为的成本要低。第二,专注上游行为改变并非一个全有或全无的选择,团队仍需将部分资金投入产品的定位宣传。确保客户清楚产品的优势是基本的商业操作,这意味着读者仍需继续分配部分营销资源,用于直接吸引客户。

7. 结论

本章的核心信息是读者应该在高产行为改变方面下大力气。要实现这一点，读者需要详细勾勒选购过程的每个阶段、每个阶段内的活动，以及客户退出点，总体分析，构建选购过程瀑布图。然后，读者需要量化这一流程图，发掘增长机会，开展有针对性的行为改变活动，从而实现业绩增长。传统观念提倡将营销资源分摊至多个增长源泉和选购过程的多个阶段，相比之下，我们则推荐使用有针对性的营销方案，关注一两个增长源泉，改变一两项高产行为。

第 4 章

恩塞维节能服务公司：每个人看待市场的角度都一样

◈ **有机增长：激活高产行为以取得非凡业绩**

恩塞维节能服务公司是一家在商业采暖、暖通空调设备、建筑管理领域领先的制造商，而苏珊·戈麦斯则是该公司冉冉升起的销售新星。恩塞维公司在能源服务领域4亿美元的销售额近4年都在原地踏步，而其竞争对手却在不断扩大市场份额。公司新任的首席执行官对此十分担心，而他采取的一项应对措施，就是任命苏珊为副总裁，主管公司的节能服务业务。

苏珊知道业绩增长缓慢的原因并非公司核心能力不足，也并非市场本身不利。几十年来，恩塞维一直是暖通空调设备行业的领先制造商，拥有卓越的生产线。此外，公司拥有行业公认的最好的销售团队。与此同时，节能服务的市场广阔、多元、稳定。所有的建筑业主，无论建筑用途，都是该市场的潜在客户。建筑业主需要给租户提供舒适的工作环境，这就意味着他们必须安装运行良好的供暖和制冷系统。过去10年间，这一市场快速扩张，涵盖了帮助业主降低优化环境成本的各类产品，包括升级的窗户和隔热产品，以及更加成熟的控制体系与能源审计。

在过去几十年中，恩塞维形成了一套清晰明确的营销方案。和这一领域的大部分公司一样，恩塞维对市场客户进行垂直细分，分为州和市政府、公共教育体系、零售商、制造商等，并针对不同的客户类别，制定了不同的宣传信息和产品组合。这一看待市场的方式在公司的运营和组织结构中根深蒂固，公司的部门也是按照行业垂直细分市场。这一方案已经在公司执行了三十多

第4章 恩塞维节能服务公司：每个人看待市场的角度都一样

年，基本一成不变。

公司的销售代表通常注重针对大宗客户的征求建议书（RFP）采取行动。销售人员的报酬主要是佣金，因此签下大单，卖出诸如屋顶式制冷机之类的主要设备，可以为销售人员带来丰厚的收入。恩塞维的销售人员都以熟知当地目标市场、有能力竞争这类大型项目为荣。

这种传统做法并没有带来节能服务业务的成功。为此，苏珊的上一任副总裁曾投入双倍的资金，进一步推进这一方案，垂直细分行业客户，激励销售人员，针对客户类型制订产品营销方案，却仍然未能奏效。苏珊知道，要扭转乾坤，必须另辟蹊径。

接任节能服务副总裁后，苏珊请我们去帮助她的团队重新分析市场，以便更好地理解恩塞维客户的选购行为。"坦白地讲，"苏珊说，"我其实知道我们会发现什么。但是，我已经在这一行做了很久，已经形成了固有思维，认为我们应该更加努力，才能复制我们在市场其他领域取得的成功。我还没准备好接受这些发现结果和相关启示，这简直是惊心动魄。"

1. 选购过程和高产行为改变

我们和苏珊及其团队合作，从头到尾绘制了整个选购过程。首先，我们开展了定性研究，确定了选购过程的基本结构、每个阶段的系列活动，以及每个阶段的参与者。然后，我们调查了800多名客户，定量了解1500次不同的采购情境中的具体情况。在调查中，我们询问了选购过程阶段相关的各种问题，例如潜在客户会在哪个环节退出选购过程、客户在每个阶段会有哪些活动、他们最终会购买哪种产品，以及他们会选择哪位供应商等。

图4.1简单勾勒了现实中十分复杂的选购过程。如图左栏所示，调查识别了13个明显的步骤。前五个步骤代表设备经理在首次想到或认识到需要降低建筑能耗成本后，采取的初步调研活动。这一早期研究阶段通常包括咨询一名或多名卖家，之后，经理要么直接放弃原有想法（自行终止），要么与上级领导进行首次正式谈话，决定是否继续推进（步骤6）。如果在步骤六中，上级管理层批准了这一想法，那么设备经理将会筹备和开启正式流程，让卖家提供报价，然后评估报价（步骤7到10）。当这一阶段结束时，设备经理要么自行终止，要么与高级管理层进行二次正式会议。最后，如果通过了这一提议，设备经理会负责执行和评估效果（步骤12和步骤13）。

这13个步骤高度概括了原本复杂微妙的选购过程。实际上，这个过程比泰拉斐案例研究中的过程复杂得多，每一步骤包括一系列可能的活动，客户可以遵循许多不同的路径。正如图4.1右侧所示，即使是在非正式的初步调查过程中，设备经理也可以（经常也的确会）进行一系列各种各样的活动。信息收集活动可以针对产品供应或供应商展开。例如，报价活动包括与销售代表面谈、从二手渠道获取资料等，而供应商的相关活动则包括与内部人员沟通、与熟悉的承包商面谈等。

第 4 章　恩塞维节能服务公司：每个人看待市场的角度都一样

步骤四的详细内容：信息收集活动
（关于产品供应和供应商）

	信息收集	
	报价	供应商
		初步调查重点
	与销售代表接触	物业经理	内部人员建议
	二手渠道（网上调查，行业报告）	设备经理或监工	二手渠道（网上调查，行业报告）
	公共事业公司	建筑工程师或操作组长	熟悉的承包商
	专业承包商	总承包商	同行网络
	内部人员	建筑师	销售代表
	同行网络	业主	监管/相关文件
	或者	（业主的）可持续发展经理	或者
	不积极调查		不积极调查

0 开始前
1 产生兴趣
2 确定兴趣
3 明确要求
4 信息收集
5 研究综述
6 管理层初步审议机会可行性
7 列出可选供应商
8 现场评估供应商
9 决定供应商
10 决定产品
11 通过资本支出计划
12 资本支出，执行和安装
13 使用和评估

注释：不加阴影的表格代表客户现实中可采取的行动，如联系公共事业公司、与总承包商讨论、和借助同行网络等。

图4.1　采购能源服务的13步流程

如表4.1所示，在能源服务的选购过程中，每个阶段都涉及不同的利益相关方。就像许多"商对商"市场一样，这一市场中有众多参与者，包括业主、财务主管、设备经理、设备操作员／工程师，以及其他专家，这些个体在选购过程的不同阶段，会对最终决策产生不同的影响。例如，设备工程师大多只在数个早期阶段发挥影响，而建筑业主或者首席财政官只在选购过程的两个阶段参与并决策，当然，这两个阶段都十分重要，会决定采购的成败。出人意料的是，恩塞维团队发现，设备经理才是关键，正是设备经理推动了整个过程，并且提出最终采购建议。

表4.1 相关人员在十三个阶段产生的影响不同

0 开始前	建筑工程师/操作员	设备经理	采购人员	建筑业主首席财政官
1 产生兴趣				
2 确定兴趣		★		
3 明确要求	★	★		
4 信息收集	★	★		
5 研究综述		★		
6 管理层初步审议机会可行性		★		
7 列出可选供应商				★
8 现场评估供应商		★	★	
9 决定供应商	★	★	★	
10 决定产品		★		
11 通过资本支出计划				★
12 资本支出，执行和安装				
13 使用和评估		★		

除了帮助绘制基本的选购过程瀑布图和相关人员影响图，恩塞维的调研还帮助公司量化了潜在客户退出的具体环节和准确数字。图4.2显示，最大的潜在客户流失发生在潜在客户发出正式征求建议书之前。在图中，从左向右，可以清晰地看到，在100名想

第4章 恩塞维节能服务公司：每个人看待市场的角度都一样

要降低能源支出的设备经理中，几乎全部（96%）人员会做一些非正式的调研，但是只有78%的设备经理后续会联系一名可靠的卖家询问解决方案或获取更多信息。在与卖家沟通，而后向老板建议解决方案的潜在客户中，只有64%获得批准，进入正式发出征求意见书，挑选卖家的过程。因此，在最初的100名潜在客户中，另有14%的客户会在这个阶段退出。相比之下，一旦客户已经从供应商那里获得正式报价，那么就只有少数客户会自行终止这一过程。"在这个市场中，我们最大的竞争不是来自其他节能服务提供者，"苏珊谈到，"而是我们的客户在签约前就退出了选购过程。"

（能源服务选购过程中每一步的参与）

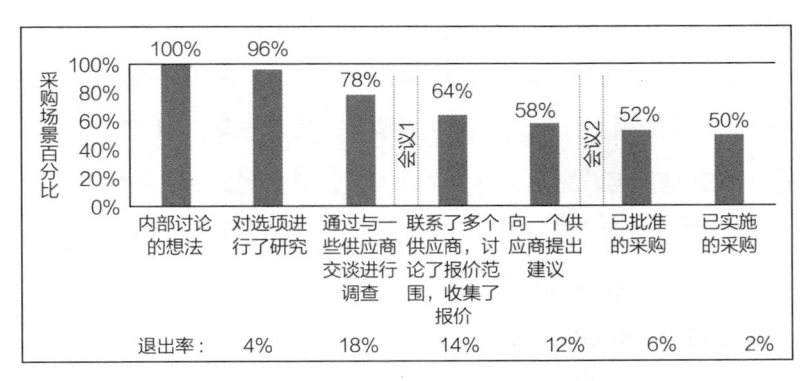

采购场景百分比	内部讨论的想法	对选项进行了研究	通过与一些供应商交谈进行调研	联系了多个供应商，讨论了报价范围，收集了报价	向一个供应商提出建议	已批准的采购	已实施的采购
	100%	96%	78%	64%	58%	52%	50%
退出率：	4%	18%	14%	12%	6%	2%	

（会议1位于第4、5步之间；会议2位于第6、7步之间）

图4.2 绘制节能服务的选购过程瀑布图

分析还表明，在选购过程早期的客户咨询至关重要。如表4.2所示，完成整个流程的客户，更可能从与他们在第三步或第四步接触过的卖家那里采购，也就是那些他们在早期信息收集环节中咨询过的卖家，而非只是参与正式征求意见书环节（第七步到第九步）的卖家，前者是后者被选中概率的5倍。此外，如果客户没有在早期咨询卖家，那么他们自行终止的可能性会更大。

苏珊回忆到，

"看到这些数据的时候，我们非常震惊。过去主要的定性分析让我们只关注大客户的征求建议书，反而忽略了其在这之前作出的决策，也没能认识到这些决策对于最终竞标成功的影响。"

分析调查结果，苏珊的团队还发现了另一个似乎有悖常理的关键信息。恩塞维过去的战略关注服务捆绑销售：捆绑越多、套餐越大，销售结果越好。然而，现实情况是，个体服务的一次性销售，而非捆绑销售，主导了能源服务市场。在任一给定年度，约85%的节能服务订单为一次性采购，一般是一年一幢建筑采购一次，而在全部客户中，只有10%会购买服务套餐，而且是每三到四年才采购一次。"那一刻，我们不得不承认，我们之前大力推销服务套餐，其实一直是在试图逆流而上，"苏珊表示，"是在试图实现现实中交易额极低的行为。"

表4.2　选购过程中早期咨询的重要性

在100个	潜在选购情境中
78	咨询至少一名卖家
64	进行招标
52	选择一名卖家
44	最终成功竞标的卖家是原来被咨询过的卖家

结论：最终购买的客户选择最初咨询过的卖家的概率，是选择只回复征求建议书卖家概率的5倍。

第4章 恩塞维节能服务公司：每个人看待市场的角度都一样

根据这些数据，苏珊和她的团队认识到，必须彻底调整营销战略。团队决定向首席执行官提出两条建议：第一，建议放弃之前对服务套餐的关注，转而抓住一次性节能服务项目的更大市场；第二，建议关注两个行为目标。研究表明，主要的高产行为改变涉及与设备经理建立信赖关系，引导设备经理在选购过程早期最先咨询恩塞维，这会提高恩塞维最终成功竞标、拿下项目的概率。苏珊解释道："我们可以用一句话简单概括：咨询就是竞标成功！"

第二个行为目标是鼓励设备经理考虑、跟进能源服务项目，以扩大市场。实际上，团队可以利用信赖关系扩大市场，具体做法是与设备经理在早期沟通，引导他们考虑、跟进能源服务项目。尽管这样扩大市场的做法同样会让对手公司受益，但是恩塞维可以借助与客户在选购过程早期建立关系，获得最大收益。

在苏珊准备向首席执行官和管理团队递交发现结果和建议时，她意识到她的提议会产生一些巨大的影响：

> "过去，我们认为，在对行业客户垂直细分后，会考虑采购服务套餐的大公司的首席财政官才是优质客户。我们曾经就是这样看待市场的。不幸的是，这意味着我们不得不与主要对手针锋相对，争夺潜在市场的弹丸之地。现在，我们恍然大悟。"

085

2. 重新思考细分市场

与节能服务行业的同行一样，恩塞维过去曾借助简单的人口统计学特征细分市场（表4.3）。他们习惯按照企业规模和行业垂直分组划分客户群体。垂直分组已经司空见惯，包括商业办公楼、企业办公楼、学校、医疗机构、零售商店、工业工地等。"这种市场细分的好处在于，每个客户的定位显而易见。此外，从某种程度上讲，业务不同、规模不同的企业，在节能服务方面的确需求各异。"苏珊评价道，

"问题是，这种市场细分方式并不能帮助我们理解我们的理想目标行为，也不能指导我们找到优质客户，在他们发出征求建议书前就影响他们的采购决策。"

表4.3 现有市场细分框架

资金规模 \ 行业垂直分组	商业	政府	学校	……	零售
大型					
中型					
小型					

苏珊想要一种全新的市场细分方案，兼具行业垂直分组方案的清晰便捷，又可以反映客户咨询卖家的倾向。重要的是，苏珊没有选择将这一任务委派给一个内部或外部市场调研小组。苏珊

第4章 恩塞维节能服务公司：每个人看待市场的角度都一样

知道，自己需要彻底改变团队市场营销的方式，需要确保客户在最开始就会选择购买，于是她集合了营销、销售、客户服务方面的资深人士，组建了一支跨功能的团队，让这一团队专门负责研究市场细分新模式。

这个团队的工作流程十分明确。第一步，他们需要针对明显的客户特征，制作列表。然后，他们需要审视这一列表，识别哪些变量最能影响设备经理咨询卖家的倾向。团队先进行了头脑风暴，列出了行业垂直分组和规模之外的其他客户特征，以便帮助公司更轻松地识别潜在客户。他们特别关注那些最明显的特征，或者那些可以通过询问轻松获得答案的特征，并列出了40多条这样的特征。

第二步，识别最能影响潜在客户咨询卖家可能性的客户特征。为研究这种相关性，团队采用了我们上文谈到的定量调查，同样收集了大量关于客户特征的信息。

表4.4展示了这一相关性分析的部分结果。图表顶层列出了四十个客户特征中的八个特征，例如建筑年份、租户组成、能耗跟踪等。图表下半部分则列出了团队当时考虑的行为目标。图表显示，有些客户特征与咨询倾向相关，有些则不相关。例如，设备经理如果在使用成熟的能耗实时跟踪系统，在考虑节能服务项目时，就更可能会早早咨询卖家。另一方面，建筑年份和设备经理咨询卖家的倾向相关性很小，甚至没有相关性。

表4.4 检测客户特征和行为目标的相关性

		客户特征							
		单个建筑或建筑群的一部分	能耗追踪	设备部门独立预算	项目经验	建筑操作（业主或第三方）	地理区域	建筑年份	租户组成
行为目标	咨询供应商	有	有	有	有	无	无	无	无
	最终选择供应商（任意）	有	有	有	有	有	无	有	无
	考虑供应商（任意）	有	有	有	有	无	无	无	有
	咨询和选择的供应商一致	有	有	有	有	有	无	无	无

注释：共测试了40个客户特征与潜在行为目标的相关性。

最终，团队确定，包含五个客户特征的组合与两个关键行为目标的相关性最高。这里，两个关键行为目标是指在节能服务项目初始阶段咨询卖家，以及随后建议开展节能服务项目，而非自行终止，这五个客户特征则包括：

- 设备经理是否每天或每周追踪能耗；
- 设备经理是否曾自己完成过两个节能服务项目；
- 设备经理是负责多幢建筑还是一幢建筑；
- 客户建筑所在州的建筑规范中是否有明确的严格节能要求；
- 建筑规模。

团队进一步细致研究了如何制定每个特征的参数。例如，他

第4章　恩塞维节能服务公司：每个人看待市场的角度都一样

们认为，将所在州建筑规范的严格程度简单划分为十分严格、一般严格和不严格即可，这一分类足以明显区分客户行为。相比之下，在划分不同建筑规模时，他们的指标则更加精细，如小型建筑被定义为面积在2.5万平方英尺（约2323平方米）之下。划分的关键就在于找到相关行为出现分化的转折点。

下一步是把这些特征填入我们所说的市场细分框架中。市场细分框架是一种简单的二维表格，可借助相互交叉的变量网格将整个市场勾勒出来，我们将在第五章详细介绍这一方法。要制定市场细分框架，苏珊的团队需要将部分参数纳入某些变量中，确保最外侧维度的解释最宽泛，而内侧参数则可以细致反映不同的行为倾向。苏珊的团队发现，他们可以在不影响准确的前提下，删除一些细节，简化图表。排列变量时，他们还要确保相似类型的客户会出现在相邻的区域中，因而可以共同组成一个客户群体，毕竟他们知道不可能表格中的每个格子都代表一个单独的客户群体。

关于市场细分框架，有两个关键点需要特别注意。第一，框架有通用模板，框架的一个轴是客户普遍人口统计学特征，在"商对商"市场中，也就是普遍企业统计学特征（表4.5），另一个轴是情境变量。因此，在恩塞维制定的框架中，一个轴是企业统计学特征，例如建筑规模，另一个轴则是情境或用途变量，例如设备经理追踪能耗的密切程度。第二，创建这一框架的目的在于观察客户特征和行为目标之间的总体相关性。在试验了多个不同框架配置后，团队最终确定了一个框架，可以有效反映他们希望绘制的行为倾向分布。

"当把某些变量放在一起时,我们发现自己开始可以在表格中认出特定客户,于是一切豁然开朗,"苏珊回忆到,

"我们团队中的销售人员说,'我现在就能找到五位现实客户,与表格中的描述对应。'在不断试验不同的描述维度后,我们终于开始能在表格中识别特定客户,同时这些客户也符合市场细分的分组情况。这时,我们知道,成功就近在咫尺。"

整体而言,这些变量描述了多个市场群体,这些群体在咨询或接触节能服务供应商方面各自有不同的倾向。一个极端是群体二和群体三,即客户负责多幢大中型建筑,定期跟踪能耗,同时所在州有严格的节能要求。参考选购过程调研数据,可以看到,这个群体有90%的概率会咨询卖家,有70%的概率最终会选择那些咨询过的卖家。另一个极端是群体八,即客户负责一幢小型建筑,鲜少追踪能耗,同时所在州的节能管制相对宽松。其他客户群体处于这两个极端群体之间,在框架中涵盖不同的变量组合,因而表现出不同的行为倾向。

显而易见,对于恩塞维团队而言,这是一种全新的市场细分方式。尽管这一方法排除了行业垂直细分,但对于各地区和销售区域而言,这些市场细分变量仍然清晰可见、切实可行。例如,可以直截了当地确定建筑规模,确定所在区域的能耗监管是否严格;让销售员去确定设备经理是负责一幢建筑还是建筑群组也相对容易;恩塞维团队还可以轻松确定设备经理核查能耗数据的频

第4章 恩塞维节能服务公司：每个人看待市场的角度都一样

表4.5 节能服务的全新市场细分框架

客户特征	客户情境	所在州的建筑规范有十分严格的节能要求	每日或每月跟踪能耗 所在州的建筑规范有适中或宽松的节能要求 完成过两个以上项目	每日或每月跟踪能耗 所在州的建筑规范有适中或宽松的节能要求 完成过一个项目，或没有项目经验	没有每日或每月跟踪能耗（只跟踪设备使用支出）
隶属建筑群体	建筑规模 小于2.5万平方英尺	① 咨询91% 选择77%	咨询60%，选择70%		
	建筑规模 2.5万到20万平方英尺之间	② 咨询91% 选择77%	④ 咨询91% 选择85%	⑤ 咨询83% 选择77%	⑥ 咨询74% 选择60%
	建筑规模 大于20万平方英尺	③ 咨询95% 选择70%			
单一建筑	建筑规模 小于2.5万平方英尺	⑦	咨询53%，选择76%		⑧ 咨询45% 选择60%
	建筑规模 2.5万到20万平方英尺之间	⑨ 咨询79%，选择78%		⑪ 咨询53% 选择47%	⑫ 咨询42% 选择58%
	建筑规模 大于20万平方英尺	⑩ 咨询72%，选择81%			

注：1平方英尺约等于0.09平方米。

091

率，查明设备经理负责过的节能项目数量。尽管可能需要拜访设备经理一两次，但是对于这些信息，销售人员要么已经知道，要么可以轻松获取。

苏珊团队迅速瞄准了几个客户群体，推断最大的商机来自那些在选购过程早期咨询过卖家的设备经理，恩塞维可以主动接触这些客户，并将这些早期关系转化为实际销售。另外，苏珊团队还考虑了客户群体的规模，考虑了每个群体内包含的客户数量。出于这些考虑，他们将群体三定为新战略的关键目标。群体三的客户数量多，涵盖多个行业垂直分组，其中的设备经理都曾执行过节能项目，且经常在考虑开展新项目时咨询卖家。苏珊团队发现，这个客户群体倾向于做小型、一次性的建筑节能翻新，而不是购买综合服务套餐。

3. 行为改变的动力和阻碍

对于苏珊和她的团队而言，重要的是，新的市场细分方式不仅要有别于恩塞维的对手公司的方案，而且可以为销售人员提供详细确切的指导，指导他们如何识别和激发核心客户群体。当对手公司还在执着于特定行业垂直分组中的大型建筑时，苏珊和她的团队已经意识到，一些更重要的因素会影响客户在选购过程早期是否会选择咨询卖家，而他们的研究已表明，一旦客户咨询了卖家，公司的销售额就会上涨。市场细分新方案还关注选购过程中的一类特殊人群——设备经理，苏珊决定推动恩塞维缩小其营

第 4 章 恩塞维节能服务公司：每个人看待市场的角度都一样

销活动范围，只去影响这些关键人物的高产行为。如果苏珊的团队工作迅速，那么对手公司不仅会被打个措手不及，还会发现很难去复制恩塞维的战略，毕竟，这一战略的前提是恩塞维对客户选购行为有独到的见解。

接下来，恩塞维团队针对两个目标，设计了客户叙事。第一，团队要构建客户综合叙事，解释为什么目标客户群体没有或有做出目标高产行为的倾向，这可以帮助团队发掘目标群体中设备经理的行为动机。通过构建客户叙事，恩塞维不再将注意力放在产品上，转而关注理解设备经理为什么会咨询节能服务。第二，团队需要筛选出四到五个可能会激励或阻碍潜在目标客户咨询恩塞维的因素。随后，这些动力和阻碍将会在恩塞维制定营销战略时发挥关键作用。

为实现构建叙事的第一个目标，团队深入研究了定量研究的结果，针对设备经理开展了全新的定性研究，采访了关键的销售人员，并且参考了之前的调查研究结果。在本书的第七章，我们会介绍对这一过程有帮助的一系列提示性问题，至于现在，我们只需知道，苏珊团队开展了有序的调查采访，以便针对那些会影响设备经理决策过程的因素，逆向施策。我们发现，一个有用的做法是将这些因素分为三组：社会和物理环境、理想体验，以及认知和态度。

按照这一方案，苏珊的团队构建了详细的客户叙事，描述了目标群体中设备经理的需求和动机。他们的一项重要发现是，设备经理对自己的定位是寻求事业发展机遇的专业人士。许多设备经理都曾学习过物业管理，并获得了相关的学位；会花时间了解行业最新动向；定期阅读专业杂志和博客；参加当地和国家行业展会；以及试图通过引领行业实践，树立专业声誉。

设备经理有一系列重要职责，其中的一项职责是必须每年减少所负责建筑内的设备成本。业主通常会给他们制定明确的目标，要求他们每年降低3%~5%的设备成本。实现成本降低的同时，设备经理还需要在单位预算内行事。设备经理充分认识到，要获得资金审批，开展与企业使命非直接相关或不能带来收益的活动及设备采购，困难重重。因此，他们苦思冥想如何获得项目批准，或是把项目分解成数个小模块，或是分步执行项目，或是同时施策。

详细了解设备经理的经历、认知和动因，团队就可以针对目标行为的具体动力和阻碍采取行动（表4.6）。后续采取的许多具体推广和销售策略，都是针对选购过程中第二次大批客户退出的阶段，即在设备经理选择了卖家之后，公司批准采购节能服务之前。若是可以帮助设备经理让老板认识到项目的益处，那么项目经理就会更可能继续选购过程，而非自行终止。

表4.6 群体三：咨询或选择恩塞维的动力和阻碍

动力	阻碍
鼓励"咨询"或"选择"恩塞维的影响因素 ● 设备运行不正常 ● 可证明长期能耗、成本降低 ● 相信项目可顺利开展，即会造成极少扰乱 ● 考虑到预算以及控制／执行原因，能将项目分解为多个可控片段（模块） ● 投资收益／回收期 ● 认定项目可以在组织内外，重建或提高其专业地位 ● 认定项目可实现成本及运营目标，明确改善企业经营业绩，而非只降低成本	妨碍"咨询"或"选择"恩塞维的影响因素 ● 项目看起来只能降低成本，但是涉及大量资金支出，及／或漫长回收期 ● 不在他们"偏爱"的列表中，即并不可信／并不可靠的随意定位，和对于节能项目专业知识的主观看法 ● 为推动项目，耗尽全部结余利润"后"，仍需占用部分资本预算 ● 认定项目会造成极大扰乱，或项目开展困难重重

第4章　恩塞维节能服务公司：每个人看待市场的角度都一样

回到图4.8，我们可以清楚地看到咨询或选择恩塞维的动力和阻碍。有趣的是，可以看到，动力涉及设备经理预设的认知（认定项目可以恢复或提高其专业地位，认定项目可以实现成本、运营目标），背景（现在的设备运行不畅），以及理想体验（能将项目分解为多个可控部分，以适应年度预算要求，能顺利执行项目，极少造成扰乱）。相比之下，这一特定群体的阻碍则很大程度上与情景（没能提议提高收益的项目），以及理想体验（项目执行困难）有关。需要强调的是，苏珊和她的团队在这一阶段的分析有计划、有重点，他们并不想列出一大堆不实用的因素，他们想要筛选出几项动力和阻碍，并据此制订市场营销计划。

4. 行为改变价值主张

在这一阶段，苏珊和她的团队需要摸着石头过河。他们习惯了围绕产品制定价值主张。事实上，他们已经制定了产品价值主张。并非产品价值主张不重要，而是就像销售业绩停滞不前所证明的那样，这些主张并不足以带来业绩增长。针对这一问题，苏珊和她的团队将注意力转移到制定行为改变价值主张上，关注改变选购过程上游的活动。行为改变价值主张并不会取代恩塞维现有的产品价值主张，相反，它会补充现有的产品价值主张。

对于苏珊和她的团队而言，首要行为目标是客户咨询恩塞维，次要目标是客户选择恩塞维。我们会在本书的第9章进一步详细说明，行为改变价值主张关注识别企业希望目标客户做出的特

095

定行为改变，以及公司如何在已做出理想行为的客户心中强化这一价值。苏珊的团队得出了下面这句表述，概括了新行为对于目标客户群体的价值：

相比不咨询恩塞维，定期并且在选购过程早期与恩塞维沟通，可以帮助群体三中的设备经理迅速识别和设计成本低、执行顺的节能项目，进而提升他们在公司内外的声誉，被认可为懂行且注重结果的设备经理。

让我们看一下这句表述中的几个关键点。第一，因为行为改变价值主张随客户群体改变而不同，所以读者需要识别目标客户群体。第二，价值主张是围绕行为改变展开，所以读者不仅需要明确理想行为，还需了解需要改变的现有行为。在恩塞维的例子中，现有行为就是不在选购过程早期咨询恩塞维。第三，考虑到行为改变价值主张会识别选购过程中需要改变的行为，读者需要筛选出实现这一行为改变最重要的动力和阻碍。对于恩塞维而言，这就意味着项目必须划算、顺畅、易投资，且不需要通过正式的资本预算流程。

可以想象，推行全新的行为改变价值主张就意味着，恩塞维不得不重新思考其整套战略：产品、营销方案和销售活动。全新的推广战略关注四个核心要素，助力实现引导设备经理做出理想行为的目标。

第一，恩塞维研究了目标客户的选购行为，发现，如果项目

第 4 章 恩塞维节能服务公司:每个人看待市场的角度都一样

提议可以带来明显改善与明确的投资收益,且不会严重扰乱建筑的租户或运行,那么设备经理就更可能采取行动。如果对于设备经理而言,项目可以分解为几个可控模块,模块最好能符合其可自由支配的营业预算,或不需要进行主要的资本支出审核流程,那么他们的行动率会更高。

第二,恩塞维还重新设计并调整了其生产线,降低了售价。一直以来,公司都在关注某一特定类型的服务套餐,特别是诸如制冷机之类的高价产品。公司针对生产线做的第一个调整,是增加且突出那些规格更小、扰乱更少的产品和服务,如节能审计、照明、集团采购等。恩塞维还模块化了所有的大型产品和服务,以便客户可以在不影响效率的情况下,采购不同规模的产品和服务。这一行动使得恩塞维的销售预算更加友好,公司所有产品的价格都能轻松符合设备经理一般可自由支配预算的要求。恩塞维还让设备经理论证项目价值,使顺利实施项目变得更加容易。最后,恩塞维使进行节能服务的概念验证试验变得更加容易,帮助设备经理克服他们组织内的怀疑或质疑。

第三,在营销宣传方面,恩塞维团队调整了宣传信息、项目简介以及与客户接触和合作的环节。他们通过将项目介绍转化为演讲稿或白皮书,以便设备经理在行业大会上展示,开始积极帮助设备经理提高其在业界的知名度和信誉度。实际上,他们是提升了那些接触过恩塞维的设备经理的职业知名度和职业前景。

第四,恩塞维团队对其销售方案的制订和执行模型做出了诸多调整。他们开始推动设备经理在选购过程中更早更多地咨询其销售代表；在公司和个人层面，大力投资节能领域的思想领导力；投资针对能源使用和设备管理方面的核心问题展开研究，出版文件，编制文档；通过鼓励销售人员赞助当地网播活动，给核心客户发消息，参与当地行业协会等，提升销售人员个人的思想领导者定位。

对于恩塞维的销售团队而言，其行动规模和覆盖范围被彻底调整。过去，销售人员主要找大客户签单，大部分时间都在被动等待客户发出征求建议书，然后才采取行动，因此，他们与客户的互动大都围绕手头征求建议书中的要求展开。新模型则要求销售人员更加频繁地拜访客户，展开信息丰富的交流，且大部分对话并不涉及具体项目。按照这一新方案，在多次拜访客户的过程中，恩塞维的销售人员会和设备经理打个招呼，为他们介绍设备管理的全新知识，在所有服务咨询中都传达信息，以及/或者帮助设备经理理解恩塞维针对潜在节能项目收集的资料信息。

最后，恩塞维开始帮助销售团队为现有的每一位客户制定节能管理路线图。横跨五到七年的路线图展示了节能项目启动、分步和投资的不同方式，以便销售人员与设备经理定期讨论节能服务，还可证明恩塞维致力于帮助设备经理实现其专业目标和职业目标。

5. 有重点地投资

上述变化代表了一项全新的市场推广战略。恩塞维的销售人员都是训练有素、经验丰富的能源工程师。过去，销售人员的激励主要来自实现庞大的收入和利润目标，激励计划并不认可也不曾奖励销售人员引导潜在客户在发出征求建议书之前进行咨询。考虑到新的方案需要鼓励销售人员改变行动方式，苏珊说服管理层对此投入资源，调整销售报酬计划。按照新的激励计划，销售人员的部分薪酬不再仅基于结果行为，即成功签单，还会参照活动行为，包括努力与目标群体的客户建立咨询关系。

恩塞维还投入额外资源来提升思想领导力，例如就节能管理的话题展开调查研究，编写白皮书。恩塞维还建立了一支销售辅助专门团队。团队最初有五名成员，负责协助销售团队准备客户对话，设计服务供应方案，制定价格，以及回答常见问题。在某些情况下，辅助团队的成员还会陪同销售代表进行商业访问，设计和制定提案，或通过其他方式推进销售进程。

苏珊还采用了多步走的方式执行全新的战略，首先关注那些最可能找供应商咨询节能服务的客户群体。随着恩塞维的销售团队越加熟悉这一新方案，适应了新的激励计划，他们计划将新方案推广到其他客户群体。由于新方案在试验阶段成果显著，第二阶段的启动比最初计划的时间提早了九个月。

6. 本章后记

新战略的执行并非易事，然而，到了执行的第二年，可以清楚地看到，苏珊正带领公司业绩向好的方向发展，到了执行的第三年，新战略取得了巨大的成功。任何调整都需要花时间去试验、完善和执行。在一开始，苏珊很明智地选择先重点关注几个客户群体。尽管新方案计划周全、逐步推进，但起初，很多销售团队和产品团队的成员并不能很好地适应那些调整，有些成员自发抵制这些调整，有些成员甚至离开了公司。但是，那些接纳新方案的成员在执行的第二年就收获颇丰，第三年更是成绩斐然。总体来看，苏珊的团队在执行方案的第一年就将销售收入提高了1%，第二年提高了2.5%，第三年提高了5%。最令人欣慰的是，由于市场还有许多客户群体有待开发和扩大，公司的销售业绩没有任何停滞迹象。

第 5 章

第二条原则：基于倾向细分市场

苏珊·戈麦斯决定在恩塞维公司使用全新的市场细分方案，这一决定，连同其他关键决定，共同将销售成功的概率提高了三倍，效果突出到让苏珊的资深团队都大吃一惊。其实，这些经验丰富的销售人员心里清楚，在客户决策早期就与客户沟通是明智之举，只是没有就此采取行动，因为他们还认为随意拜访他们销售区域内的客户会浪费时间，严重影响他们实现销售目标。恩塞维全新的市场细分方案扭转了这一局势，给销售人员提供了切实可行的方法，指导他们识别最可能在选购过程早期咨询他们、且随后会签单的客户。

过去，恩塞维根据行业垂直特征以及客户规模划分客户群体，销售团队也曾以此作为行动指南。然而，在过去五年中，尽管恩塞维产品品质优良，节能服务市场不断扩大，恩塞维遵照传统的市场细分方式，关注向大客户介绍行业相关的供应方案，却并没有实现公司业绩的增长。

苏珊和她的团队制订了全新的市场细分方案。与传统方案相比，这一方案同样切实可行，但是更加注重增长，在勾勒和识别目标客户时充分反映了本书的第二条原则：基于倾向细分市场。苏珊的团队按照客户特征细分了市场。对于销售团队而言，这些特征和企业规模或行业垂直分组一样明显，但可以帮助他们高效地识别潜在目标，找到那些对调查中的可降低成本的项目最感兴趣的客户群体。根据这些特征，销售团队找到了这样一群设备经

第 5 章　第二条原则：基于倾向细分市场

理客户——他们都了解节能领域，负责多幢大型建筑，所在州有更加严格的建筑规范，并认定这些设备经理最可能咨询像恩塞维一样定期派销售人员上门的卖家，且最终选择向这些卖家采购。

苏珊团队采用了全新的市场细分方案，借此实现了公司业绩的再次上涨。事实上，恩塞维可以在接下来的三年中市场销量遥遥领先，是因为他们可以更快、更高效地找到理想的潜在客户，并与他们建立关系。恩塞维的销售团队掌握了所需的信息，可以将有早期咨询倾向的设备经理定为目标，而后向设备经理宣传这一行为改变主张，充分满足了后者的需求：项目简单可行、低风险、高收益，并且可以高效融入其规划中。久而久之，客户就会找恩塞维的销售人员寻求建议和灵感，几乎在开展每个潜在项目前，客户都会先咨询恩塞维，恩塞维的设备经理客户群因此不断扩大。随后，恩塞维的观点就会被写进客户的征求建议书中，恩塞维成功竞标的可能性就更大了。新方案执行仅一年，苏珊就实现了业绩增长率从0到1%的突破，在新方案执行的二到四年中，苏珊公司的业绩增长率是行业平均增长率的两倍，甚至更多。考虑到苏珊的工作团队和预算规模与从前几乎一样，业绩的加速增长带来的利润提高就更加让人惊喜了。

这个案例再次证明为什么教科书和商学院都强烈建议每家企业自行细分市场，这一做法是有道理的。显而易见，恰当地细分市场，并据此采取合理行动，是实现增长的关键。这个故事同样反映了市场细分方式的重要性。要实现增长，仅靠普遍接受的方法简单地细分市场是不够的。就像苏珊重新细分市场之前的恩塞维一样，尽管企业基于需求、行为或人口统计学特征，合理地细分了市场，但是仍然不能实现有机增长。我们的经验证明，有机增长意味着市场细分方式能直击增长挑战的核心。换言之，在细分市场时，要能反映客户做出高产行为的倾向。

1. 传统观念

市场细分是市场营销的基石。一份优秀商业计划的精髓就在于，可以勾勒客户差异，将客户划分为不同群组，据此定制产品研发、营销、销售和服务活动，满足不同类型客户的需求。每家企业都会进行或明确或隐晦的市场细分，来帮助指导行动，确定优先次序。

然而，教科书和商学院并没有明确教导企业，究竟该使用哪种方式细分市场。多年来，从业人员和专家学者总结并且发展了至少四个市场细分学派：按照人口统计学或地理特征细分市场，按照需求细分市场，按照心理学细分市场，以及按照行为细分市场。每个学派都关注客户特征的某些方面，并将其作为其客户分组的基础。市场细分背后的逻辑是，每个客户群体都有一些相似的态度或特征，而不同群体间则存在差异，专家学者将其称为群体内的同质性和群体间的异质性。

最早的市场细分类型是按照人口统计学或地理特征划分市场，基于客户的角色和地理位置将其分组。客户分类的依据是诸如年龄、性别、教育水平、收入、种族和家庭住址等特征。在第

第 5 章 第二条原则：基于倾向细分市场

三章葡萄酒的例子中，根据人口统计学或地理特征细分市场，可将客户分为年龄在30岁以上或以下，年收入在10万美元以上或以下，住在城市或者郊区。在恩塞维的案例中，恩塞维最初的市场细分就参照了"商对商"公司所谓的企业统计学特征，也就是企业版本的人口统计学特征，包括按照工业部门、企业规模或地理位置等细分市场。

按照人口统计学或地理特征细分市场在企业中很受欢迎，这是因为按照这一方法，企业可以轻松地找到目标群体，并针对这些群体展开营销活动。这一方法的额外吸引力来自它的一目了然：显而易见，高收入或客户数量多的群体，比低收入或客户数量少的群体更适合做目标群体。不幸的是，这种类型的市场细分方式并不能为增长计划提供良好的依据，因为每个群体中的客户都只是表面同质。实际上，按照人口统计学特征划分的每个群体中，客户的思维和行动方式通常千差万别。例如，年纪较大、更加富有的葡萄酒买家可能颇具吸引力，也很容易找到，但是这个群体中的每个客户，不可能都想要同一种类型的葡萄酒，或者都通过同一销售渠道购买葡萄酒。按照人口统计学或地理特征细分市场的方法有这一内在缺陷，不能为企业提供可靠的信息，从而指导他们针对客户群体开展营销活动。这也是为什么研究人员后来将注意力转向客户心理，发展出按照需求或心理特征细分市场方法的原因之一。

按照需求或心理细分市场，就是按照客户的思考内容将其分组。具体而言，客户分组的依据是客户想要的产品特征和客户对每个特征的重视程度。例如，在葡萄酒市场中，市场细分可以按照客户喜欢的葡萄酒类型（红葡萄酒还是白葡萄酒）、客户偏好酒精浓度（高度还是低度）、客户偏好酒体（饱满还是轻盈）等。相比按需求细分市场，按照心理细分市场的做法超越了产品本身，关注更加广泛的消费者心理层面。例如，在葡萄酒市场上，对客户的细分可以基于客户对酒类的整体态度、客户的心理特点（正直、有想象力、追求新奇等），以及／或者客户的总体价值观（宗教信仰、自由、正义等）。总的来说，这两种市场细分方式吸引企业的原因在于，这类做法似乎可以提供许多深刻认知，告诉企业什么能够吸引客户，什么不能吸引客户，提示营销团队在针对某一特定客户群体展开营销活动时，应该说什么，或不应该说什么。然而，这两类细分市场方式的问题在于，一般而言，借助这两种方法去识别目标客户，并针对目标客户采取行动，困难重重，造价不菲。在喜欢酒体饱满、高浓度、法国葡萄酒的客户中，很可能涵盖多个人口统计学分组，因此，想要通过一两种类型的媒体或渠道向这部分客户宣传，会更具有挑战性，耗时耗力，劳民伤财。

因为心理学方案的可操作性不强，越来越多的企业开始转向借助客户过去的采购行为来细分市场。按照选购行为细分市场的做法，会基于客户对某一产品的忠诚度划分客户群体。例如，回到上文葡萄酒的案例中，按照选购行为细分市场，就会关注客户购买香槟和白葡萄酒的比例，或者加州酒庄葡萄酒和法国酒庄葡萄酒的比例。此外，这一方法还可以按照客户的采购和消费模

第5章 第二条原则：基于倾向细分市场

式细分市场：客户是每天都饮用葡萄酒还是只偶尔饮用；客户一般是在家饮酒，还是在旅行中饮酒。有些讽刺的是，对于企业的吸引力，这一做法和按照人口统计学或地理特征细分市场的做法有大部分重叠，而且，两者也有类似的缺陷。从好的方面来看，基于采购细分市场，可自然而然地分清哪些人群是理想客户。此外，考虑到如今营销人员可以线上追踪大部分选购行为，基于过去的采购活动寻找目标客户，并展开有针对性的营销活动，成本较低。例如，企业可以给之前多次购买法国葡萄酒的客户发送法国葡萄酒降价的广告邮件。而从反面来看，这类市场细分方法不能为增长提供重要的真知灼见。特别是，这类方法不能提示客户是否有可能改变他们的选购行为，也不能提示哪种信息或供应方案可以说服消费者改变其采购模式。基于选购行为细分市场，实际上是创造了一种后视镜式的营销方案，会不断加强消费者过去的选购行为。如果企业未来的发展和过去走过的路径完全一致，那采用这一方案倒也无可厚非。然而，事实却并非如此，一旦企业情况发生变化，问题便会随之而来。

在我们看来，这些传统的市场细分方案都不能为企业提供重要的信息，供其制订增长计划。除各自具体的局限外，这四种方式在增长方面还存在两个根本性问题：第一，采用这些方案，企业不得不在可操作性和增长认知之间做出权衡；第二，这些方案并不能直接指导销售团队对标客户增长行为。

我们再来仔细看一下这两个根本性的缺陷。例如，基于人口统计学特征和采购行为的做法，通常可以提供相对可行的市场细分框架，企业可以借此轻松识别不同的客户群体，但是，这两种做法却没有提示激发目标群体行为的方法。基于需求和心理学的做法则刚好相反，可以轻松确定目标客户群体，却不能指导企业如何合理地找到群体内的消费者，以及如何采取针对性措施，从而影响消费者的行为。企业需要的市场细分方案应既能识别目标客户群体，又能轻松地确定所需措施，以便说服群体内的客户向着对企业有利的方向改变行为。

传统的市场细分方案，并没有直接指导如何针对客户的增长行为采取行动，而是回答了在客户心中产品独特与否、产品差异化的原因，以及产品差异化程度的问题。传统方案的支持者认为，他们的方案可以推动增长，因为这些方案可以帮助团队强化产品在消费者心中的定位，进而引导消费者购买更多产品。不幸的是，这种看法只有前半部分是对的，了解客户需求或心理的确可以帮助读者制定并实现更强大的产品定位。这种看法的后半部分却只说对了一半。我们看到，尽管人们不会购买自己不喜欢的产品，他们也并不总是购买那些他们口中所谓的最喜欢或最突出的产品，相反，他们常常会受到选购过程中其所见所为的影响。一旦受到影响，人们很可能购买其他公司的产品，因为在选购过程中，这一产品的某些特征变得突出，而这是人们之前没有发现或注意到的。在第1章，我们曾谈到基于需求细分市场是必要的，但是却不足以推动增长，讲的就是这个道理。每家企业都必须清晰充分地论证自家的产品在同类产品中出类拔萃。传统的细分市场方案，特别是基于需求的方案，可以帮助形成这一产品定位。

第 5 章　第二条原则：基于倾向细分市场

然而这些细分市场方案，最多也就能让企业确定自己可在多个客户群体心中突出产品差异化，企业要想弄清如何说服这些群体的客户听从内心的声音，真正购买该产品，仍然任重而道远。

2. 本书方案：基于倾向细分市场

如上所述，本书的核心论点是，商业计划的重点应该是采取行动，宣传信息，说服客户朝着对公司有利的方向，改变其选购过程中的目标高产行为。当然，客户做出任意高产行为的频率千差万别，有些客户常常会自发地做出高产行为，有的客户则很少做出。客户的行为动机也迥然不同，而这就会影响改变客户行为或改变客户行为频率的难易程度。这些差异性意味着没有任何一种商业方案可以放之四海而皆准。恰好相反，我们认为，企业应该细分市场，识别客户做出高产行为的不同倾向和不同动机，并据此采取有针对性的行动。

按照我们的定义，基于倾向细分市场的概念简单明了：划分客户群体时，将高产行为的倾向和动机相似、有共同明显特征的客户分为一组。换句话说，这一方案就是找到能充分反映客户的行为倾向的分组变量，也就是客户特征，然后根据这些变量，将客户分为数个倾向相似的群体，最终确保每个群体内的成员行为模式相似，而不同群体之间的行为模式迥异。

在第1章，我们谈到，亚马逊付费会员用户的购买额是非付费会员用户购买额的六倍，因此，显而易见，引导非付费会员用户变为付费会员，就是亚马逊想要激发的高产行为。然而，客户成为付费会员的倾向千差万别，那么哪些客户最可能成为付费会员呢？是更有钱的客户吗？还是生活在人口密集的城市的客户？抑或是那些因为有小孩，而不能像没小孩的客户一样可以随意去实体店购物的客户？在理想情况下，亚马逊能找到一个客户特征，可以据此预测所有客户变为付费会员可能性的差异。不幸的是，事实并非如此。事实上，随着时间的推移，我们认识到，要描述行为倾向的差异，最好的办法就是使用一组变量，既包括人口／企业统计学特征，也涵盖情境因素。

要理解基于倾向细分市场，读者可以仔细看一下这一方案的过程和结果。如表5.1所示，这一方案会生成一个市场细分框架图，团队可借此识别出不同的客户群体。框架图中的每个格子都代表了多个客户特征的重叠，这些客户特征都经过了精心地挑选和安排。按照定义，框架图中的每个客户群体即为一种客户组合，占据了表格中的一个或多个格子，每个群体都有各自不同的做出目标高产行为的倾向和动机。例如，群体二有75%的概率做出高产行为，而群体五只有52%的概率做出高产行为。每个群体还是某些明显特征的独特组合，例如，明显特征可包括客户年龄、性别、教育水平，或客户规模、所在行业等，这些均已在市场细分框架中列出。市场细分框架图和按照行为倾向划分的客户群体相互关联，因为图中不同的客户特征即为市场细分变量，会强烈反映客户做出高产行为的倾向。

"框架"基于情境和企业统计学特征变量而设。

表5.1 通用的基于倾向的市场细分

角色特征 如人口统计学特征 \ 情境/应用				
		群体四 85%	群体五 52%	群体六 45%
		群体一 90%	群体三 65%	群体七 30%
			群体二 75%	群体八 71%	群体九 42%
		群体十一 60%	群体十 40%	

因此，市场细分框架图会表明，拥有特定特征的客户会比其他客户更有可能做出高产行为。例如，在泰拉斐的案例中，我们知道，相比只有高中学历的年轻女性，年纪较大、受过大学教育、未接受过无症状疾病评估的女性，更可能做出高产行为，要求进行诊断检查。在恩塞维的故事中，我们知道，如果设备经理有节能管理项目的经验，定期追踪大型建筑群组的能耗，那么他们就有90%的概率做出高产行为，很早就咨询卖家。相比之下，那些管理小型建筑、不定期跟踪能耗的设备经理，只有40%的概率做出此行为。

绘制基于倾向的市场细分框架图，主要有三个步骤：第一，识别一组有效的市场细分变量；第二，制作市场细分框架图，并填入内容，形成购买倾向热力图；第三，识别客户群体。表面看来，这个过程似乎与团队常用的进行其他类型的市场细分方法大同小异，然而，其中涉及的现实活动和分析却大不相同。我们将在下一部分详细介绍这一过程背后的方法和原因。我们煞费苦心制订的这一市场细分方案，可避免传统方案的常见问题和缺陷。特别是，基于倾向细分市场的方案具有以下三个特点，使其可在所有市场细分方案中脱颖而出。

第一，基于倾向细分市场的宝贵之处在于，这一方案既切实可行，又含义深刻。在框架图中，所有相关部门，如产品研发、营销、供应链和销售，都能清晰识别、对标各个客户群体，这是因为所有相关部门都参与了筛选客户特征的过程，因而所有人都能轻松识别出这些特征。客户群体的意义还在于可以提供宝贵的、独有的认知，解释客户行为的动机。顾名思义，每个基于倾向划分的客户群体，都有其独特的行为模式和动机。基于倾向细分市场，也因此可以避免大部分传统细分市场方案的致命缺陷：大部分细分市场方案要么简单可行，却缺乏深刻的认知，这也是基于人口／企业统计学特征或过去采购行为细分市场方案的致命弱点；要么认识深刻，却难以操作，许多基于需求和心理学细分市场的方案就是如此。此外，企业内不同部门经常按照各自职责，自行细分市场，因而造成了浪费和混乱，而我们介绍的方法就可以解决这一问题。

第二，基于倾向细分市场的宝贵之处在于，可以引导企业关注最简单的增长源泉，放弃难以实现的增长源泉。基于倾向细分市场可自动反映市场中的热点和冷点。例如，在图5.1中，可以看到，群体一有90%的行为倾向，这就是一个热点，而群体十只有

第 5 章 第二条原则：基于倾向细分市场

40%的行为倾向，因而这是一个冷点。高倾向群体中的客户本来就很容易做出高产行为，只需要一个提醒，就可以提高行为频率或增加行为强度。而在冷点区域，或许因为种种原因，客户鲜少做出高产行为，要说服这些客户做出改变，则需要下大力气。基于倾向的市场细分框架图有两个特点：可精准识别目标客户群体，以及可确定容易调动的客户群体。这两个特点可以发挥重要作用，大幅提高针对行为的增长战略的有效性。回顾一下泰拉斐的例子，就可以看到，通过仅在几个高倾向客户群体中，专注并提高患者要求检查的频率，就实现了销售额的显著提升。正如选购过程所示，要求检查的发生率每提高1%，就可以带来销售额3%的上涨。

基于倾向细分市场的**第三个宝贵之处在于**，这一做法本质上具有排他性，制订和使用这一细分市场方案的企业，可因此获得巨大的竞争优势。任意行业中，几乎所有的企业都使用几乎完全一样的细分市场方案，这一点不言而喻。例如，所有的药厂细分市场都是根据相同的变量，将客户分为高处方率医生和低处方率医生，首诊医生和专科医生等。节能服务行业也是如此，所有的营销和销售计划都是以客户规模和行业垂直分组为基础。大多数信用卡公司的目标都是年轻、高收入、城市里的成年人。因为多数公司看待和评估客户的方式都很相似，这些公司最终都瞄准了相同的客户群体，并且对于这些群体的认知也完全一样。企业采用传统的市场细分方案，就像第一次世界大战里的堑壕战一样，事倍功半，得不偿失，而且胜利的果实难以为继。

相比之下，企业基于倾向细分市场，会以独特的方式看待和瞄准市场，而其竞争对手却不能轻易理解或阻止这一过程。如第三章所述，行为目标就是基于倾向细分市场的焦点，对于每家企业而言都是独一无二的。例如，引导病人要求医生进行特定的检查，只有泰拉斐能从中受益。反过来看，泰拉斐的市场细分框架对于其团队的行为目标也是独一无二的。泰拉斐团队细分市场所用的变量与其对手公司所用的变量不尽相同。泰拉斐团队的行为目标是患者要求进行客观检查，只有特定的客户特征与这一目标紧密相关，而如果更换成另一个行为目标，如患者找专科医生问诊，那么对应的客户特征也会发生相应的改变。企业按照倾向细分市场，会有与竞争对手不同的看待市场的角度，也因此会有独特的营销重点和投资分配，使用与对手不同的营销策略。这一方案常常会使那些使用传统市场细分方法的对手公司摸不着头脑，让他们完全搞不清楚诸如泰拉斐或恩塞维一类的公司到底在干什么，这也就降低了对手发起有效反击的能力。例如，当恩塞维开始针对其客户群体三和群体四采取行动时，对手公司就无法找到恩塞维的行动规律，因为对手公司在跟踪基于规模和行业划分的客户群体，而恩塞维目标群体的客户几乎是随机分散在这些群体中的。

基于倾向的市场细分方案结合了其他类型市场细分方法的优势（见"市场细分传统方案和本书方案的对比"栏），同时避免了这些方法的内在局限性，因而具有上述优势。基于倾向细分市场只围绕企业实现有机增长所必需的高产行为展开，而且只适用于单家企业。在下一部分，我们将会详细介绍创建基于倾向的市场细分框架的过程。

> **市场细分传统方案和本书方案的对比**
>
> **传统方案**
> - 按照人口统计学或地理特征：基于客户角色划分客户群体
> - 按照需求：基于客户对产品／供应方案的期待划分客户群体
> - 按照心理：基于态度、价值观和认知划分客户群体
> - 按照行为：基于客户现在的采购内容划分客户群体
>
> **本书方案**
> - 基于倾向：基于客户在选购过程中做出高产行为的倾向划分客户群体

3. 第二条原则说明

如上所述，基于倾向的市场细分框架图有特定的格式，必须用特定的方式绘制。从格式上看，框架图是一个双轴表格，里面的小格可按照客户行为，被分为多个互不重叠的客户群体。两个轴构成了细分市场框架，每个轴上有几个精心安排放置的市场细分变量，这些变量不仅切实可行、一目了然，而且各自都与选定的行为目标相关。每个客户群体都包含一组客户，群体中客户都有相似的行为目标倾向及相似的目标行为动机。

基于倾向的市场细分框架图应由高层跨部门团队绘制，具体

过程可分为三个部分，如图5.1所示。过程的第一部分涉及识别几个客户特征（通常是六到八个），作为绘制市场细分框架图的备选变量。合理地识别细分市场变量既重要，又困难。对于团队中各部门的代表成员而言，这些变量必须可以轻松识别，切实可行；这些变量，或者更准确地说，这些变量的确切取值范围，必须能有意义地体现客户做出目标行为的倾向差异，以便框架图准确反映市场的可变性。

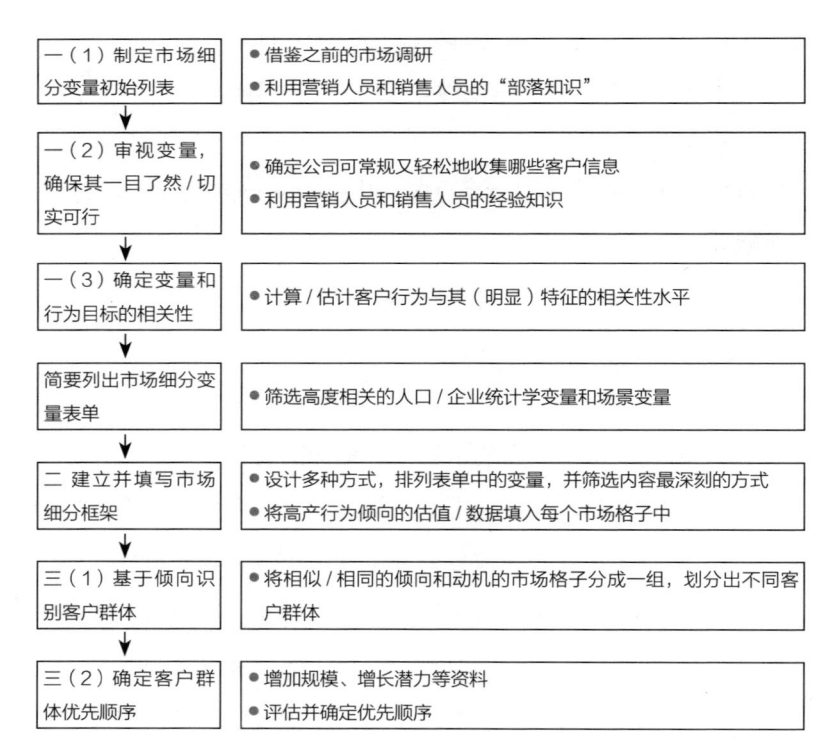

一（1）制定市场细分变量初始列表	● 借鉴之前的市场调研 ● 利用营销人员和销售人员的"部落知识"
一（2）审视变量，确保其一目了然/切实可行	● 确定公司可常规又轻松地收集哪些客户信息 ● 利用营销人员和销售人员的经验知识
一（3）确定变量和行为目标的相关性	● 计算/估计客户行为与其（明显）特征的相关性水平
简要列出市场细分变量表单	● 筛选高度相关的人口/企业统计学变量和场景变量
二 建立并填写市场细分框架	● 设计多种方式，排列表单中的变量，并筛选内容最深刻的方式 ● 将高产行为倾向的估值/数据填入每个市场格子中
三（1）基于倾向识别客户群体	● 将相似/相同的倾向和动机的市场格子分成一组，划分出不同客户群体
三（2）确定客户群体优先顺序	● 增加规模、增长潜力等资料 ● 评估并确定优先顺序

图5.1　基于倾向的市场细分过程

过程的第二部分是构建市场细分框架和行为倾向热力图。在

第 5 章　第二条原则：基于倾向细分市场

这一阶段，既需要客观科学，又需要主观判断，以便弄清哪种市场细分备选变量组合，可以最有效地反映可轻易识别并理解的客户行为。最有效的框架通常包括四到六个客户特征，一部分特征描述客户角色，即人口／企业统计学变量，一部分特征描述客户行为或所在情景，即变量可描述客户所在的情境或场合，或是客户在那个情境中的行为。一旦构建了市场细分框架，就要借助客户行为资料，填写每个小格的内容，借此构建整个市场的客户行为热力图。

在过程的第三部分，也就是最后一个部分，客观科学和主观判断都将发挥重要作用。在第三步中，需要将倾向热力图中的小格子分成相互区分又连贯的客户群体。每个群体中的客户应该有大致相同的行为倾向，以及相似的行为动机。一般而言，团队最终会划分出六到十二个客户群体。

对于管理团队而言，基于倾向的市场细分框架图的格式和绘制过程可能看起来有些过于细致、过度准确，甚至有些烦琐。为什么必须要把框架图画成个表格？为什么要用四到六个细分市场变量？为什么选择人口／企业统计学变量和情境变量？以及最重要的，是否需要一支高层跨部门团队来绘制框架图？对于这些问题，我们的回答是，事实证明，这个格式和过程是绘制高质量市场细分框架图，从而实现公司增长的最好方式。为了实现更快增长，市场细分必须满足以下四个标准，这些标准的关键词首字母放在一起，可以组成VAMPA一词：

- 准确反映市场在客户行为和思维方式方面的内在差异性

（Variability）；
- 对于企业而言，既切实可行（Actionable），又内容深刻（Meaningful）；
- 有排他性（Proprietary），对手公司很难识别或应对；
- 可确保所有市场相关部门的联动（Alignment）以及有效的行动，这里的市场相关部门具体包括产品研发、营销、供应链和销售部门。

我们曾观察企业采用传统的细分—瞄准—定位的公式。在这一过程中，我们意识到，这一公式存在许多缺陷，因而常导致增长行动的失败：企业使用的市场细分框架图不能准确、细致地反映客户行为的差异；企业使用的市场细分方案不能真正反映客户有用信息，因此不能帮助相关部门轻松找到并对标客户；企业和同品类或行业的对手使用的市场分布图完全一样；这些都导致企业不能如愿实现业绩增长。针对这些问题，VAMPA标准列出了市场细分所必需的一系列良好特质，可帮助团队识别并瞄准真正的增长机遇。

从本质上讲，VAMPA标准是基于倾向的市场细分过程的设计标准。在详细介绍这一过程之前，有必要谈论一下这套标准背后的东西，以便读者能清楚市场细分过程的逻辑。

也许，在市场细分过程中，最致命的问题是相关部门都各行其是。造成这一问题的原因是企业内部不同的部门，都在使用不同的市场细分方案。尽管这一现象并没有得到足够的重视或研究，但我们已经发现，与我们长期合作的所有公司几乎都在同时

第 5 章　第二条原则：基于倾向细分市场

活跃地使用两到三套市场细分方案。营销部门肯定有自己的一套方案，然后销售团队却在用另一套方案。产品研发部门也常有自己的一套市场细分方案，甚至是供应链部门也有。这些方案并驱争先，很可能导致每个部门都有不同的对待客户的方式，因此带来重重问题（见"不同市场细分方案的较量"栏）。例如，销售团队可能决定需要特别注意某一特定类型的客户，并针对他们采取行动，而供应链部门却认为这一类型的客户不重要或不理想，因此将他们边缘化。在这种情况下，最好的结果是，这些反复无常的处理方式会让客户摸不着头脑，十分恼火，而最差的结果则是，客户会因此离去。企业可以通过一些具体的组织和管理措施，解决部门联动的问题，我们将在下文具体阐述相关方法。

不同市场细分方案的较量

每个面向客户的核心部门团队都会在某个时刻认定，如果他们有一套适合自己目标和行动的市场细分方案，他们的工作表现就会因此改善。在某种程度上讲，这种想法是完全可以理解的。一般是营销团队正式负责市场细分工作，他们自然会以产品宣传和品牌建设为出发点，选择市场细分方案和变量。销售团队也会自行细分市场，按照实际或潜在采购规模，将客户划分为不同群体。在称呼大中型企业时，销售人员一般不会直呼其名，而是将大型企业称为全国性、重点、集团或全球性客户，将中型企业称为商业或区域客户。不管称呼如何，对于销售人员而言，市场细分的核心标准就是销售潜力。与此同时，产品工程和研发团队常会制订另一套市场细分方案，一般按照客户的

> 技术、应用、可选替代品等划分客户群体。
>
> 　　额外的部门市场细分方案层出不穷，这是因为，总的来说，相比企业方案，这些具体方案会对相关团队更有利。销售管理人员认为，相比营销团队提议的市场细分方案，他们自己制订市场细分方案，可以更有效地帮助分配昂贵的销售资源，如给大客户分配更多资源，以及帮助设计客户互动，如可以线上接待小客户。对于营销管理人员而言，销售部门的市场细分方案鲜少可以帮助他们分配宣传资金，或制定有针对性的宣传信息，因为相似规模的客户常有千差万别的习惯、态度和需求。产品研发和设计团队拒绝销售部门的方案也有类似的原因：客户规模不能充分反映产品需求，起码不能反映一致的产品需求，而对他们而言，营销部门根据自己需求制订的方案也有些牵强附会，收效甚微。

　　就像相互较量的不同市场细分方案一样，我们的方案应对的第二个挑战也是远在天边，近在眼前。如上所示，大多市场细分方案都普遍适用整个行业或企业品类，因此不能给一家企业带来多少竞争优势。如果市场细分方案的变量只能描述普遍可见的客户特征，那么其多会有上述问题。相比之下，基于倾向的细分方案只适用于特定企业，因为这一方案的基础，即选购过程中的一系列客户行为，是基于企业个体的增长计划而筛选出的。就像我们在泰拉斐的案例中看到的那样，不同的重点和行为目标会带来不同的市场细分方案，而其他企业会很难理解或应对这家企业的市场细分方案。

第5章 第二条原则：基于倾向细分市场

准确描述市场形势，既要切实可行，又要内容深刻，需要有的放矢，另辟蹊径。这一任务之所以艰巨，原因就在于企业希望其市场细分框架图可以提示目标所在，但又不会超出其市场推广体系的感知和对标能力，同时还可以指导针对目标客户采取哪些行动。一方面，如果企业面向市场的团队不能及时识别客户特征，据此划分客户群体，他们就不能找到目标群体。不管市场细分框架图有多么巧妙，企业都不可能据此采取行动，实现增长。例如，一家中型企业如果没有经验丰富的经销商，不能使用大型数据库或没有处理数据的人才，就不可能按照地理位置、政治立场、可用投资、上大学孩子的数量、驾驶汽车类型等变量，识别客户群体，制订巧妙细致的基于心理的市场细分方案，并据此采取行动。另一方面，企业又不想要简单易懂却并无深刻内容的框架图。客户群体若只是可轻松识别，却没有任何共同点，那么据此设计的战略必然无益于企业增长。简而言之，企业划分客户群体依据的因素，必须既一目了然，同时又兼具真知灼见。我们的经验是，除了基于倾向的市场细分方案外，很少有方案可以轻松满足这两个条件。

我们曾多次注意到，要制订一套独特的市场细分方案，准确、可行、深刻地反映市场，团队需要用特定的方式设计，并执行行动方案。这里，取得成功的关键就是确保正确过程条件的到位，包括参与人员、人员责任分配，以及行事方式等。市场细分常被视为一项技术任务，通常被委派给工作组负责，工作组的成员都是相关主题的专家，包括市场研究人员、初级营销人员和咨询师等。实际上，此做法是缘木求鱼。恰好相反，核心工作团队的成员应是相关总经理和包括营销、销售、产品研发和供应链部门在内的市场推广关键部门的高级领导。一般而言，这些人员都是指导团队的成员，负责监督新增长战略的执行，每几个月花费数个小时来审查技术专家的工作情况。我们并不认同这一做法，我们认为这些高级经理需要投入时间和精力，讨论选择哪些客户特征是切实可行的，提议潜在的市场细分框架，并为之辩护，等等。当然，工作组也应该包括营销人员和市场研究人员，但是在团队中，关键的活跃分子应该是高级经理。这也是泰拉斐和恩塞维市场细分框架图的绘制方式。在两个案例中，山姆和苏珊本人都积极参与了制定过程。

为什么企业高管应该把宝贵的时间花在这些事情上呢？这是因为，他们的积极参与会带来更好的市场细分方案，可以在很大程度上确保部门联动，减少不同市场细分方案间的较量。首先，形成良好的市场认知需要商业判断。这些高级经理最有资格评判所在企业在不同细致程度上识别客户特征的能力，因此可以确定潜在市场细分变量的现实可行性。在更大层面上讲，就一个共同且有效的市场认知达成共识，是管理层联动的基本做法。不同部门的高级领导提议并讨论哪些客户特征，对于各自部门来说可行且有用，并最终达成共识，公开认可一个市场细分框架，可以有效地降低不同部门继续制订并使用各自的市场细分方案的可能性。高管们亲自加入工作组，可确保他们彼此间就市场认知和行动方案达成共识，这一联动本身就值得高管投入时间和精力。

4. 第一部分：识别可行且有意义的市场细分变量

工作组的第一项，也是最重要的任务就是识别出合理的市场细分变量。这项任务并不简单。事实上，工作组需要进行三项不同的活动，才能最终确定恰当的市场细分变量目录。

第一项活动是收集尽可能多的潜在市场细分变量，只要是团队成员认为相关的变量都要纳入其中。我们的经验表明，这一初始列表通常会包括一系列的客户人口统计特征变量，或企业统计特征变量。团队也几乎每次都会提及客户各种潜在态度、价值观、和潜在需求，如"商对客"企业是追求时尚感还是实用，"商对商"企业是引领创新还是紧跟潮流，或是价格至上。一般而言，团队都需要被提醒一下，才会生成和合并描述客户情况的变量，如形容客户面临压力多少和压力种类的变量、形容产品使用场合和应用方式的变量等。对于大部分团队而言，这些情境变量并不是他们最关心的事。然而，在大多基于倾向的市场细分中，人们常最终发现，这些变量至关重要。

团队的第二项活动是评估初始表单上每个变量的可行性，如果变量不可行，就需要在这个阶段将其排除。要判断变量是否可行，就要看企业是否能够通过查阅手边的数据库或公开资料，或通过询问客户简单浅显的问题，或是观察客户，轻松又准确地识别出该变量。对于不同的企业而言，同一特征的可行性会因受到企业资源和成熟度的影响而千差万别。没有严格的数据管理能力或完善的基础设施的小企业，很难使用诸如季节采购模式一类的变量去划分客户，因为它没有能力购买、使用和分析必备的大型数据库，从而获得这一信息。相比之下，精通技术的大型企业可能会认为这种变量十分可行（见"选择可行的变量"栏）。

> **选择可行的变量**
>
> 　　最普遍的可行性标准是，市场细分的变量必须能从外界看出，一目了然。自然，读者希望自己的销售人员或客户服务代表在与客户互动之前，就能判断客户所处群体。然而，要实现这一点，就必须可通过查阅手边的数据库，或通过直接低成本地观察客户交流或活动，确定这些特征和特质，据此划分客户。例如，地理位置就是一项可轻松观察和获取的变量，而客户的省事行为就不容易观察。在客户数量适中的市场中，读者也许可以放宽可见性的标准，将可以通过询问几个简单的问题，直接从客户那里获得的信息也纳入到市场细分变量中，但是必须确保客户的回答大致真实。

　　一般来说，团队在评估变量可行性时就会排除很多变量，最终保留其市场推广体系有能力识别和瞄准的10~15个客户特征。例如，恩塞维团队发现，有13个事关客户态度、价值观和需求的潜在变量并不可行，或是不明显，或是不能通过自评准确识别。另一方面讲，可行的变量列表通常都包括一些人口或企业统计特征变量。对于任意企业，这些都是最明显的特征。应用和情境市场细分变量相对容易识别，或通过简单询问即可确定，因而通常有效，常被最终证实与客户行为倾向高度相关。

第 5 章　第二条原则：基于倾向细分市场

　　第三项活动的目的是审视相对可行的客户特征列表，评估这些特征与客户做出目标高产行为倾向的相关性。第三项活动之后，会产生一个市场细分变量终极列表，表单中的变量既切实可行，又内容深刻，皆可用于制定市场细分框架。评估相关性时，虽然团队也可进行定性分析，但是最好采用定量分析，而且即使不能收集大量有统计学意义的数据，那也要做好相关性分析。

　　恩塞维和泰拉斐团队都进行了相关性的定量分析。两个团队都调查了大量客户，量化了客户在选购过程中每一步的行为。特别是，他们确定了具有特定特征的客户进行高产活动的次数，以及客户随后进行的活动和相应的结果，如客户咨询卖家的频率，以及这一活动后企业发出征求建议书的频率。借助这些数据，两个团队可以计算出客户行为和客户特征，即市场细分变量之间的相关性。例如，恩塞维就用这种方式确定设备经理负责的建筑数量能够深刻影响客户行为，因而造成了客户行为的差异。为使变量具有可操作性，团队需要确定与行为差异相关的变量的不同取值范围（在恩塞维的例子中，取值范围即设备经理负责的建筑数量）。分析表明，如果客户经理负责的建筑数量从一两幢增加到三五幢，那么客户经理咨询卖家（即选定的行为目标）的概率将提高14%，而如果客户经理负责六幢或更多建筑，那么他们咨询卖家的概率将还能提高18%。事实上，在所有评估的变量中，设备经理负责的建筑数量是与其咨询卖家概率的相关性最高的变量之一。借助这一数据，团队还能计算可行变量组合与客户行为倾向之间的总体相关性，可以因此确定一组市场细分变量组合，如负责建筑数量、建筑规模、所在地区建筑规范严格程度和能耗追踪的组合，相比其他变量组合，如行业垂直分组、建筑规模、所有权公私之分和能耗跟踪的组合，与客户行为倾向的相关性大小。一般而言，与行为目标相关性最高的可行变量就是最适合市场细分的变量。

关于第三项活动，我们再针对"商对商"企业谈最后一点。许多"商对商"企业只有少数重要客户，但是在这些客户中，情况也十分复杂多变，例如每家工厂的经营方式可能略有不同，每个部门似乎有不同的采购政策。在这些案例中，也许不能进行直接的相关性定量分析。然而，企业可以使用一些替代方法，如深入采访客户，直接观察，细致分析相关人员在选购过程每一步的影响力，以便理解客户特征和行为倾向的关系。派出多人采访，并将他们的采访结果放在一起，常会带来意外之喜，帮助企业获得关于客户特征的全新认知。

5. 第二部分：构建市场细分框架和倾向热力图

在过程的第二部分，工作团队也有两项主要任务：第一，构建并公布市场细分框架；第二，将客户做出目标高产行为倾向的数据填入市场细分框架，制成倾向热力图。市场细分框架图本身就十分重要，因为如果构建恰当，该图可充分反映市场中客户行为差异背后的逻辑。而热力图则可直观反映市场倾向情况，为过程的最后一部分，即为按照倾向划分客户群体提供了关键信息。

在技术层面，构建市场细分框架的任务直截了当：就是要找到最有效的可选市场细分变量组合,将变量排入框架的双轴中,确保可最大程度反映市场中客户行为的潜在差异。然而,在实践中,这一任务通常耗时耗力,因为团队常会反复探讨不同答案,当然,团队在探讨过程中也会收获颇丰,例如,可以加深联动。

找到最有效的可选市场细分变量组合,或许需要做出过程第一部分之外的活动,抑或不需要。如果在工作组筛选可行并高度相关的市场细分变量之后,列表中只剩下少量(少于四个)客户特征,那么这些特征就会是最终确定的变量。但是,如果筛选后,还剩下六个或更多的客户特征,每个特征都有意义,且都与客户倾向相关,那么团队就有必要进一步分析和思考。特别是,团队需要对比不同市场细分变量组合与客户行为倾向的相关性。一般而言,团队应尽力找到一个变量组合,其中包含四到六个变量,同时该组合与行为目标具有最高集体相关性,然后据此制定市场细分框架。

在最终确定列表之前,团队应检查一下,确保每个变量的取值范围合理,能最大程度体现其与行为的相关性。在有些情况中,特定变量的取值范围可直接确定,如男性或女性,而在另外一些情况中,则需要进一步分析,才能确定取值范围内有意义的断点。例如,如果变量之一是客户规模,那么团队需要先确定一个具有操作性的规模的定义,如年收入,然后判断行为相关性是否会随收入变化而变化,还要判断是应该将这个变量的取值范围一分为二,如年收入低于某某美元或年收入超过某某美元,还是应该更加细致地划分取值范围,以便体现客户行为差异。同理,如果渠道选择是一个重要变量,那么团队就需要判断哪些渠道会造成客户倾向的巨大差异。如表5.2所示，在市场细分框架中，应该列出如上所述的确切变量，而非其背后的综合变量。

表5.2 基于倾向的市场细分框架

描述客户（角色）变量，如人口统计学特征、企业统计学特征、组织等 \ 描述客户情景/应用的变量	变量一：高			变量一：低		
	变量二：甲	变量二：乙	变量二：丙	变量二：甲	变量二：乙	变量二：丙

（标注：变量一有两个取值；变量二有三个取值）

久而久之，我们发现，行为相关性最高的可行的变量组合，通常都是人口/企业统计学变量和情境/应用变量的组合。例如，泰拉斐团队的市场细分框架有三个人口统计学变量（性别、年龄和教育水平）和两个情境变量（患者是否接受过疾病评估和患者的患病危险因子）。恩塞维团队的框架同样也包括情境和企业统计学特征两类变量，只不过情境变量（客户所在州的建筑规范严格程度、客户曾开展节能项目的次数、客户定期跟踪能耗的能力）的数量大于企业统计学变量（建筑规模和设备经理管理的建筑数量）。

确定变量最终表单后，团队下一步该构建市场细分框架。如上所述，构建市场细分框架就是简单排列已确定的可行且高度相关的变量。技术层面来看，变量的任何排列方式都是正确的，而且也的确有许多种排列方式。泰拉斐和恩塞维团队都有多个可能的变量排列方式，可用来构建市场细分框架。图5.2列出了恩塞维团队曾经考虑过的排列方式。

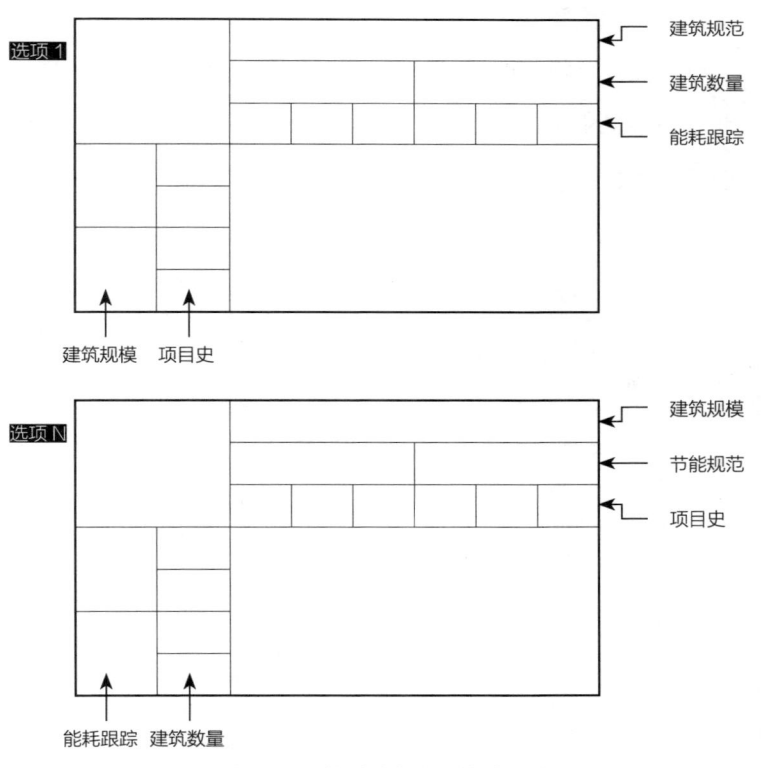

图5.2 构建市场细分框架

然而，经常发生的是，有些排列方式会比其他方式更加明了，更能揭示客户行为差异背后的逻辑，可显示为什么客户的倾向性会更高或更低。因此，在恩塞维的案例中，当排列好描述建筑数量和建筑规模的变量后，团队一眼就能看出来设备经理在其中扮演的角色，以及设备经理的工作是多么重要和艰巨。排好的框架图可直观反映出，在矩阵中不同位置的客户面临哪些压力，会做出哪些可能行为。事实上，借助排列恰当的框架，团队可以预见客户叙事的一些重要信息，借此推断出改变客户行为倾向的关键动力和阻碍。

总体而言，最好的市场细分框架通常一个轴是人口统计学或企业统计学变量（即角色轴），一个轴是描述客户行为或所处情境的变量（即环境或情境轴）（图5.3）。快速回顾一下表4.5，

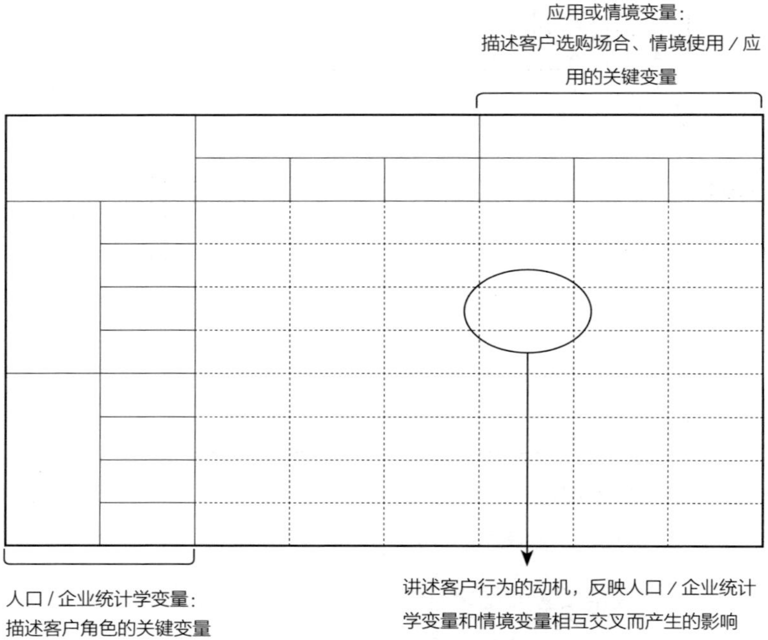

图5.3 **市场细分框架逻辑**

第5章 第二条原则：基于倾向细分市场

可以看到恩塞维团队从变量列表中筛选了两个企业统计学变量，即客户经理管理的建筑数量和建筑规模，并将这些变量放在纵轴上，同时将情境或用途相关变量，即建筑规范严格程度、能耗追踪和过往节能项目的数量，放在了横轴上。

此部分的第二个主要活动是将市场细分框架转化为热力图，以准确描述客户进行目标行为的不同倾向。如上所示，客户在选购过程中进行任意活动的倾向都千差万别，更别提做出目标高产行为的倾向了。一般而言，只有少数客户会在每次选购中都"要求检查"或"咨询卖家"，有些客户几乎从来不会做出这些行为，而大部分客户有时会做出高产行为。热力图就是为了反映客户进行高产行为倾向而设，市场细分表格中的每个小格都记录了不同的行为倾向。客户进行或不进行筛选的高产行为动机也各不相同，我们会在第7章详细讨论这一点。

表5.3就是典型的热力图。框架变量的交叉或组合构成了每个小格，每个小格都代表一个特定的客户群体（更准确地说，是潜在客户群体），每个客户群体做出目标行为（或其他行为）的倾向大致相同。

在理想的情况下，所有估值都是定量的，都由类似泰拉斐或恩塞维团队做的定量调查得来。如果不能或很难获得可靠的统计数据，团队就必须依靠自身对于选购过程的理解，来提示不同小格的客户做出不同选购过程行为的倾向，在那些买家数量稀少且高度集中的市场上就常是如此。在实际情况中，这些团队常展开思想实验，问自己这样一个问题：拥有某一特征组合的客户（如管理多幢大型建筑,并定期跟踪能耗的经理)是否很可能在早期咨询卖家,还是更可能永远不会在早期咨询卖家呢?没有确切的定量数据时,团队可以为每个小格设置高倾向、中倾向或低倾向的定量等级,然后通过对比不同小格中的逻辑和叙事力度,完善和调整这些估值,确定最终方案。

表5.3 划分小格前的倾向热力图

		72%	70%	62%	60%	63%	55%
		69%	72%	74%	65%	51%	52%
		88%	83%	79%	43%	48%	49%
		91%	43%	40%	34%	28%	31%

通常对于团队而言,构建和审视市场细分框架热力图是一个分水岭。山姆·威尔科克斯和苏珊·戈麦斯都认为,在观察热力图时,他们第一次一眼就看到市场中客户行为的全貌,以及市场热点和冷点中的客户类型。一般而言,市场中的差异巨大。在恩塞维热力图分析中,最可能咨询卖家的小格客户做出此行为的概率是95%,而在最不可能咨询卖家的小格中,客户做出此行为的概率仅42%(见图4.7)。此外,由于每个小格中的客户考虑和进行采购过程的方式存在系统性差异,外层参数间也常有大量不同的群体倾向。就如山姆和苏珊所说,仅看到热力图中不同类型客户的行为差异,就足以使其团队欣喜若狂,跃跃欲试。一旦团队成员开始从热力图中得出结论,就会立刻展开激烈辩论和热烈讨

论。有些成员会指出，某些客户倾向很低，对他们投入根本就是缘木求鱼。这时，其他成员就会迅速插话，诧异或怀疑热力图中竟然显示有些客户会有更高的行为倾向。

6. 第三部分：基于倾向划分客户群体

成员的辩论十分普遍，当然也很受欢迎，因为热力图就是过程最后一步的画布，供团队划分客户群体，并对客户群体排序。从理论上讲，企业可以直接将热力图用作其市场细分框架，毕竟热力图的每个小格就代表了一个明确的客户组，组内客户做出高产行为的倾向类似。然而，许多企业认为，要针对热力图上20到50个小格的客户分别采取行动，任务十分艰巨。此外，团队常注意到，多个小格中的客户做出高产行为的倾向（和动机）都是相同或相似的，因此可以将它们组成一个客户群体，减少客户群体的数量。例如，恩塞维团队将其市场细分框架的24个小格组成了12个客户群体。这样划分客户群体，可以大幅减少对标客户的负担，又几乎不影响分组的精准度和有效性。

通常而言，从框架中识别出少量客户群体是一个反复迭代的过程，一半是艺术，一半是科学。图5.6就是一个典型的热力图，显示了做出目标行为的不同倾向，从最低的28%到最高的91%。表5.4就展示了如何将表5.3的热力图压缩成一个更小的客户群体组合。会有一组小格的倾向都相对较高，差值只在几个百分点之间，也会有一组小格的倾向都相对较低。通常情况下，还会有其他明显的数值接近的小格聚集。读者可以将这些小格当作锚点，假定然后测试剩余小格中其他客户群体的存在。针对各种小格背后的故事，定量分析和定性评估其潜在的异同，然后据此决定是将这些小格组成一个客户群体，还是每个小格自立门户，各自充当客户群体。最终，这一迭代过程会形成一个包括8到12个明确客户群体的市场细分框架。

反复讨论哪些小格可构成一个客户群体的过程，同时也是讨论小格／客户群体排序的过程。在明确不同客户群体后，就应该对这些群体进行排序。当然，排序就是分析在针对某一或某些群体开展业务的可能收益和成本。企业的第一目标或最重要的目标，就是那些会带来最大净收益的客户群体。在分析过程中，最重要的数据就是客户群体做出高产行为的倾向，这部分数据已经被嵌入市场细分框架中。自然，行为倾向相对较高的客户群体很有吸引力，但是，高倾向群体可能会因为规模较小、增长缓慢、或利润率低等缘故，而不能成为良好的投资目标。团队必须要考

表5.4 按照做出高产行为的类似倾向，划分客户群体

72%	70%	62%	60%	63%	55%	←群体五
69%	72%	74%	65%	51%	52%	
88%	83%	79%	43%	48%	49%	←群体三
91%	43%	40%	34%	28%	31%	←群体二

↑　　↑　　　↑
群体六 群体一　群体四

虑这些及其他相关的经济因素，因为这些因素常会大幅改变一个原本简单直接的基于倾向的客户群体排序。

7. 结论

上述过程可以帮助读者迅速有效地细分市场，同时避免了企业市场细分中常见的两个问题：不能在兼具成本效益的情况下，找到、影响、激发关键客户群体，以及相关部门习惯性地制订不同的、相互冲突的市场细分方案。我们的方案既果断排除了不明显的客户特征，确保了市场细分方案的高度可行，又通过关注与客户行为差异高度相关的特征，识别彼此间存在差异的不同客户群体，确保了市场细分方案具有深刻的内涵。

同样重要的是，这一明确的过程可以积极促进不同部门之间形成并维持联动。不同部门携手识别、筛选可行的市场细分变量，划分客户群体，可制成对企业内所有用户都同样有用的市场框架图。企业内部不同部门使用不同的市场细分框架时，会造成资源浪费和行动偏差，而这一过程就能帮助避免这些问题。

基于倾向细分市场的终极价值在于，这一方案可以最大化提高市场活动的效力。基于倾向细分市场，关注找到方法，提高客户做出高产行为的频率，继而可以带来销售量的更大增长。在实际情况中，这就意味着不管选择了哪些客户群体，都有可能带来投资的高收益。在按照行为倾向细分市场后，苏珊·戈麦斯以较快的速度和较低的成本，为其销售团队制定了一个客户访问名单。她因此确定了目标客户，并可以据此调整恩塞维的产品、供应组合和宣传信息，以便吸引营销初级阶段的目标客户群体。

当然，不同客户群体做出高产行为的倾向千差万别，而引导不同客户做出更多高产行为的难度也迥然不同。一般而言，相比说服较低行为倾向的客户做出该行为，说服已经习惯做出该行为的客户提高该行为的频率，会更容易一些。例如，恩塞维团队选择首先针对高倾向群体（群体三）发起攻势，他们发现，在针对这些群体的营销活动中，每投入一美元，可以带来近四美元的销售额的增加。然而，当他们转而关注群体八和群体十二（见图4.7）时，尽管这两个群体咨询卖家的倾向是市场中最低的，只有40%左右，但通过开展营销活动，引导这些客户更多地咨询卖家，每投入一美元，也能带来近两美元的销售额增加。

因此，按照行为倾向合理地细分市场，可以一举多得。这一过程可以帮助企业摆脱常面临的两难抉择：要么基于明显的客户特征，制订可行却无意义的市场细分方案，要么制订很有意义却无法执行的细分方案。这一过程还能确保企业最终的市场细分方案为单家企业独有，与行业中其他同行使用的框架图截然不同。最后，由于围绕选购过程中可能带来企业有机增长的具体动力而展开，基于倾向细分市场，可帮助团队设计专门针对特定群体的营销活动，引导这些群体做出特定的高产行为。

第 6 章

璀璨美妆：当场赢得客户

玛雅·斯通是赫莲娜诗蒂克美妆的营销总监。在那一刻，玛雅看上去忧心忡忡，因为还有不到一个小时，她就要与公司两条美妆线的营销经理们开会，与会人员势必会对如何刺激已经疲软的业绩增长争执不休。

赫莲娜诗蒂克美妆隶属于一家市值数十亿美元的快消品公司。该公司的王牌璀璨美妆一直是美国市场的龙头品牌，也是美妆市场上最知名的品牌之一。璀璨美妆主要针对年轻女性消费者，即从少女到三十多岁的女性，提供包括底妆和彩妆（口红、指甲油、腮红、眼影等）在内的全线产品。借助包括药店和大型连锁杂货店在内的大批量零售渠道，璀璨的产品被销往各地。在会议举办之时，公司的琼珍品牌主要在百货公司销售，其定位是专业人士之选，针对所有年龄层的内行消费者。尽管有这些品牌深厚底蕴的加持，公司销售额的增长却已经开始放缓，而整个美妆行业却仍在适度增长。在过去三到四年中，璀璨每年的复合年增长率已经下降到1%，而琼珍的销售长期停滞不前，导致其商业可行性遭到了质疑。品牌认知研究表明，这些品牌的辨识度已经降低，越来越多地被消费者与其他品牌混为一谈。玛雅的任务就是重振璀璨品牌，刺激其增长，并确定能否帮助琼珍重整旗鼓，恢复盈利增长。

尤其令人关注的是入口点的客户，即第一次购买化妆品的少女。在这群新用户进入美妆市场时就吸引住她们至关重要。赫莲娜诗蒂克相信，品牌偏好一旦建立，就可以在未来数年中影响客

第6章 璀璨美妆：当场赢得客户

户采购行为，因此做出了许多努力，以提高两个品牌的销量，结果却是喜忧参半。有些活动开始卓有成效，但随后又逐渐失效，还有一些活动干脆就徒劳无功。对此，团队成员始而灰心丧气，后而唇枪舌剑，就如何最好地重振品牌，夺回最重要的入口点市场的份额争执不休。玛雅即将参加的那场会议，意在扮演某种高层会议角色，将分裂成两个对立阵营的团队成员重新团结到一起。

团队中，一部分人提倡进一步执行传统方案，大力投放平面广告和视频广告进行宣传。像其他美妆厂家一样，赫莲娜诗蒂克认为，化妆品是一种时尚产品，受到不停变化的市场潮流影响，因此划分客户市场时，都是按照年龄层和心理因素进行的，如对化妆的态度、色号偏好和时尚感（如站在时尚前沿）等。长期以来，璀璨品牌的定位都是年轻女性梦寐以求的产品，媒体宣传内容主要集中在受欢迎的年轻名人上。尽管璀璨挑选名人时，会随时间改变其对外貌和条件的要求，例如，最近的宣传主要围绕流行明星而非模特，璀璨所有宣传的目的都是将自身定位成年轻、魅力、新鲜、潮流的代名词。在过去，璀璨的这一定位卓有成效。团队中的另一部分人则认为，要靠这一定位重振品牌，还需要投入额外的资源、新鲜的观点和伟大的创意。

第二部分人强调了社交媒体的重要性，他们指出，在日常生活中，新媒体和新设备占用了年轻女性更多的时间和精力。这些营销人员提出，博主以及元宇宙、照片墙（Instagram）和油管（YouTube）上的网络红人越来越重要，他们被同龄人追捧，而且经常分享关于美妆的建议。他们认为，不应该再主要借助传统名

139

人，而是应该通过社交媒体宣传品牌，传达信息，发挥作用。这部分营销人员提出，虽然赫莲娜诗蒂克在这些渠道也有涉猎，但是应该停掉更多传统宣传活动，将璀璨的大部分营销支出转向线上平台，迎合少女用户，以重新和入口点的用户建立联系。两个阵营旗鼓相当、势均力敌，都在集结证据，支持己方观点。

玛雅知道，不管最终决定如何，都要有确凿的证据做依据，毕竟被排除的那一方一定会反驳选定的方案和发现结果，因此，举证关系重大，最终决定利害攸关。玛雅回忆道，"对于我们而言，这就像是生死存亡之际。我们需要积极进取，但是最重要的是，我们必须要准确无误。"玛雅回顾了双方论点，发现双方的论点都基于一些基本假设。双方提议都坚信品牌的重要性，认定女性用户会走进商店，寻找自己偏好的品牌，如果可以找到，就会将其买回家，而二者的分歧主要在于应选择哪类名人引领用户，以及哪类媒体能够最有效地吸引年轻女性购买璀璨的产品。尽管这些假设在市场中广为流传，玛雅仍然举棋不定。这些假设真的理解客户行为的动因吗？

与会人员都已到齐，玛雅走到白板前，开始列出会前她一直在思考的一些基本问题：女性用户都是如何选择化妆品的品牌的？她们为什么会更换品牌？什么会引导她们购买选购的产品？随着团队阅读白板上的内容，会议室中安静了下来。"在那一刻，所有人都意识到，我们有一些市场假设还远远不够，我们必须要理解市场！"直到那时，团队成员才达成共识，开始认真研究该采用哪种方案。

第 6 章　璀璨美妆：当场赢得客户

1. 选购过程和高产行为改变

在接下来的几个月中，玛雅的团队展开了一项调研，从头到尾研究化妆品的选购过程。他们发出了超过7000份调查问卷，询问消费者如何选择和选购不同品类的化妆品，并收到了约4000份完整回复。将调查结果汇编后，团队发现了几个重点。数据证实并详细阐述了行业中一些广为流传的认识，如影响者可提供特定品牌的相关信息，影响消费者偏好。这一点在青少年消费者中尤为明显，她们都受到母亲、姐妹和朋友观点的强烈影响。然而，调研结果推翻了团队（以及行业）关于女性用户如何选购化妆品的两项最重要的假设。一个最令人震惊的发现是，相对品牌而言，客户更关注能找到正确的色号——找到适合我的色号，是最能影响消费者产品选购决策的单一因素。这一认识与玛雅团队之前的认识截然相反。"我们从不这样表述，"玛雅说，

"但是，如果你问女性用户如何选购化妆品，行业中的大部分人都会告诉你，女性先选择品牌，然后在该品牌的产品中选择适合自己的色号。然而，数据却显示，事实上，客户是在一组可接受的品牌中挑选最适合的色号。二者简直有天壤之别。"

调研的另一个重大发现是渠道内评估可发挥巨大影响。数据显示，大部分女性用户会在商店当场判断色号是否适合，并在可以的时候试用产品，例如，在美妆专柜的试妆处，或者查看并比

较包装上展示的色号，后者也是她们最常做的。事实上，就如图6.1中的选购过程节选所示，只有20%的女性用户会到商店里寻找一个偏好的品牌，这群人中又只有1%会寻找并购买璀璨。80%的女性会寻找适合的色号，驻足时会考虑多个不同品牌。引人注目的是，当女性用户在商店里看多个品牌时，她们购买璀璨的可能性更高，约有五分之一的女性用户，通过观察包装上的色卡对比选择产品时，最终会购买璀璨，而那些在商店里试用化妆品的女性用户中，璀璨的购买率会更高，接近二分之一。

"让我们震惊的是，对于彩妆而言，对品牌的考量并不能像我们认为的那样，真正推动选购行为。"玛雅说，

"影响点在选购过程后面的一个阶段，发生在渠道内评估的阶段。当你看到这样的数据时，就会质疑我们在宣传品牌上的投入，有多少真正发挥了作用。"

最后，数据彻底改变了团队关于客户长期忠诚度的认识。之前团队相信，尽管品牌偏好是在女性用户年轻时最为强烈（在她们为品牌动心之后），但是对于大部分女性而言，品牌偏好可以一直维持下去。然而，数据却显示，现实情况却远比此复杂得多，女性用户会随时间的推移不停地更换品牌，她们可能会先稳定购买某个品牌几年，然后换成别的许多品牌，随后又回购那个品牌，有时只是简短地回购，大部分情况下是会长期回购。

第 6 章 璀璨美妆：当场赢得客户

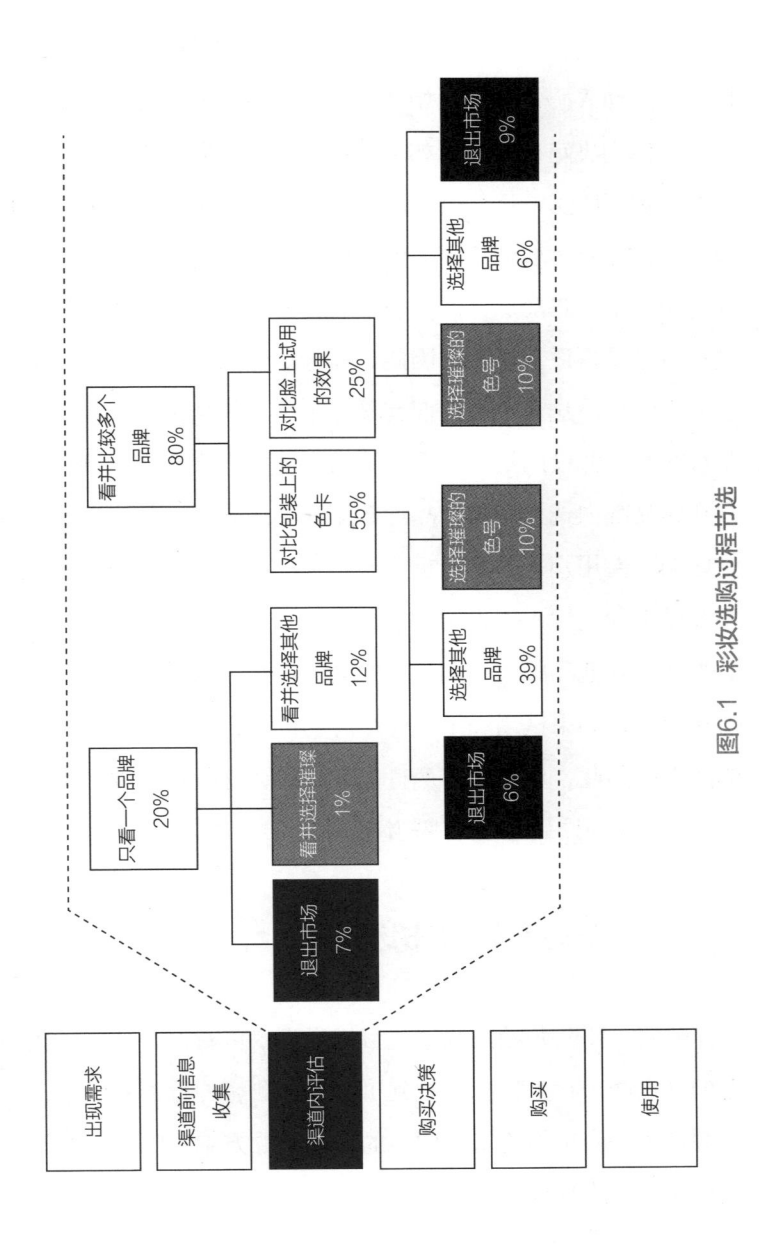

图6.1 彩妆选购过程节选

总而言之，对于玛雅团队而言，对选购过程的调研既出人意料，又激动人心，他们开始聚在一起，重新思考璀璨的整套营销方案。他们决定在弄清楚如何营销龙头品牌后，再去关注琼珍。他们决定围绕影响选购过程的关键步骤——渠道内行为，展开营销。具体而言，他们识别了两项主要的高产行为：第一项高产行为适用于所有年龄层，即要引导女性用户试用璀璨的色号，确定这些色号是否适合她们。因此，在选购时试用璀璨的色号是一个重要影响点。这对于团队而言是一个巨大的转变，同时也是对整个行业普遍假设的挑战，后者认为女性用户会忠诚于特定品牌，并在该品牌内选择彩妆产品。数据清晰地表明，找到正确的色号是影响女性用户采购的最重要因素。第二项高产行为适用于20多岁及以上的女性用户，她们之前曾购买过璀璨和琼珍的产品，但后来转为其他品牌。选购过程的数据显示，这些女性占据很大的市场份额，如果试用一下之前品牌的产品，就更有可能回购之前的品牌。因此，理想的高产行为，就是让这些年轻时喜欢两个品牌的女性重新回到这些品牌的怀抱中。

2. 重新思考细分市场

随后，团队开始围绕这些目标行为，重新调整其市场认知。他们基于两个行为目标，找到了最能预测客户行为的因素，并据此制定了一套全新的基于倾向的市场细分方案。团队共找到与这些行为最相关的四个变量。

第6章 璀璨美妆：当场赢得客户

团队最终制定的市场细分框架如表6.1所示，反映了女性用户选购彩妆时的不同渠道，她们的生活状况——年龄、工作状态，以及家中是否有小孩等。分析显示，女性用户的购物场所，生活阶段和购买的美妆之间存在有趣的关联。单独来看，这些变量对客户的品牌选择和选购行为的参考性不大，但是放在一起，却与品牌选购行为有着巨大相关性。

表6.1 女性选购彩妆时，基于倾向的市场细分

小孩：家庭中是否有孩子与女性购物场所和寻找的品牌类型相关

工作状况：代表品牌偏好

年纪：与不同的护肤需求和理想体验相关

生活状况 渠道	12到17岁	18到29岁				30到54岁				55岁以上
		工作		不工作		工作		不工作		
		有小孩	没小孩	有小孩	没小孩	有小孩	没小孩	有小孩	没小孩	
名牌店	一	二				五				八
直营店										
普通零售店及其他		三		四		六		七		

渠道：与哪些品牌可供客户选购有关

因为团队迫切需要触及刚进入美妆市场的新客户，并影响其品牌选购行为，他们选择首先关注在少女群体（群体一）中推广其王牌产品。这一群体尽管不能带来最高的销售收入，但是是销售量最大的群体之一。研究表明，很多女性用户常会在后来回购年轻时选购过的品牌，因此对于璀璨而言，这些入口点的客户是一个重点。团队搁置了是通过传统广告还是社交媒体触及这些年轻女性用

户的讨论，选择先深入研究这一群体选购行为和决策的影响因素。

3. 行为改变的动力和阻碍

团队在确定并优先关注群体一之后，开始转而弄清楚这些入口点客户的选购行为。数据表明，女孩开始使用化妆品的平均年纪比预想的要早，女孩在青春期开始之前的几年就开始化妆。此外，数据还显示，青少年客户群体经常试用化妆品，一般会买不同品牌的许多色号，而且频繁更换品牌，经常会舍弃近期入手的产品。一般而言，青少年会去药店或折扣店选购化妆品，每次选购时的平均花费相对较低，约每次11美元，但是，他们常频繁选购化妆品。

玛雅及其团队的任务就是解释这些独特的选购行为，找到这些行为背后的动机。团队采用了一个三步走的过程，以基于丰富数据理解这一群体。首先，他们针对入口点客户设计并开展了额外的调研，通过客户行为框架（CBF）列出了一系列提示问题，展开调研。然后，他们根据这一分析中得出的数据和认识，构建了一个综合叙事，描述这些客户行为背后的思考方式。最后，他们从叙事中推断出行为目标的一系列动力和阻碍。

客户行为框架被用于识别调查问题，并整理关于这一客户群体行为动机的发现：物理和社会背景（青少年选购的方式、时间、场所和陪同人员）、认知和态度（青少年对化妆品不同品牌、色号和选购渠道的看法和感受），以及理想体验（青少年希望化妆能实现什么效果、理想的购物体验是什么样的）（见图6.2）。

第 6 章 璀璨美妆：当场赢得客户

研究结果帮助阐明了青少年购买化妆品的特定因素和动机，并揭示了一些关键主题。例如，社交活动和合群需求会影响这些年轻女性选购化妆品的方式（见表6.2）。

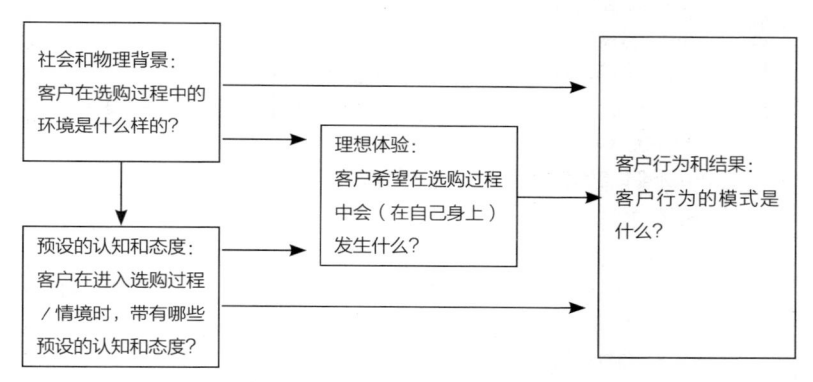

```
┌─────────────────┐
│ 社会和物理背景： │─────────────────────────┐
│ 客户在选购过程中的│                         │
│ 环境是什么样的？ │                         ▼
└────────┬────────┘      ┌──────────────┐  ┌──────────────┐
         │               │ 理想体验：    │  │ 客户行为和结果：│
         │               │ 客户希望在选购│──▶│ 客户行为的模式是│
         │               │ 过程中会（在自│  │ 什么？         │
         ▼               │ 己身上）发生什│  │               │
┌─────────────────┐      │ 么？         │  │               │
│ 预设的认知和态度：│────▶│              │  │               │
│ 客户在进入选购过程│      └──────────────┘  │               │
│ /情境时，带有哪些│─────────────────────────▶│              │
│ 预设的认知和态度？│                         └──────────────┘
└─────────────────┘
```

图6.2 客户行为框架

表6.2 群体一（入口点客户）的客户行为资料

社会和物理背景	● 与母亲和/或朋友一起购物（而非单独） ● 与母亲一起购物 　■ 第一次选购通常和母亲一起 　■ 通常从母亲那里获得初始信息；随后会从杂志广告、电视广告、好朋友那里收集信息 　■ 只要女儿没有选那些"不可接受"的色号，母亲经常会支持她选购化妆品 ● 与朋友一起购物 　■ 通常在已经开始买化妆品后，会与朋友一起选购 　■ 与朋友一起选购有趣又轻松 ● 有时间去选购化妆品，享受体验产品的时光；化妆品通常不是选购的终点；花大量时间逛商场 ● 通常没有很多钱来消费；从别人那里拿钱（如零花钱或赠礼）；会选择将钱花在化妆品上 ● 影响源：母亲、朋友、杂志广告、电视广告和模特，都会影响她购买的产品/品牌。她还会受到销售点的促销和色号展板的影响

147

（续表）

认知和态度	● 认为选购化妆品很有趣；与朋友一起购物可增进友谊 ● 关于购物体验，最喜欢的部分是尝试新产品、查看色号、查看新品牌，及试用样品 ● 最喜欢去商场和药店购买化妆品，认为这些地方的化妆品种类丰富，容易到达（离得近，经常去），且价格低廉 ● 会被色号展板、新色号和产品的明显标识所吸引 ● 认为试用品不卫生，无吸引力，但是想当场试用产品（她认为这是实体店购物最有趣的环节） ● 认为可以相信母亲会为她选择最合适的产品和品牌（但是却不太相信自己有能力进行选择）
理想体验	● 她想要一段轻松有趣的购物经历，可以在购物中试验、把玩新产品和新色号；她还希望新产品/色号容易找到（有标识牌指示），有关于如何选择产品和色号的信息可供参考，产品价格低廉或有促销活动，以及商店氛围对青少年友好 ● 与母亲和与朋友购物，她都喜欢，但原因各异 　■ 喜欢与母亲一起购物，因为母亲可以付钱；母亲给予许可 　■ 喜欢与朋友一起购物，因为很有趣，很热闹；朋友提供建议/认同 ● 购物中最不喜欢的事：很难选择/找到适合的色号；花大量时间；需要付钱 ● 第一次选中品牌的主要原因是色号或风格；母亲购买或使用该品牌；价格因素；以及朋友也使用该品牌 　■ 在产品和品牌选择中，色号是关键影响因素 　■ 她愿意为自己喜欢的色号或更高质量的产品（更持久、不会长痘等，例如也许会从品牌甲换到品牌乙）支付更高的价钱

↓

客户行为和结果	● 一般而言，第一次购买的产品/品牌是母亲买过或推荐的 ● 第一次购买的品牌为品牌 X、品牌 M 和品牌 C；还会从零售专卖店购买产品，如克莱尔斯（Claire's） ● 93%仍会购买第一次选购的品牌，但也将其他品牌纳入考虑之中 ● 她和/或母亲付钱；也许会在销售点要求母亲为她的化妆品付钱 ● 主要在折扣店和药店选购化妆品；也会在商场（的药店和零售专卖店）选购化妆品 ● 无论何时，和母亲在药店/折扣店时，都会查看化妆品；与朋友/母亲在商场购物时也是如此

客户行为框架为团队提供了大量定量和定性资料。最开始,这些资料看起来只是一组并不相关的关键认知,所以团队选择将这些资料整合为一个客户叙事,并在其中强调了关键主题(见表6.3)。尽管叙事是围绕化妆品展开,它同样在更大层面探讨了这位客户想要和关心的事。"就像是在讲一个童话故事,"玛雅说,

> "类似的是,很久很久以前,有一位客户……他们走上了征途,途中有胜利也有波折。当你讲述一个合格的客户叙事时,听众的反应应该是,'嘿,我认识那个人。'资料就因此具象化了。"

表6.3 群体一(入口点客户)的客户叙事

人生仪式	入口点客户(12岁)正处于女孩到少女的过渡期。对她而言,化妆是走向成熟的一项人生仪式。这项仪式常会涉及她的母亲、姐妹和朋友。她在小时候观察母亲涂抹化妆品,玩"装扮"游戏时,就已经开始为这个过渡期做好了准备。对于她而言,认真地使用化妆品,以及拥有属于自己的化妆品,代表她向前迈进了一大步。
每个人都化妆	她渴望化妆,主要是因为看到同龄人或向往的人(如年长的女孩、姐姐)有化妆。融入集体对她而言非常重要,她认为化妆可以帮助她合群。
她想要母亲的认可	她的母亲是一位守护者。一旦母亲同意她化妆,母亲就会在整个过渡期指导她。她乐于接受母亲的意见,相信母亲的判断和经验。
她需要融入集体,并且妆容适当……	当她开始化妆后,她要努力平衡渴望突出妆容和渴望妆容适当之间的冲突。她首先使用的化妆品是彩妆产品,如口红和指甲油,因为这些化妆品可以证明她有化妆。她认为,化妆可以帮助她融入集体,但是,她也同时相信,一旦失误,如妆容过浓,会严重影响其社会交往。她相信,化适合的妆会让自己变得更有魅力,更受大家欢迎。 试验并观察她人的做法可以帮助她学习更多化妆知识,更好地平衡突出妆容和妆容适当的冲突。除了从母亲和朋友那里获取信息外,她还会从杂志和电视广告中寻找信息。

有机增长：激活高产行为以取得非凡业绩

（续表）

她也想获得乐趣	对于她而言，购买和使用化妆品就是她儿时装扮游戏的延伸，很有趣。她想要拥有最新的产品，例如闪粉、染发膏，对最新的有趣的色号尤为感兴趣。
母亲会影响她的品牌选择	当选购化妆品时，她常会选择母亲用过的品牌，因为母亲认可这些品牌，也因为她曾经有机会试用这些产品。此外，她也更容易买到这些产品（如，母亲使用品牌C，母亲订购该品牌时，她也可以轻松地一起订购；她经常陪母亲一起去药店购物）。
她考虑的品牌……	她会被面向青少年的品牌所吸引，因为她喜欢那些色号，还因为她认为这些品牌适合青少年（如，通过在青少年杂志上做广告）。她也会选择自己能买得起的品牌，因为她预算有限，没有工作，主要依靠他人获得消费资金。考虑到上述因素，她考虑的品牌包括品牌X、品牌C、品牌M、品牌F和零售专卖店品牌。
购物很有趣！	她享受选购和试用化妆品的过程，可以借此增进与朋友之间的友谊。她有时间购物，并会在展示板前逗留。在购物时，她会被色号展示板、新产品/色号，以及促销给吸引到某些化妆品/品牌那里去。

玛雅团队的最后一步，是将这些主题和资料转化为一系列动力和阻碍，作为重新设计璀璨营销活动的关键指南（见表6.4）。动力指推动客户做出特定高产行为的因素，而阻碍则包括情感、心理、物理在内的阻止客户做出高产行为的因素。一项行为激发战略要想发挥作用，核心就在于要加强动力，排除或减少阻碍。

分析中得出的一项突出的认知是对于青少年群体而言，选购化妆品是一项重要的社交活动。其中，要重点关注青少年在选购和使用化妆品时，与朋友、姐妹、和母亲的互动方式，这些互动可以为试用化妆品带来很多乐趣和欢笑。此外，还要看到，青少年将化妆视为她们走向成熟的人生仪式。在这个经历中，母亲扮演着重要的角色，既是影响者，也是守护者。青少年第一次的化妆品选购通常是和母亲一起，受到母亲关于产品和品牌意见的强烈影响。从这些重要影响者那里得到的信息，会成为青少年试用

第6章 璀璨美妆：当场赢得客户

表 6.4 群体一（入口点客户）的动力和阻碍

动力	阻碍
• 母亲（或姐姐）正使用并/或推荐该品牌 • "专家"协助挑选并使用了该品牌 • 朋友以及向往的同龄人正使用该品牌 • 丰富的色号——既包括有趣/越界的色号，也包括正常色号 • 可以在自己身上真正试一下色号，看是否适合自己想穿的衣服或装扮	• （绝对）价格昂贵 • 颜色在她们身上看起来不好看（即不适合肤色、发色或着装配色） • 朋友及向往的同龄人贬低该品牌（例如，称其"廉价""幼稚"等） • 不能在附近商店或网上买到 • 很难/不能在购买之前试用（密封包装，没有镜子）

和购买璀璨美妆产品的重要动力或阻碍。

另一个重要的主题是青少年渴望融入同龄伙伴的团体中。对于这位客户而言，她为合群而做出的部分努力，就是使用适合的化妆品和色号，与其他人保持步调一致。青少年在寻找适合自己的风格时，很可能会试验一系列的色号，因而在一些保守选择之外，她们也乐于尝试一些有趣的、不同寻常的色调。因此，对于这个群体而言，能尝试一系列色号是一项重要的销售驱动力。

购物经历本身也很重要。这些年轻女性在对青少年友好的商店氛围中感觉最舒服，可以在有限的预算中轻松找到并试用产品。青少年常担心选错色号、品牌会影响整体妆容，因此试用产品对于这些首次购买化妆品的消费者而言至关重要。在她们喜欢去购物的商店中，不能找到或试用璀璨的品牌就构成了一个重要阻碍。

很多其他因素也会促进或阻碍渠道内的试用。购买前试用彩妆的一个关键阻碍是化妆品的包装和展示方式并不友好，特别是在销售璀璨产品的普通零售店中。产品都被塑封起来，导致客户根本无法在店里试用，找到合适的色号也更加困难。此外，就像其他时尚类产品的卖家一样，化妆品厂商会不断地改变已有色号，以反映不断更新换代的趋势。因此，过去购买的彩妆产品现在可能早已踪迹难觅。因为这个原因，用户经常更换产品和品牌。

就像玛雅回忆的那样，在讨论这个阻碍时，一位品牌经理激动地说道："现在，我总算理解为什么女性家中的柜子里会有这么多没怎么用过的化妆品了！"因为常常很难确定商店里的那些密封产品真正的色号，女性不得不猜测哪些色号会适合自己，回家试用后，又常常发现她们并不喜欢那些色号。在客户调研过程中，璀璨的经理曾长期观察到这一现象，但是，现在的分析却清晰地表明这一行为背后的原因。

因为这些全新认知，玛雅和她的团队就几个月前争执不休的不同营销方案展开了重新评估。"因为我们从分析中得出了全新认识，这次的对话和从前截然不同"，玛雅说，

> "我们不再讨论要聘请哪位流行歌手或是青少年博主，而是讨论我们该如何影响行为，引导刚入门的客户——通常在其母亲的监督下，购买我们的产品。"

4. 行为改变价值主张

璀璨采用了全新的品牌营销方案，彻底脱离了过去基于纸媒和电视的方案。具体而言，新的营销方案在三个维度做出了重大改变：产品本身、展示方式，以及青少年选购化妆品的情境。

营销活动的第一项内容，就是鼓励青少年在试用璀璨时，关注产品本身。如上文客户叙事所示，对于这些客户而言，想要融入集体和妆容恰当是重要的激励因素。这其中的一项重要元素就是色号选择。除了传统的色调和风格外，年轻女性会被鲜艳有趣且适合她们年龄段的色号吸引。在寻找适合自己的风格时，她们想要试验一系列不同色号，同时避免过于成熟或土气的风格。针对这一现状，璀璨团队增加了受青少年喜爱的鲜艳色号，并且在商店货架上突显这些色号的存在。因为青少年多是进行频繁小件采购，产品的定价被设置在每次选购预算为11美元的范围内，而这一群体一般的预算就是11美元。

战略的第二项改变，就是在那些青少年最常光顾的折扣店和百货商店里，调整璀璨产品在墙上的展示方式。其中的关键在于重新设计展板，让青少年更容易找到适合的色号。为此，团队做出了多方努力：他们重新设计了璀璨的包装，借助更优质的彩印和更高的产品辨识度，更加逼真地反映产品的实际色号；调整产品指南和内页，说明如何利用这些彩妆打造青少年的理想妆容；还在展示点附上信息卡，根据肤质推荐色号选择，帮助年轻女性更轻松地找到适合自己的色号。

团队还采取了进一步的行动，与少数思想极为开放的零售商合作，开展店内实际试用。他们重新设计了这些量贩商店的销售点展台，新增了庞大且显眼的带镜子的展台。展台的镜子很大，可供两到三人同时使用，满足了客户与朋友一起试用化妆品的社交需求。展台还附有不同肤色的年轻女性的照片，青少年可通过观察这些模特的妆容，找到最适合自己的化妆品。在一些零售店，璀璨的展台还提供一些一次性产品小样，供青少年试验涂上这些彩妆后看效果怎么样。最后，璀璨团队认识到，技术，特别是手机，会对青少年客户产生重要影响，因此璀璨研发了一款针对店内试用的手机软件，供客户下载。客户可用这个软件扫描货架上的产品二维码，将这些色号和风格直接搭配在自己的自拍上，观察实际效果如何。

这项全新营销活动的第三个维度关注引导关键影响者的参与。关键影响者包括青少年的直接社交圈，如姐妹、母亲以及向往的同龄人。在设置有趣又吸引人的展台，增强与朋友一起选购化妆品的社交意义之外，公司还挖掘了社交媒体的潜力，将青少年和更大圈子的同龄人联系到一起。借助一款公司自营软件，青少年可以与他人即时分享自己正在试用的产品照片和信息，并邀请他人"对我的妆容打分"。值得一提的是，用户在使用这项社交技术时，并非为了追求社交红人的认可，而是在追求更大的客户同龄人圈子的认可。

璀璨认识到，母亲的角色是十分重要的，母亲既是榜样，也是守护者，常常资助青少年客户的第一次化妆品选购。对此，璀璨研发了一套工具，协助母亲与女儿谈论挑选和使用化妆品的事宜。璨的营销团队还组织了一些特色活动，如在母女常光顾的大型零售商店，举办母女形象大改造活动。通常，这些活动都在夏末开学前举办。

玛雅评论道，

"回顾一下，我们做的一些事看起来似乎是显而易见，但是，如果没有有条不紊地展开研究，没有整个研究过程，那么我们绝不可能做出这些事。过去，我们的成员曾对争论选择纸媒还是社交媒体跃跃欲试，而现在，我们意识到，我们忽略了整个图景中的一块重要内容。一旦我们开始共同研究如何改变销售点的选购行为，也就走上了群策群力之旅。"

5. 有重点地投资

传统方案强调通过媒体扩大品牌认知度，璨则选择大幅调整渠道内购物体验。如上文所述，璨首先关注改变入口点青少年客户（群体一）的行为。在执行全新营销方案的前两年，他们将大部分（65%的）营销支出用在向这一群体的推广上。

随着全新战略开始结出硕果，玛雅和她的团队又将有机增长的经验运用到其他客户群体中。在第三年，他们拓展了营销活动，针对群体二和群体五中繁忙的工作女性，推广璨和琼珍，再次将琼珍的大部分营销支出调离广告投放，转而增强琼珍品牌在客户常光顾的购物渠道中的存在感,让这些工作女性重新发现这一品牌。

6. 本章后记

玛雅要求她的团队弄清客户选购行为背后真正的动力和阻碍。此后,赫莲娜诗蒂克的财务状况发生了翻天覆地的变化。重新设计销售点展台和购物体验后,璀璨品牌再次成为同类产品销量和市场份额的领头羊。在新方案执行的四年中,璀璨的销售额年增长率不断上涨。在这一最初阶段,璀璨品牌的业绩增长了25%(约1亿美元),在青少年市场中的份额提高了15%。市场调查称,璀璨是客户使用过的所有青少年品牌中排名最酷炫的五大品牌之一(见图6.3)。

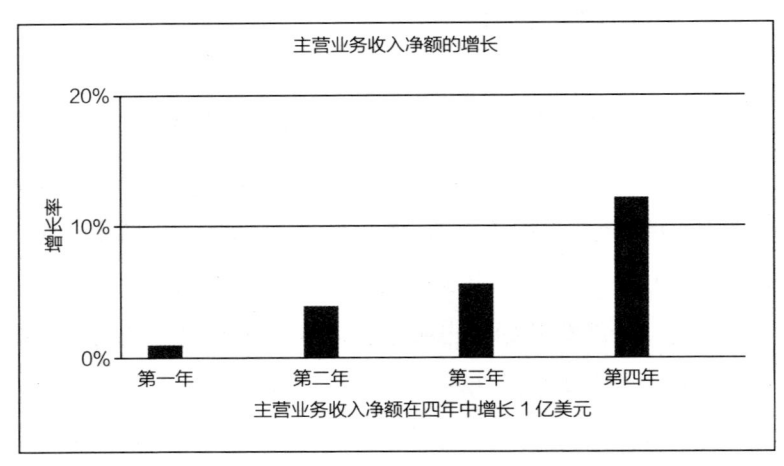

图6.3 重启璀璨品牌的有机增长

第6章 璀璨美妆：当场赢得客户

如上文所述，团队还用同一过程重振正在衰败的琼珍品牌。琼珍主要在中档百货大楼销售。选购过程分析表明，在有小孩的工作女性群体中，该品牌的使用量大幅下滑。这一现象的出现主要是由这群女性的购物场所导致的，忙于工作和小孩的女性，很少在琼珍的销售渠道中购物。

公司制定了全新战略，以便重新赢得这群女性对琼珍的喜爱。公司设计了产品展台，以便提醒这群女性曾经用过这一品牌，可以对其再次尝试。公司还扩大了琼珍的销售渠道，在一些高档的大型零售商店、仓储会员店、独立药店等目标客户光顾的商店上架琼珍。这些努力成功稳住了琼珍的销售局势，琼珍因此重新夺回了其盈利的专业市场定位，再次成为成熟客户的高端产品选择。

第 7 章

第三条原则：发掘目标行为的关键动力和阻碍

在璀璨的故事中,引人注目的关键之处在于,璀璨识别了选购的阻碍,并对此采取了行动。多年来,玛雅·斯通的团队一直在追求增长的正确源泉——品牌选择。他们也大概了解女性从化妆品中渴望得到的结果。此外,他们的营销活动一直以来资金充足、举办良好,都在强调璀璨品牌的优势和价值。和许多产品团队一样,他们希望璀璨的优势可以在女性客户中深入人心,希望女性客户将璀璨列入其购物清单,在购物时一心一意选购璀璨,并最终将璀璨的产品带回家。然而,故事的结局却常事与愿违。业绩的涨跌让人摸不着头脑,广告和促销时而起效,时而徒劳无功。

后来,璀璨的业绩之所以可以走上正轨,朝着更加可持续的增长前进,是因为玛雅认识到,尽管客户乐于承认璀璨对其品牌优势的所有宣传,但仍然不会购买璀璨,除非她们对于产品的关注点也得以满足,特别是使用了那些色号后,她们的妆容如何的关注点。多年来,璀璨团队一直投身建立营销人员所谓的品牌差异化,但是,客户不只会关心璀璨推广的差异化,而是会均衡地看待她们使用过的璀璨和其他美妆品牌的优缺点。女性客户清楚,包装盒上呈现的化妆品效果,或者推广模特的妆容,并不代表自己使用这些化妆品后的效果也是如此。除非她们确信该产品会适合自己,否则她们就会在选购时犹豫不决。她们在决定购买璀璨之前,都已经对化妆品做出了全面、均衡的评估。只有当璀璨团队理解这一点,他们才意识到,必须针对这一采购阻碍采取

第7章 第三条原则：发掘目标行为的关键动力和阻碍

行动。实现快速持续的增长，在强调产品优势的同时，关键在于要调整其市场推广方案，减少阻碍。

减少或消除试用和选择品牌的关键障碍并非易事：玛雅的团队不得不彻底调整璀璨的市场推广方案，以便客户可以进行方便、廉价的选购前测试，确定璀璨的色号是否适合她们的形象和肤色。团队重新设计了包装，以便客户可以更轻松地看到产品本身的色号。团队将资金从广播和纸媒广告上转移到社交媒体（"试试看"软件）和店内柜台，还调整了产品本身（如丰富了色号）。改变璀璨的价值主张，用这些方式同时应对阻碍和动力，让璀璨收益颇丰。如上一章所述，璀璨品牌重新夺回了产品销量和市场份额的领导地位，在调整后的三年内，销售额增长了25%（超过一亿美元）。

璀璨团队发现，全面地识别关键动力和阻碍，可以提供实现业绩快速增长的必要信息。本章就探讨如何发掘这些关键动力和阻碍。简而言之，关键就在于，要深刻、全面、均衡地理解客户行为动机。在过去二十年中，我们完善了一套三要素构成的方案，可以帮助发掘客户行为改变的动力和阻碍。第一个要素是客户行为框架。要围绕客户决策背后的成因构建客户行为框架，并据此框架询问并回答关于每个市场群体的提示问题。第二个要素是客户叙事，即将通过客户行为框架获得的深刻认知，汇编成每个客户群体的解释性故事。第三个要素是提炼出每个客户群体关键高产行为的动力和阻碍。以上三个要素可发挥微妙却重要的转折作用，借助这三个要素，营销人员不再只是单纯理解为什么群体中的客户会表现出特定的行为倾向，还会认识到该采取哪些行动，去影响并改变这些倾向。

1. 传统观念

尽管对于很多营销人员而言，我们提倡的客户调研类型看起来似乎司空见惯，但是，实际上，我们的观点与许多公司采用的方案相去甚远。常见的方案是汇编每个群体中客户的产品偏好、价值观、生活方式，和人口统计学特征的信息，据此建成客户群体概况或形象。随后，企业从这一概况中发掘重要认知，指导如何在客户心中突出其产品优势。然而，在营销人员常使用的研究和发掘客户行为重要认知的方法中，却存在三个微妙却危险的盲点。

在这个方案中，第一个，也是最危险的盲点是，在很大程度上，概况都以产品为中心，忽略了客户身份的作用。营销人员关注的核心是产品或品类，只描述和分析与产品或品类相关的客户行为。第二个盲点是客户概况，以及从概况中获取的深刻认知总是关注产品优势，即选购和使用产品时可带来的收益，却疏忽甚至完全无视了负面信息，即客户在了解、发现、选购和使用产品时面临的困难。第三个盲点是即使认识到这些负面信息，营销人员也会重新界定这些信息，随意将其认定为推动（或阻碍）商业往来的相关事务。

2. 产品中心论

一般而言，客户群体概况可细致描述某一客户群体中的客户如何看待一个品类以及该品类内的产品或品牌。在这些传统概况中，最受重视的资料是那些关于客户何时、何地、多么频繁地使用该产品，以及客户对该产品态度的资料。传统方案常会针对产品的功能和特征中特定元素的相对重要性，以及客户对任一产品相对于同类产品和产品预期的表现评价，对客户展开细致的调查。例如，我们曾看到，汽车厂商制作详尽的调查问卷，来询问客户关于引擎尺寸、马力、座椅个数、轮胎尺寸、气囊个数、通信系统等方面的态度。同样，我们也曾见到，采矿设备和机床厂商不遗余力地记录客户关于其推土机或数控机床功能和特征的打分。

当然，通常而言，传统概况也的确可以获得关于客户本身的信息。高质量的传统概况可以在一个层面提供群体中客户的描述性信息。在"商对客"市场的客户概况中，描述客户时主要突出客户群体的人口统计学特征，如年龄、性别、种族和收入，同时还可能涵盖客户价值观和生活方式的信息。在"商对商"市场的客户概况中，描述客户时则主要介绍群体中企业的规模、运行模式和其他特征。有些概况可能会更进一步，通过添加关于客户核心价值观和活动的更多信息，并将这些信息组织成一个故事，描述一位客户一天的生活，试图做到以客户为中心。然而，不论是基础版本，还是复杂版本，传统的客户概况从本质上讲，都是以产品为核心的。在很大程度上，这些概况提供客户信息，都是为了弄清谁是产品偏好和态度的主人，以及描述产品在他们的生活中是如何使用的。

这种类型概况的问题或盲点就在于，不管概况中包含多少客户身份的资料，概况本身都非常局限，会导致某种"管道视野"。显而易见，弄清人们想要在产品中得到或期待什么，并向他们展示你的品牌具备这些特性，至关重要。但是，这些信息却只提供了开启快速持续增长的部分认知。读者还需要理解更大的背景，弄清在客户喜好和客户真实选购过程行为之间的可能障碍。

3. 动力偏见

传统方案的第二个盲点是其过度关注产品优势。传统概况或形象不仅将读者的注意力局限在产品上（忽视了选购过程的其他方面），而且包含了一种强烈的优势偏见。概况中资料的设置方式，是对比客户对某一品类中不同产品的观感，以帮助突出该产品相对同类产品的优势。这其中的根本问题在于，实际上，客户会均衡、两面地看待各品类和产品。特别是在成熟的、竞争激烈的市场中，客户可清晰明了地看到并记住每个产品的优势和劣势、长处和不足。此外，客户在选购产品过程中的积极和消极体验，同样会强烈影响其对于产品本身的观点（见"忽略买家行为的负面"栏）。

第 7 章 第三条原则：发掘目标行为的关键动力和阻碍

> **忽略买家行为的负面**
>
> 在航空旅行的案例中，就可以看到只关注或主要关注积极面的局限所在。许多航空公司的营销活动都关注飞行中体验的质量、奖励计划、全球伙伴网络的覆盖面，或准点起飞数据等。然而，对于许多乘客而言，重点却在于减少整个计划和旅行过程中的麻烦。他们注意的并非航空旅行的舒适，而是潜在的麻烦。例如，我能搞清楚怎么在航空公司网站上购票吗？保险条款复杂吗？我的航班会延迟吗？我能把行李放到头顶上方的行李架吗？航空公司若只关注航空旅行的优势，忽略其劣势方面，就会难以构建有效的增长计划。

4. 推动商业往来

当然，管理团队和管理学研究人员都没有完全忽视客户概况反映的负面体验。然而，在我们看来，传统方案并没有足够重视这些发现，也没有针对此采取足够多的行动。一般而言，（只有）产品研发团队注意那些客户对于产品本身不满的发现。然而，在大部分情况下，企业通常将客户负面体验定义为推动商业往来而处理的问题。在很多情况下，这就导致企业忽视了关于真实增长障碍的重要的现实信息。

在推动商业往来的背后，有一系列的思考和实践，核心就在于帮助企业减少那些影响客户渴望选购其产品的阻碍。在电话响三声之内接起、销售人员手头或快速反应的网站上有客户采购完整记录、有现货等，都是推动商业往来的例子。这些及其他措施的确可以深刻影响客户观感，有力减轻或抵消客户的负面体验。

"推动商业往来"方案的问题在于，方案所提示的措施，并没有特别针对可推动增长的客户群体或高产行为。学术界一般将推动商业往来定义为商业卫生问题。其背后的假设是，企业应该为每位客户提供一系列的政策支持和服务，但是这一观点并没有被提出，应对特定客户高产行为给予特别重视，而且推动商业往来的政策，很少区分不同客户群体的需求。因此，尽管减少负面体验的整体措施几乎都能发挥一些作用，但是营销团队却仍对反复无常无法预测的客户行为感到困惑不解。尽管企业在不遗余力地采取所有正确措施，但却仍不能如愿实现其增长计划。

尽管带有以上局限，但是越加重视推动商业往来，也可帮助企业向正确的方向迈进。采用了这些实践的企业认识到，除了突出和推广产品优势外，他们还需要做出更多努力，处理用户选购之旅中的阻碍。我们的经验表明，消除或减少客户做出高产行为的阻碍，是实现增长的最保险、也是最好的方法。事实上，我们已经发现，减少重要阻碍是大多成功的增长计划的重要核心。书中的方案拓展了"推动商业往来"的逻辑，将注意力和资源集中在那些最重要的理想客户行为的动力和阻碍上。

5. 方案：行为改变的动力和阻碍

我们的方案在许多方面有别于传统方案。传统方案关注理

第7章 第三条原则：发掘目标行为的关键动力和阻碍

解客户喜欢或不喜欢一个品类或一个产品的哪些方面，并利用这些认知制定产品定位，而我们的方案则提倡团队去汇编、分析客户资料，以便解释为什么客户会以特定频率做出目标高产选购行为。这些认知可提炼成关键动力和阻碍，指导设计综合营销活动，提高每个群体中客户做出高产行为的频率。

我们的第三条原则就是要采取行动，发掘（并清晰表述）这些动力和阻碍。就其本身而言，第三条原则代表了书中的一个重要拐点。书中该过程的前半部分，关注于定位高潜力的行动方向目标：高产行为，以及有高倾向做出这些高产行为的客户群体。书中该过程的后半部分，则关注于制定一系列统一的行动方式决策，也就是找到最适合每个目标群体的产品供应方案、宣传信息、产品和营销／销售组合。第三条原则下的方法和工具，是确定行动方向和确定行动方式之间的桥梁。这一桥梁的一个支柱就是深刻、充分地理解客户行为动机，随后也就自然引出了第二个支柱，即确定通过改变哪些方面，可以引导客户向着对企业有利的方向改变行为，也就是我们所谓的动力和阻碍。

要切实可行地认识哪些因素会影响客户决策，需要一个三步走的过程，如图7.1所示。第一步是收集、记录解释某一群体典型选购行为的全面资料，并借助客户行为框架，整理分析这些资料。第二步是整合发现结果，制作一个通俗易懂、切实可行的模板，形成客户叙事。第三步，也是最后一步，是提炼客户行为框架和客户叙事中得出的认知，制成一个涉及两方面的列表，说明哪些单独的、具体的因素会有力地激励高产行为（动力），哪些则会打击高产行为（阻碍）。

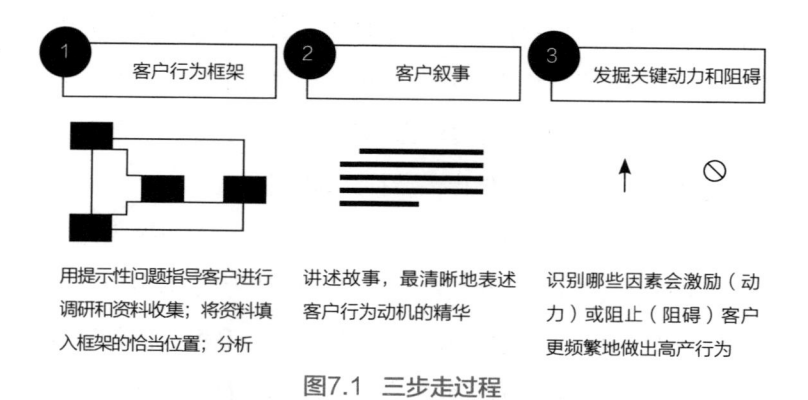

图7.1 三步走过程

1. 客户行为框架：用提示性问题指导客户进行调研和资料收集；将资料填入框架的恰当位置；分析
2. 客户叙事：讲述故事，最清晰地表述客户行为动机的精华
3. 发掘关键动力和阻碍：识别哪些因素会激励（动力）或阻止（阻碍）客户更频繁地做出高产行为

我们方案的分析核心在于客户行为框架。构建客户行为框架是最耗时、也是最困难的一步。客户行为框架是一个图解模型，凝聚了过去20年中，客户心理学、行为经济学和认知心理学的研究成果，识别了影响客户决策的主要因素，以及这些因素之间的相互作用。客户行为框架认为三个因素——客户所处的社会和物理背景、客户预设的认识和态度、客户在选购过程中的理想体验，可以共同解释每个群体中客户参加各类选购过程活动、选购特定产品的频率。

客户行为框架的结构大致反映了客户在进入和通过选购过程时的思维方式。客户行为框架假定，客户（在购物时）所处的社会和物理环境会对其心理产生影响，可同时激发两种心理过程。首先，客户在商店、网站或企业等渠道选购产品时，这些场所的特征等因素会使客户联想到之前类似的经历。物理背景影响客户在第一时间想起哪些往事、做出什么联想，进而决定了会勾

第 7 章 第三条原则：发掘目标行为的关键动力和阻碍

起客户关于某一活动或产品优劣的哪些预设认知和态度。第二，这些因素会让客户设想，在那种情境下，自己最想遇到什么，换句话说，会让客户在选购过程或使用产品时，确定自己的理想体验。随后，客户就会将现状与记忆和期待对比，权衡判断，做出决策。当然，在现实中，这个思考过程并没有这么条理清晰。从增长战略的角度来看，重要的是要认识到，每个群体的典型行为模式和结果，都是这一思考过程的结果，而当下背景会塑造和推动这个思考过程。背景既影响客户关于产品和选购过程活动最深刻的印象是什么，也会使他们认识到自己真正想要什么。在特定情况下，改变背景，例如改变选购过程发生的场所和客户的陪同人员，常会改变客户的理想体验及选购行为。同样地，背景改变，客户关于产品或选购过程活动功效和价值的看法也会随之改变（或者更准确地说，客户对于产品功效和价值的印象也会随之改变）。

　　完成版的客户行为框架相当于一个内容丰富的文档，其中包含许多独立的事实。要据此产生真知灼见，还需要整合群体中客户的行为动机。我们已经发现，用讲故事的形式整合信息，最有效，也最有用。客户叙事用故事的形式生动地重建了在客户心中，三个客户行为框架因素的相互作用，尤其可以帮助团队理解在客户调研过程中，有时会观察到奇怪或矛盾的行为。例如，借助客户叙事，璀璨团队认识到，一名大龄女性虽然不常买璀璨的产品，但仍然可能就像她说的那样，非常喜欢这个品牌。在为这一客户群体制定了客户叙事后，璀璨团队终于看到，在很多情下，这些客户会认为，购买璀璨或不切实际，或会释放错误的社交信号。璀璨团队的经历屡见不鲜，因为叙事以真实故事的形式揭示了深刻的认知，引人入胜，令人信服。相比数字和表格，用故事表述观点和结论会影响更加深远，人们的印象也会更加深刻。

过程的第三步，列出动力和阻碍，需要提炼表述观点，而非产生新的观点。第三步的目的是分解客户叙事中对群体行为的整体说明，形成关于改变群体行为的一系列独立、具体、可行的要求。每个动力或阻碍都应把握一条（最多两条）关于客户所处情境、认识或期待的有意义的线索。团队必须针对这些线索采取恰当的行动，才能改变客户行为。例如，恩塞维团队筛选的一个阻碍，是节能项目是否满足设备经理可自行支配的预算要求。他们发现的另一个意料之外的动力是，开展节能项目可在多大程度上帮助提高其在同行中的声望（见"选购行为的五种阻碍"栏）。

选购行为的五种阻碍

消费者心理学和行为经济学文献，以及我们的自身经验都表明，尽管几乎所有因素，都可构成选购过程行为和产品采购的动力或阻碍，然而最常见的影响因素可按照逻辑分为五种。最容易理解和发现的是物理性阻碍，例如，客户不能到达产品的销售渠道、产品脱销、产品规格不合适，或产品不具有某种重要功能等。第二种是经济阻碍，也很常见，相对明显，即产品初始采购价格、产品生命周期成本，或选购过程中参与特定步骤的时间机会成本等。第三种动力和阻碍是信息来源的本质、可获得性和可靠性，相对微妙，难以察觉，例

第 7 章　第三条原则：发掘目标行为的关键动力和阻碍

> 如直接试用品牌的难易程度，和品牌的实际用户交流等。第四组动力和阻碍更难察觉，却特别重要，即社交或心理考量，包括客户向往或想留下印象的对象很少使用该产品，或客户想避免与偏爱特定产品或解决方案的上司发生冲突。最后一种是制度阻碍和动力。有些制度阻碍和动力来自企业外部，例如，有规定要求企业做特定类型的检测，或文化规范对购物时良好体验的定义；有些则来自内部，如来自企业的组织结构或激励制度，或家庭的规模和人员组成。

总体而言，动力和阻碍就是依照第三条原则建立的桥梁主体。实际上，某一客户群体的动力和阻碍表单，只是需求文档的初级版本，还需要更多内容，才能指导团队开展营销活动，实现那一群体中业绩的加速增长，我们将在第9章对此展开更加详细的说明。每个动力和阻碍都描述了某一群体中客户思考（或环境）的某个方面，一旦被增长行动的某些元素改变或调整，就会大幅提高客户做出高产行为的频率。如果营销活动可以减少客户行为的阻碍或加强其动力，就会显著加速业绩增长。

6. 第三条原则说明

按照第三条原则，团队不再关注做出确定行为和客户群体的决策，转而开始关注如何提高高产行为的频率。从本质上讲，第三条原则是一条促成原则，可以帮助团队发现并关注客户行为的认知，指导并助力团队后期做出关于产品供应方案、宣传信息和推广活动的取胜决策。

第三条原则就是理解客户在整个选购过程的所思所想。当然，关于这个领域，人们至今仍然没有完全弄懂，但是已经取得了巨大的进步，足以准确（尽管还不够精确）重建客户决策过程。要重建客户决策过程，需要一些全新的方案和框架，以及大量的工作。为此，我们首先收集、整理、分析了关于客户行为动机的资料，然后将这一认识转化为切实可行的方案，供经理们使用。

7. 第一步：完成客户行为框架

如上所述，客户行为框架是一个多因素解释性模型，在两个方面与实践中见到的其他客户决策模型有所区分：第一个，也是最重要的区别是，客户行为框架的主要目的，是解释选购过程中的客户行为，而非解释客户产品偏好（虽然在解释过程也包含了这一点）。第二个区别是，客户行为框架将客户的即时背景，即社会和物理背景，视作客户决策的关键因素，甚至是最关键因素。

客户行为框架模型很难解释，也很难构建。就如其他有两面性的多因素模型一样，如果不能完全掌握客户行为框架的每个组成部分，就很难理解整个模型的运作方式。然而，一旦理解了整体运作方式，又能极大助力理解每个部分的原理和内容。在这一部分，我们将从个体部分入手，分别探讨每一部分的内容和构建方式，然后说明如何整体运作。

图7.2展示了客户行为框架的四个元素，以及它们的相互作

第 7 章 第三条原则：发掘目标行为的关键动力和阻碍

用：背景、预设认知和态度、理想体验共同解释了每个群体特有的实际选购过程行为和选购结果模式。这些因素在本质上内容很宽泛，每个因素都试图体现或整合一项相对宽泛的客户活动或想法，因此，每个因素下都有一系列提示问题，宽泛却有力地指导团队确定调查和研究对象，以及可省略的内容。

注意，尽管可以针对整个市场的客户行为展开研究，但是仍应该在单个客户群体层面构建客户行为框架。在选购过程中，每个客户群体都展现了不同的选购行为和做出高产行为的不同倾向。我们的目标就是要理解影响特定群体典型行为模式的因素。框架的最后一格，客户行为和结果，本质上构成了一个问题陈述——是其他格子尽力解释的问题。因此，我们将从这个格子入手，解释整个模型。

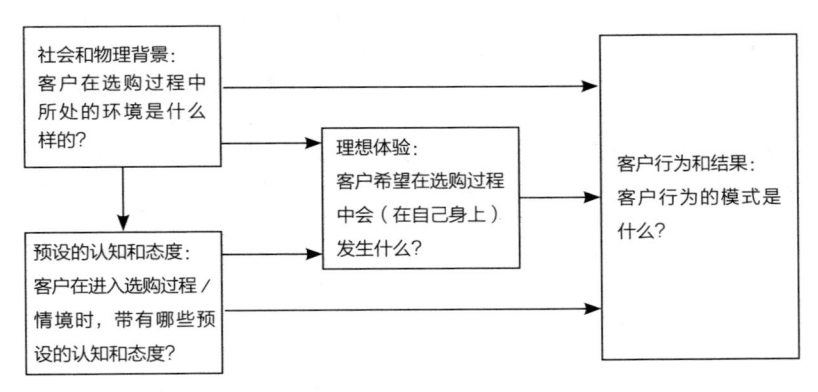

图7.2 客户行为框架

第一步（1）：记录行为和结果

客户群体的客户行为框架的核心在于，清晰、定量地陈述客户在选购过程中的实际行为，找到行为和结果的模式，而客户行为框架的其他内容，就是要试图解释这一模式。如表7.1所示，行为和结果的提示问题反映了团队应努力收集的信息类型，涉及客户采购和使用产品的方式、时间和场所。

表7.1 提示问题：客户行为和结果

选购过程行为	选购行为
● 不同情况和/或场合激发选购过程的频率是多少？ ● 在每个阶段，有多少客户参与或退出选购过程？ ● 客户是否会在不同阶段间反复？如果是，客户在哪些阶段间反复？这些循环的发生频率是多少？ ● 在每个阶段可供客户选择的多项活动中： 　■ 有多少客户进行了一项活动？两项？三项？等等。 　■ 客户进行一个阶段内活动的频率是多少？ 　■ 对于进行多项活动的客户而言，这些活动中是否存在一致的顺序？ ● 某一特定选购过程活动的阶段间"路径依赖"如何？也就是说，在进行一项活动的客户中，有多大比例会进入下一阶段？会进入下下阶段？会真正购买产品？会购买某一特定品牌？ ● 客户有哪些信息来源——整体和每一阶段？ 　■ 有多少信息来源？ 　■ 哪类信息来源用于获得哪类信息？（例如，客户通过网站获得产品和价格信息，却通过直接打电话评估产品质量？） ● 客户通过不同信息来源获取信息的频率如何？	同一品类内 ● 选购产品/品牌不同场所和方式的分布如何？例如，在规模和数量等方面，有多少产品，是通过网络、商店、分销商等购买的？ ● 同品类内，选购不同品牌/产品的分布如何？ ● 客户选购这一品类的频率如何？选购特定品牌或产品的频率如何？ ● 客户会购买（同一品类内）多少种品牌或产品？ ● 客户何时采购？采购有什么时间规律？如每天、每周、每月、每年等。 ● 客户更换公司和/或品牌的频率如何？更换有什么时间规律？产品/品牌的更换有什么时间规律？ ● 特定时间点，以及长期的采购规模分布如何？按照数量、花销和单位等。 　■ 每次采购的总量 　■ 每次采购的格式或包装尺寸 ● 多少选购是交易型的？多少有签合同？在选购的数量/单位/花销方面，两种选购类型的比例如何？ ● 什么事件或情境触发了选购？选购发生时，买家和卖家双方还有何人在场？

第7章 第三条原则：发掘目标行为的关键动力和阻碍

（续表）

选购过程行为	选购行为
● 评估或分析产品或服务时，都进行哪些 / 多少测试？测试是正式的还是随意的？测试样品的频率如何？在何种情况下会测试样品？ ● 每个阶段进行哪些测试？ ● 客户一般使用哪些选购渠道？使用每个渠道的频率如何？相比其他情况，在特定触发状况下，客户是否会更加频繁地光顾特定渠道？	替代品类间 ● （在特定诱因 / 目的下），不同功能性替代品之间的选购比例如何？即不同品类的选购比例如何？ ● 客户选购替代品类的频次？选购多少？ ● 客户何时以及以什么方式选购替代品类？ ● 客户多久在当前品类和替代品类之间更换？

通常而言，要记录一个群体的选购活动，应该识别客户查看过的所有媒体，到访过的所有渠道、咨询过的所有信息来源，以及这些活动的频率和强度；要记录发生过的各种试用、测试、分析活动（如构建和使用成本模型），以及相关频率；还要记录选购过程的参与者何时且多久聚在一起，讨论可能的选购，以及参与者都是何人；还要清楚识别在哪些环节，客户会停止查看，退出选购流程，以及相关的客户数量和退出频率。

例如，对于恩塞维团队而言，在总结群体三的行为和结果时，他们注意到，这些客户有95%的概率会在早期咨询卖家，主要通过阅读白皮书、行业展和行业杂志的文章展开调查；客户有70%的概率决定开展实际项目，但只有38%的概率会进入正式发出征求建议书环节，邀请多家卖家共同竞标；客户有75%的概率会最终选择早先咨询过的卖家。而当恩塞维团队记录群体八的选购活动时，这一模式则发生了变化。群体八的客户早期咨询卖家的频率大大降低，只有45%；他们大多（90%）通过互联网展开调查；60%会进入正式发出征求建议书环节，几乎邀请所有认可的卖家参与竞标。客户行为框架的设计就是为了解释这些群体间不同的行为模式。

记录不同群体的实际选购，即选购结果时，应保持内容范围和深度的一致，应列出选购了哪些产品、选购的人物、地点、时间、数量和价格，并记录选购或使用的特殊状况，如有促销活动、有影响者在场，等等。

在不同群体中，和选购行为的模式一样，选购和使用结果的模式也会千差万别。每个群体都会有一套独一无二的典型行为和结果模式，应对此完整记录。下一步就是要重建这些独特行为背后的影响因素。

第一步（2）：明确客户理想体验

倒着研究客户行为框架，我们最先看到遇到的解释性因素是客户的预设认知和态度，以及他们的理想体验。我们会在下文谈到，这两种因素就如剪刀的双刃般发挥作用，对于客户的决策都至关重要。相比之下，客户理想体验的概念更生疏些，所以我们先讨论这一点。

传统观念大多依靠狭隘的产品中心论来理解客户的不同渴望，而我们对客户理想体验的定义内容则更加宽泛。行为经济学和认知心理学研究中，一项重大的荟萃分析发现，客户在做出选购决策时，并不只关注，甚至不主要关注产品及其特征；相反，客户想的是在选购过程中或身处选购过程的某一环节时，希望自己身上能发生什么，他们考虑的是他们在当时当地想要的体验是什么。我们把这一点总结一下，就是客户认为，获得理想体验就

第7章 第三条原则：发掘目标行为的关键动力和阻碍

是自身的胜利。这种理想体验或许包含收获认可，或融入团体，或只是简单的自我价值感。他们在选购过程最后选购的产品也许会影响这种体验，或积极，或消极，或大，或小。换句话说，产品的重要性只体现在其能帮助客户接近、获得理想的体验。

客户行为框架中，理想体验阶段的一系列提示性问题（表7.2）覆盖面较广，本质上并不以产品为中心。大多问题涉及个人渴望从情境中获得的人本体验的结果——自我提升、获得尊重、感觉亲近等。还有些问题涉及品类和产品。这其中，有些是经典类的问题，如"你认为这个特征相对那个特征有多重要？"但是大多产品相关的提示问题都是讨论产品在帮助客户获得理想体验中扮演的角色。

表7.2 提示问题：理想体验

理想体验	
• 在客户心中，自己所处的情境是什么样的？ • 在客户心中，身处当下情境或背景，开始选购过程是为了实现哪个或哪些目标？换句话说，采购过程（超越采购之外）的真正目的是什么？ • 客户如何衡量或定义目标的成功实现？定性和/或定量？ • 在整个选购过程中，或在选购过程的某些活动中，和/或因为整个选购过程或过程中的某些活动，客户希望自己身上发生什么（或能实现什么）？例如，改变地位/声望，改变角色或定位，获得更多自由，降低风险等。在客户进行各种活动时，以及在整个过程中，客户对自身成功的定义是什么？	• 选购过程的核心品类在哪些方面影响了他们的总体目标？ 　■ 客观和主观：该品类/产品是扮演重要角色还是关键角色？这个角色的本质是什么？换句话说，该产品/品类能为目标或目标的结果产生什么积极作用？ 　■ 要实现该目标，还需要其他品类/产品吗？它们有多么重要？ • 选购过程某一阶段/活动的体验中，哪些方面是最重要的？如，活动可以体现美学、效率、效用？客户如何评价这些特征？ • 产品/品类的哪些方面是最重要的？换句话说，客户期望得到什么功能、美学、情感的收获？哪些收获是最重要的？

璀璨的故事清晰地表明，考虑购买口红或指甲油的年轻女性并不会顺着某一产品的特征（如涂抹顺滑、完整），认识到购买使用这一产品，会让自己变美。她们最想要的是妆容适合自己，就个人而言如此（如妆容适合她们的发色或肤色），作为团体成员也是如此——要符合家庭（母亲、姐妹）或朋友、或渴望交朋友的人的风格。无论是在购物时，还是在其他地方，她们都希望指甲油或口红可以帮助获得其合群的理想体验。

在"商对客"市场中，可以更轻松地理解和接受这一概念，识别情境理想体验是客户决策的关键因素。这一观点常被描述为"基于场景的营销"。但是，在整个"商对商"市场中，情境理想体验对于客户决策而言，同样至关重要。即使是在为企业采购而进行的选购过程中，尽管本应由理性的成本收益分析作为主导，但是严格来讲，关键的决策者和影响者（如采购经理或设计工程师）渴望从选购过程中获得的东西仍与产品本身无关。相反，他们对于成功的定义是规避风险（即提案不会让他们陷入麻烦，甚至失业）、达成业绩目标、获得专业同行的认可、或渴望提升等的某些组合。这些就是"商对商"市场中客户所有想要的人本体验结果。设计工程师在评估供应商的材料或部件时，会希望找到一种方式，设计出巧妙有用的东西，并由此获得认可，而产品的重要性只体现在可以帮助他们得到这一认可上。

现在，应该可以清楚地看到，我们的方案和传统观念对客户渴望的理解存在一个微妙却重要的区别。传统方案认为，客户决策关注品牌，不关注情境，而我们却认为客户决策受情境影

第7章 第三条原则：发掘目标行为的关键动力和阻碍

响，而不受品牌限制。传统方案假定，客户想要的是特定品牌或产品的特征和功能，就如同收获阶梯框架展示的那样，传统方案假定，客户会顺着阶梯向上进行理性分析，首先是产品的具体特征，然后是产品创造的某种终极状态，如美丽、财富等。这种产品为主的观点认为，对于客户而言，产品创造的终极状态总是唾手可得，总会让客户称心如意。

相比之下，我们的方案从客户和情境开始，逆向施策。我们已经认识到，客户的渴望取决于他们当下的行为、同伴和所处情境。实际上，客户所处情境改变时，他们的理想体验也会随之改变。每种情境下，客户心中都有一套关于自身成功的定义（与产品无关），而他们想要一个产品，甚至想要任何产品，都只是因为这个产品可以帮助他们获得自己定义的成功。他们不会从产品特征开始，拾级而上，最终实现某些结果。相反，他们会先定义自己的理想结果，然后问自己，产品或选购过程能否帮助自己实现这个结果。

我们所有的客户故事都展示了这种注意力的转变。例如，在泰拉斐的故事中，团队认识到，在年度体检中，目标群体中的患者最想得到的体验之一就是可以确信他们有在好好照顾自己，他们想要通过管理好自己的健康，让自我感觉良好。

在客户行为框架中，理想体验与预设认知和态度都是客户决策不可或缺的部分。如图7.2所示，二者都会直接影响客户行为和结果，但是理想体验是最重要的部分，因为正是由于客户追求理想的体验，才使得整个决策过程得以运行。

179

第一步（3）：记录预设认知和态度

在客户行为框架中，预存的信念和态度揭示并记录了客户对过去活动或采购的印象。客户会将这些印象带入新的、当下的决策过程，而这些印象会在客户决策过程中发挥至关重要的作用。在决策时，客户会用其在新情境中的目标，即理想体验，对比其对该情境的期望，而客户过去的印象则会决定其对于特定活动或产品的期望，我们将在下文深入探讨这一话题。

相比普遍认知，现代对于记忆是如何创造、保存和维持的研究，其实更加精细复杂。历史上，记忆曾被比作一个迷你档案柜或储存器，其中包含数十亿的文件夹，每个文件夹都记录了关于产品性能、选购过程活动的用处、道德观等的一条独立事实、结论或感受。按照这一记忆运行的观点，让客户说明他们关于产品或选购过程活动经验的细小片段非常合理，例如，可让客户对单个产品特征打分并排序，或描述自己认为最重要的道德观是什么。但是，这种记忆的原子模型并不全面，极具误导性。事实上，人类记忆在很大程度上是联想性的。当人们经历或了解某活动或产品时，他们会吸收并存储活动或产品本身，以及周边相关的一系列图像、感受、结论和观点。

打个比方，人们的记忆看起来就像是一张张大网。每张网都包含人们吸收的关于活动周边的情境——时间、地点、人物、噪声、色彩等的资料片段，并将这些片段和人们对于活动（好坏）结果评估与相关（正负）情感的资料片段连接在一起。例如，一名年轻女性在商店中查看货架上不同品牌的口红时，她头脑中就

第7章 第三条原则：发掘目标行为的关键动力和阻碍

会想起，她上次购买使用某品牌时是和谁在一起，是什么时候，涂好这个口红有多么棘手，这个口红有多么油腻，朋友或母亲对她的新妆容的负面评价，她对这些评价的感受，以及她对所在商店口碑的评价，她之前在这家商店购物时的收获（或挫败），等等。重点是，人们会将过往形成的认识和态度，带入全新的选购过程中，他们在记录、理解和应对产品性能、价值观等问题时，并不是处于完全独立真空的状态。事实上，正因为客户对事件的认识和态度紧密相连，我们才开始质疑营销和销售部门专注于（只）传达产品优势的传统做法，才最终认识到必须要对动力和阻碍同时发力，才能让客户回心转意，改变行为。毕竟，客户在考虑去某一特定商店，或考虑购买某一品牌时，会立刻想起经历过或了解到的所有相关正反面信息。因此，若只向客户宣传正面信息，会被客户认为不真实，甚至是不可靠。

显而易见，客户记忆的联想本质不仅会影响该收集材料关于其预设认知和态度的信息，还会影响这些信息的收集方式。毫不奇怪，如表7.3所示，大部分关于预设认知和态度的提示问题，看起来都大同小异：都涉及客户关于品类与品类内产品和品牌的态度。但是，还有很多提示问题探讨选购过程中不同活动的角色、功效和价值，例如客户认为在获取不同类型信息时，哪些信息来源最可靠，或哪些销售渠道最好找或最友好。尽管传统规划常将这些问题当作装饰品，但是关于客户对于所在情境印象和感受的提示问题也同样重要，也就是要弄清，在选购过程或产品使用中，客户与同伴关系的性质和紧密程度，客户身上来自组织或社会的激励和限制，以及／或客户对于生活和工作的基本期待（见"更广泛的客户认知"栏）。

> **更广泛的客户认知**
>
> 　　团队不仅需要大幅扩充客户资料的收集类别，还要改变他们收集、记录、呈现资料的方式。企业客户调研的方法，从"商对商"企业的"顾客心声"调查，到"商对客"企业一系列调查手段，大都局限在关注认知的深度上。客户调研和问题都关注客户体验中的明确的片段，让客户回忆对于品牌甲和品牌乙每个单独特征价值的看法，并对其打分，或者询问客户对某一商店产品选择的满意度，其限制了问题的对象（某一特征、功能或渠道的特点），以及客户的回答内容（只能回答有／无价值，而不是让他们想起妈妈会做的事）。因此，这类调查和问题不能整体把握客户对于某些事件的真正印象，也忽视了这些印象的联想本质。幸运的是，还有一些更加全面综合的研究方法，例如，隐喻抽取术可用于更加准确地绘制客户记忆。通常而言，相比传统基于面板发送邮件的定量调查，使用这些手段成本更高，更加烦琐。然而，相比之下，这些手段带来的收益也大得多。我们并非认为该抛弃传统方法，而是认为应该减少传统方法的使用，将更加综合的调查方案结果作为客户行为框架的认知和态度环节的中心。

第一步（4）：描述社会和物理背景（情境）

　　在客户行为框架中，社会和物理背景部分可能是其最独特，也是最重要的内容。其独特之处在于，在我们的实践观察中，大

第 7 章 第三条原则：发掘目标行为的关键动力和阻碍

表 7.3 提示问题：预设认知和态度

产品和渠道	选购过程	通用
●对于如下内容，客户关于可获得性、功能、特点、性能、短期和长期成本、生命周期成本，正面和负面印象与期待： ■ 企业的产品／品牌 ■ 对手的产品／品牌 ■ 企业／品牌所在的品类 ■ 替代品类或其他相关品类 ● 客户认为何时何地选购或使用这一品类最合适？何时何地选购或使用这公司品牌最合适？ ● 在客户心中，会最容易将产品和哪些（产品选购或使用的）背景、情境，和／或经验和产品联系起来？ ● 客户认为，购买或使用产品的行为，体现了买家或使用者的哪些特点？如果客户自己购买或使用，那么客户会表现出哪些特点？ ● 对于选购过程中采用或可选的多种渠道，客户关于其可获得性、易用性／便利、功能、特点、性能、成本的正面和负面的印象与期待是什么？在绝对层面和相对层面各是如何？	● 对手知下行为，客户关于可获得性、功能（即产出）、效果、信誉度／名声的正面和负面印象与期待： ■ 进行每个基础阶段（如研究阶段或评估阶段等） ■ 在每个阶段中，进行所有的可能活动（如网上搜索、与朋友交流、与父母交流、阅读杂志等） ● 进行该阶段或活动时，和一人或多人一起，客户对于可获得性、功能等的印象和期待会发生改变？如果会，会发生哪些改变？ ● 客户认为，选购过程中的活动体现了当事人的哪些特点？（例如，穷尽测试可说明当事人的哪些方面？） ● 客户认为，自己在选购过程中的角色是什么？ ● 客户认为，在何时、何种背景或情境下，进行一个阶段或进行特定活动的特点最合适？最有意义？ ● 对于选购过程中的其他参与者，客户一般的态度、印象和期待是什么？正面和负面各是如何？	● 对于产品／品类的经费，或者产品／品类成本等，客户是否会在内心算一笔账？为什么？ ● 对于购物／选购等对其生活的作用和价值，客户的一般态度和认识是什么？ ● 客户的教育背景和／或工作背景会在哪些方面影响客户采购或使用／耗用产品的方式？ ● 客户是否通过过去某些活动的学习，认定一些活动的标准操作？（例如，有法律背景的人认为书面记录很重要。）

183

多解释客户决策过程的传统方案要么不考虑这些因素，要么只考虑这些因素；而其重要之处就在于，有充分的证据证明，人类决策本质上讲是依赖情境的。多场实验表明，即使是轻微改变人们的物理环境（如背景音乐的节奏、房间的色调或整洁程度、空间的明亮度），或人们所处的社会背景（如他们在组织内的汇报关系、购物时是与朋友一起还是与亲人一起），人们的决策也常会发生巨大变化，甚至反转。即使我们认定，客户对于产品或活动的相对评价是固定的，不会随时间改变，但是如果客户的背景变化足够大，他们对活动或品牌的选择也会随之改变。

群体的社会和物理背景会以两种途径影响其想法和行为。第一种途径是影响客户的理想体验。如上所示，客户会想借助某一活动或产品实现特定目的，而这一目的取决于其社会或物理环境的具体特点。第二种途径则是影响预设认知和态度。社会或物理环境的某些方面，会更多地激发或唤起客户对产品印象的某些方面，而非其他方面。客户会清晰且强烈地注意到产品的哪些方面取决于背景提供的线索。这就意味着，当客户考虑买些什么的时候，他们选购行为所处的特定情境会强烈影响他们真正的渴望（即理想体验），以及他们对该产品的印象是好是坏。背景通过影响客户渴望借助产品实现的目标，以及他们对于这些产品功效的看法，进而影响客户在不同产品中的选择。

在实践中，客户行为框架的这个部分，记录了典型客户在选购中和选购完成当下，所处的社会、组织和物理环境，描述了客户所处的情境，特别强调了该情境中会影响客户思考和行为的内

第7章 第三条原则：发掘目标行为的关键动力和阻碍

容。如同表7.4中提示的问题所示，要充分描述客户群体的社会和物理背景，至少要涵盖全部人口统计学和企业统计学资料，这些资料也是传统客户概况的主干，包括家庭/企业规模、地点、收入等。但是，我们认为，要了解客户的物理背景，还需涵盖更多更深的内容。一方面，要弄清客户选购或使用该产品的确切位置，以及所处空间的物理特征和到达的难易程度。在"商对客"市场中，这就意味着要弄清销售渠道或网站：是大是小？安排是否合理？色调明艳还是暗淡？渠道的存货是否充足？这意味着找到该渠道或网站有多么困难。在"商对商"市场中，则要弄清：客户是在大办公室的小隔间中工作，还是有一间舒适隐秘的办公室？或者客户工作时是否需要忙个不停？客户的技术人员是否能使用最好的检测设备？客户是否有时间、有能力细致评估产品？即使团队不能确切完整地描述客户所处物理环境，也应该尽力去捕捉物理环境中会改变客户想法的那些特征。

同理，社会和组织背景中的关注重点，也比大多传统概况中的更深、更广。记录买家在其所处的不同社会实体（如家庭或企业）中的位置或决策总是重要的。在"商对客"市场中要弄清：客户的社会地位如何？他们是已婚还是未婚？他们有多少朋友？他们是否是主要照顾者？在"商对商"市场中要弄清：客户在企业或组织的权力架构中位置如何？他们是所有人还是代理人？买家属于哪个部门或分公司？他们的头衔和角色是什么？除了买家在所处社会环境中的位置外，重要的是要记录会影响客户与其社会单位互动的政策、激励（惩罚）方案、期待和传统。客户所处

表7.4　提示问题：社会背景、组织背景和物理背景

组织背景	社会背景
● 采购决策的制定共涉及哪些角色？高产行为发生在选购过程中的哪个阶段？ ● 本质上讲，角色间的典型关系是什么样的？如上下级还是平级、正式还是非正式？ ● 这些角色互动时，所处的组织背景是什么样的？如正式还是非正式、计划会面还是意外碰面？ ● 在高产行为发生的选购过程阶段中，不同角色的关系性质如何？在实际高产行为中，性质如何？ ● 在衡量关键角色的总体表现时，使用了哪些正式和非正式指标？如功能指标、财务指标。在衡量关键角色在选购过程中的表现时，使用了哪些指标？ ● 选购过程是否为更大活动的一部分？如新产品开发、资本划拨。如果是，后者使用了哪些指标？选购过程是常规流程还是特殊活动？ ● 良好的关键选购行为／选购活动可带来哪些潜在收益？糟糕的行为／活动会带来哪些潜在后果？各自的规模和性质如何？	● 在客户组织中，关键角色个人的一般背景如何？如年龄、教育、过往经历。 ● 在客户组织中，关键角色个人之间的人际关系有哪些特点？如是事务性的，还是梦寐以求的。 ● 对于这些个人而言，这些人际关系有多重要？换句话说，对于关键角色个人而言，另一个人的认可或反对有多重要？ ● 哪些文化规范会影响选购过程／高产活动？如对角色／性别／年龄的期望。 ● 在客户组织之外，关键买家的同行／参照群体有哪些？他们会在何处、何时互动？获得业内地位的惯例／期望是什么？
法律／监管背景	**物理／经济背景**
● 有哪些法律法规会强烈影响选购过程中会发生的活动？如正式还是非正式招标？这些活动如何开展？如规定披露特定信息。	● 高产行为发生的背景有哪些物理特性？如宽敞还是拥挤，备货充足还是备货不足，发生时间。 ● 客户进行选购活动的难易程度如何？如商店的物理距离、网站的便利程度。 ● 客户找到替代品和／或找到功能替代品的难易程度如何？ ● 关键角色的实际可控预算是多少？如手头现金、银行存款。

第 7 章 第三条原则：发掘目标行为的关键动力和阻碍

部门如何评估绩效？客户所处部门用什么奖励良好业绩，惩罚不良业绩？在部门中，是否有强烈的功能性心态和期待？例如，部门是否多用功能性或专业标准，评估成员工作表现？

因此，客户行为框架的这部分内容，旨在简要记录在客户群体选购过程中，在其所处的物理和社会环境中，哪些内容会影响客户期待或印象。描述选购过程中高产行为周遭的背景至关重要。在理想情况下，团队可记录下会激发特定印象，或最有影响力的关系或人群的具体的物理线索。然而，在实践中，要在分析之初就识别这些线索可能任务艰巨。因此，我们提倡要做出彻底、全面的努力，就背景的各种因素收集尽可能多的资料。

8. 模型运转：总体把握客户行为框架

当然，客户行为框架的目的，就是解释每个客户群体的选购过程行为和选购的典型特征，特别是要阐明群体做出高产行为的倾向。图7.2展示了这一解释过程的通式。具体而言，群体的社会和物理背景是前提，可有选择地激发客户，让他们从自己预设的想法和态度中，回忆起偏好选购过程中的某些活动和品牌的具体内容，并在很大程度上影响客户对所处环境理想体验的期待。这三个因素共同决定了客户行为和结果。换句话说，针对某一产品或活动体验，随着客户平衡对于期待的（预设）认识和自己的理想体验，客户决策也就随之确定了，而客户的理想体验和他们对于过往体验的印象，都会受到其所处具体情境的强烈影响（见

"基于情境的消费"栏）。

> ### 基于情境的消费
>
> 考虑一下这样一位年轻人：她在不同饮料品类中有明显的偏好，相比气泡水或酒类，她更喜欢软饮；自己一个人的时候，她几乎每次都选择喝软饮；但是在第一次约会时，她会做出不同的选择，更可能点一杯鸡尾酒或气泡水。这种现象不仅会发生在"商对客"市场中，也会发生在"商对商"市场中。有权独立协商和签署合同的采购经理，常会选择自己信任的卖家，即使价格可能会更高，而不是简单选择报价最低的卖家。但是，如果他们是采购委员会的主席，他们的决策就可能会发生巨大变化。
>
> 为什么上述例子中的人们会推翻之前看似固定的偏好呢？简而言之，这是因为他们所处的新环境，会让他们改变产品的联想意义和理想体验。该年轻人会选择鸡尾酒而不是汽水，是因为在这一选购过程发生的背景下，她的理想体验发生了变化，她最希望可以在约会对象面前表现得成熟世故。这一背景还会使她想起关于软饮的一些负面观感（如小孩喝的甜汽水），进而影响了她的认识和态度。重点在于，客户群体选购过程所处的社会和物理背景，既会影响客户对于产品或选购过程活动的真正印象（或最深刻的印象），也会影响客户如何定义或评估所处的情境，两种影响同时发生，在"商对商"和"商对客"市场中都是如此。采购经理在与卖家一对一面谈时的目的，如有机会展示掌控权和主导地位，或许就与她陪同副总裁约谈该卖家时的目的不同，在后一种情况下，她或许希望表现自己善于团队合作。

第 7 章 第三条原则：发掘目标行为的关键动力和阻碍

因此，这个多因素解释性客户行为模型，不仅列出了一系列事实和观察结果。在模型中，不同因素以微妙有趣的方式相互影响、相互制约，共同构建了特定群体中客户个体及其行为的全貌。客户行为框架的价值在于，该框架会动态考虑所有内容，而非将其视作固定不变的资料片段。客户行为框架的另一个明显特征，在于其以高产行为作为导向，而对于业绩增长而言，高产行为是重中之重。框架收集的资料帮助阐明了鼓励或妨碍这些关键行为的具体因素。

然而，正如我们所看到的那样，客户行为框架中整合的资料，有时可能会内容过多、过于复杂。为了解决这一问题，我们设计了过程的第二步，客户叙事，即将客户行为框架分析中的重要事实和认知整合成关于客户的故事。

9. 第二步：书写客户叙事

在执行书中方案的早些年间，我们曾举办动力和阻碍研讨会，回顾并总结某一群体的客户行为框架的每个部分。然而，我们很快发现，每场客户行为框架的讨论最终都会变成一场故事会。故事是绝佳的载体，可清晰讲述人类决策中那些典型的冲突和纠葛。为了理解某一群体客户行为框架中的大量资料，团队成员自发地将分析中不同部门的关键认知再次整合成一个整体，以故事的形式展现客户做出高产行为倾向背后完整的情感和理性逻辑。随后，成员常展开激烈讨论，各自提出不同版本的故事。

因此，我们将制定客户叙事的过程形式化，作为一个明确的步骤，纳入我们的方案之中，以便更好地掌握这个创新且有益的讲故事过程。我们旨在构建一幅关于一个客户群体的清晰、连贯的画面，囊括客户行为框架中的全部事实和资料，在令人信服的同时，保证切实可行。

事实证明，开展这一中间步骤可在两方面发挥作用。第一，为每个客户群体构建客户行为框架的故事版本，可以产生额外的深刻认知，而在单独分析事实的时候，却不能或很难获得这些认知。例如，尽管恩塞维团队借助客户行为框架分析，获得了大量关于关键客户群体的有价值的信息，但是只有当他们将这些信息串联成一个衔接紧凑的叙事时，他们才真正恍然大悟。比如，他们过去知道，设备经理清楚，节能服务项目通常在资本预算编制过程中不受重视；他们也知道，通常而言，设备经理手中可自由支配的预算金额有限；借助客户行为框架，他们还清楚地认识到，设备经理很看重成为专业同行公认的前沿操作员和创新者，很看重在企业内被公认为经营成果的贡献者。然而，尽管认识到这些内容，恩塞维团队仍没有找到这一客户群体的一个关键动力，未能发现，将节能项目模块化，以适应设备经理可自由支配预算的要求，会提高采购的概率。直到他们开始描述某位具体的设备经理所经历的考验和磨难时，他们才真正发现这个动力。然而，一旦故事线清晰，团队就可以利用从客户行为框架中获得的额外资料，去检验和完善自己的结论。就如上述例子所示，客户叙事的方法适用于"商对商"背景，也适用于"商对客"背景。

第7章 第三条原则：发掘目标行为的关键动力和阻碍

第二，故事形式特别有助于确保多个部门（销售、营销、研发等部门）可以真正就客户群体的认识达成共识。我们经常看到，营销团队将他们构建的客户叙事分享给销售的同事，而后者会说，"对！我认识这个人！"有时，销售人员甚至能在现实中找到与客户叙事中角色对应的客户。一般而言，这是一个良好的迹象，可表明团队已步入正轨，表明团队的分析对于企业中的其他用户而言也是有意义的，随后，其他人也需要采纳这些认识，并据此采取行动。因此，客户叙事可以发挥北斗星的作用，在指明方向之余，又凝聚了人心，实现了企业内各部门的团结一致。

通常而言，一旦群体客户行为框架中的提示问题都得以解答，书写客户叙事也就变得相对简单了。这一方面是因为人类本就擅长讲故事，另一方面是因为顺着客户行为框架的结构，很容易就能随意讲出一些故事。事实上，在客户行为框架的基础——客户决策模型中，几乎所有成分都能和故事的基本结构一一对应，如背景、理想体验、认知和态度等。

大多数故事都会先介绍主角和故事发生的背景。就像那个熟悉的套路，"很久很久以前，在一个遥远的国度，有一名英俊的王子……"当然，在客户叙事中，主角就是目标客户，而童话中的王国就是客户行为框架中社会和物理背景部分记录的内容。好的故事都会回顾过去，也会诉诸内心，让读者充分了解主角的过往和心态，了解主角身心都曾发生过什么，了解主角从过往的经历中认识到了什么，即他们的认知和态度。最后，故事都需要剧情——主角要克服挑战或实现抱负。在当下所处环境中，主角都有想实现的目标：拯救家人、屠杀巨龙，或者击败邪恶帝国。主角要受到理想体验的驱使，才采取行动。

我们常注意到，一旦大家摆脱束缚，决心采取行动，就能轻松构建内容丰富、深刻的客户故事——当然，前提是大家已经彻底完成了客户行为框架的内容。要捕捉客户群体故事的精华，将故事讲得生动有趣，可能需要反复钻研，但是故事的关键元素——主角、他们的世界、他们的性格、使得整个故事得以展开的挑战，都已在客户行为框架中得以体现。

在执行书中方案最后的一步之前，有必要提及一项可选步骤，有些团队认为这一步骤有助于客户叙事到识别动力和阻碍的过渡。这个可选步骤就是识别群体故事的关键主题。主题就是贯穿客户叙事的意象，阐明了影响客户行为的基本条件和动机。识别重要主题可以帮助团队对标关键动力和阻碍，因为这些通常都是直接相关的。例如，在璀璨团队关于青少年化妆品买家的叙事中，一个中心主题是，这些年轻女性在从青春期走向成熟期之际，很重视合群与合时宜。找到这些主题，可帮助团队关注选购化妆品对于这些客户生活的社会意义，关注这一背景会如何影响客户的决策。团队因此更加重视青少年客户周围的社交圈，和同龄人偶像所扮演的角色，这些人既可以作为目标行为的动力，也可能是目标行为的阻碍。如上所述，识别主题是可选步骤，但是也许可以帮助进一步缩小由客户行为框架引出的分析范围，找准动力和阻碍。

10. 第三步：提取动力和阻碍

过程的第三步是列出一系列动力和阻碍，需要从之前确定的片段中提取出观点，并将这些观点表述出来。客户叙事提取了客户行为框架中资料的精华，从整体角度解释客户群体的行为，相比之下，第三步则将客户叙事转化成具体、明确、可行的改变客户行为的要求。每个动力和阻碍都凝聚了关于客户决策的关键认知，其形式有助于团队采取行动。

明确动力和阻碍需要能谋善断，反复钻研，辨别优劣。通过研究客户案例中介绍的故事，借助本章之前讨论的动力和阻碍分类法，筛选书写客户叙事过程中产生的主题和认知，读者可以尽早清楚辨别优劣的标准。我们已经发现，分类法特别有助于启动识别动力和阻碍的过程，因此，我们将在接下来的几段中，对此展开进一步的解释和说明。

物理动力和阻碍是最容易理解和找到的。如果产品库存不足，或产品的销售或包装规模不宜客户搬动、存储或使用，客户就会很快退出选购过程。同样的，若是客户只能在那些昂贵或难觅的渠道购买产品，或是销售渠道中没有试用产品的空间、经验或设备，他们也会很快退出选购过程。但是，物理动力和阻碍的概念却不仅限于这类进入或退出的场景，还包括物理环境的尺寸、形状、颜色、质量或复杂程度，微妙地影响客户想法的方式。就如我们在客户行为框架部分讨论的那样，人们是否愿意进行某种活动或购买某些产品，会明显受到物理环境的影响。在快餐店，大声的快节奏音乐或不太舒适的硬座，都在暗示顾客快点吃完，让出桌子。物理动力和阻碍就是会促进或阻止客户完成选购过程的环境或产品的物理特点。

经济动力和阻碍也同样明显，甚至可能比物理动力和阻碍更加明显。资金不足就是一个几乎每个人都面临过的经济阻碍，而无限预算的积极作用也都在书中、电影中和幻想中得以体验。但是，相比相对的经济动力和阻碍，这些绝对的经济动力和阻碍就显得有些无趣和少见。例如，客户经常发现，尽管他们的预算总额足以购买某一品牌或产品，但是却没有足够的预算分配给这一品牌或产品；换句话说，客户在需要同时满足不同需求时，会没有足够的预算来购买特定品牌或产品。例如，恩塞维发现，如果设备经理有7.5万美元的可自由支配预算，公司在销售节能产品时，就会明显面临一个剧烈的断点阻碍。如果新服务定价在7.5万美元以下，那么设备经理可全权把控——如果他们喜欢这个主意，他们就会采购节能产品；经济因素根本不会阻止采购行为。然而，如果新产品定价在7.5万美元以上，设备经理就需要制定商业提案，呈递给公司的资本支出委员会，等等。定价更高时，经济考虑就明显变成了一个阻碍，会产生两方面的负面影响：第一，大幅提高了心理成本，即使是提议节能项目都变成了麻烦；第二，该节能项目被迫和其他许多项目抢占预算，包括那些可盈利的项目。

如上所述，团队识别的高产行为通常发生在选购过程的上游，发生在起因、信息收集和信息评估阶段。这就意味着，在客

第 7 章　第三条原则：发掘目标行为的关键动力和阻碍

户接触或寻找信息时，信息来源的本质、可获得性和可信度相关的动力和阻碍特别重要。或许，能否轻松通过（购买前）直接试用样品，了解品类或产品，是影响最大的相关动力或阻碍。信息来源的可信度同样非常重要；众所周知，一位信任的朋友、父母或知名专家，即使随口提及一品牌或产品，也会对客户的想法产生重大影响。重点就是，同样的资料或评估，相比从企业网站或销售人员那里表述，从父母、信任的朋友或认可的内行人那里说出，就会更容易取信于人，进而影响人们的想法。客户使用信息来源的数量和顺序同样是重要的动力和阻碍。例如，在有些产品品类中，信息来源过多实际上就是一个阻碍。客户过度调查时，会更容易退出选购过程，因为额外的信息来源会增加他们看到产品或品类负面信息的可能。

有大量文献记录社会背景相关动力和阻碍的影响，这些因素对客户行为的影响，通常会比物理背景的影响更大。的确，相关行为经济学文献指出，有一系列具体的偏见和行为都源自社会背景对人们决策的影响。众所周知，客户经常通过购买东西来表明自己归属向往的群体，例如，时尚运动就是这样兴起的。然而，社会背景会同时影响采购的方式和内容。客户购物时的同伴，客户与伴侣或同事的关系，都会强烈影响特定选购行为是否发生，或发生得彻底与否，或发生频率的高低。例如，相比和好朋友一起，青少年独自逛街买衣服时，去的商店、在每家商店的耗时、试衣的种类和数量，都会发生变化；而当他们和母亲一起购物时，他们的选购过程行为会有更大变化。

这一现象在"商对商"和"商对客"市场中都同样常见（尽管有时候人们常对此有异议）。公司员工隶属或渴望加入的专业团体的规范和态度，会强烈影响其对新老产品的评估方式。正如恩塞维案例研究所示，设备经理开展节能项目，进而在早期咨询买家，最强烈的动机之一就是，希望可以被同行认可为前沿或紧跟时代的人士。

在客户选购过程中，其生活和工作所处的制度环境，同样会成为或影响动力和阻碍。我们用"制度"一词描述组织和社会的标志性特征和安排，如结构和等级、程序、法律和政策、正式／明确的措施和标准、奖惩制度，等等。在每个市场中，制度动力都随处可见。有些是在企业或家庭之外，诸如规章、法律、社会习俗。例如，建筑规范或污染防治法，也许会要求买家或买家在其选购流程中增添额外步骤（如完成特定测试），或限制某些产品的使用范围和使用人员。这些外在的阻碍和动力，也许会间接影响人们做出基本要求之外和之上的事。恩塞维发现，当所在州的建筑规范中有严格的节能要求时，设备经理就常想开展一些项目，远超地方法令的相关要求。

11. 结论

尽管第三条原则的分析中心内容是客户行为框架，其重点却是动力和阻碍——对于客户行为框架和客户叙事做出的所有努力的回报。这是因为只有列出动力和阻碍，才能做出随后的取胜决

第7章 第三条原则：发掘目标行为的关键动力和阻碍

策。借用信息技术的行话，动力和阻碍表单就是客户群体专属增长行动的需求文档。的确，在我们的客户案例研究中，那些特别成功的市场推广计划的每个成分，都可以追溯到本书在这一阶段总结的一项或多项动力或阻碍上。

例如，回顾一下山姆·威尔科克斯关于重振泰拉斐的计划。该计划有三个主要组成部分：使疾病的客观检查易做且成本低/无；说服50多岁的上过大学的女性（目标群体），让她们认识到，在常规保健和美容程序外，还有一个重要内容是要接受检查，以尽早发现疾病；以及鼓励医生将客观检查纳入体检，变成常规项目。计划的每个部分都可以追溯到山姆团队在研究为什么医患要进行检查时，所发现的动力和阻碍。例如，增加检查中心数量，说服保险公司支付检查费用的举措，就旨在减少不便到达检查中心、无力负担检查费用的阻碍；而开展患教活动——警示这一疾病应成为人们照顾自己的有机组成部分，主要目的则与客户群体对健康和美丽的普遍态度的动力相关。

因此，第三条原则，以及本章介绍的过程，就是本书方法论的基石。第三条原则是一个衔接点，将行动方案的决策和原则，与后文介绍的行动方案的决策和原则连接了起来。接下来，我们将关注根据识别的动力和阻碍，激发特定群体的具体行为。在下文，第8章和第9章介绍了行为改变价值主张的全新观点，为团队开展客户群体的专属行为改变活动制定了路线图。随后，第10章将深入探讨资源和策略部署最有效的方式，以便确保增长行动的成功。

第 8 章

恺撒金融：我们要管理客户的全部投资组合

尤金·森还记得，刚加入恺撒金融，接任其财富和投资管理执行副总裁时，自己是多么欣喜若狂。在过去100多年中，恺撒提供全方位的储蓄存款和抵押贷款服务，已经发展成一家业务遍布全美国、深入各地的知名机构。然而，恺撒最近才通过收购一家问题投资机构，开始涉足财富管理领域。为扩充传统业务，实现多元化，恺撒的首席执行官大力推崇发展投资部门，宣布计划将恺撒从二流的理财机构，发展成管理资产方面排名前十的机构。为了实现这一目标，恺撒特意将尤金从另一家全球金融公司的总经理职位上挖了过来。入职六个月，尤金越来越焦虑，不知道该如何实现高级管理层制定的远大增长目标。

一年前，恺撒曾开展一项全国性的宣传活动，大力宣扬其财富管理业务。在这之前，恺撒的营销内容主要强调公司的实力和可靠性，业务覆盖全美大众，以及其未来可期。新的宣传活动则试图调整公司定位，将公司描述为一家更加现代、灵活的理财机构。在纸媒和电视广告中，丝毫没有提及恺撒品牌相关的著名象征和意象。相反，营销活动主要宣传理财的业绩和客户的资本收益。

这一做法和其他大型机构的定位类似，也反映了行业的惯例——从传统的摩根大通，到价格较低的嘉信理财，到高盛等高端投资公司，都是如此。大多理财顾问的薪酬都是按照管理总资产额的比例计算（而不是按次计算服务费），因此，他们的主要目标是提高每位客户的资产管理额度，或是对客户交叉销售（即销售多款产品），或是增加机构管理的客户资金比例。事实上，大多理财顾问都认定，客户应该由他们管理自己所有的可投资资金。他们的依据是，这样投资顾问可以制订和执行最优理财方案，在确保客户最高收益的同时，通过适当多元化投资，最大限度降低风险。因此，理财公司都在激烈竞争，努力提高现有客户的资金比例，以及从同行那里拉拢客户，掌握客户的全部投资组合。

尤金对传统观念熟记于心，可问题在于，他对其已经失去了信心。在上一家公司里，尤金曾长期通过大力宣传吸引新客户，但大多努力都无疾而终。令人沮丧的是，尤金发现恺撒金融也在走相似的宣传路线。"如果把两家公司广告的标志遮住，两个广告几乎完全一样，"他回忆道，"所有理财机构的价值取向都基本相同：让我们管理你所有的资金，我们会给你带来最高的收益。相信我们。"不出所料，恺撒的全新营销活动收效甚微，未能刺激业绩增长。这一方案在尤金入职之前就已开展，现在，高级管理层希望他能找到新的解决方案。

1. 选购过程和高产行为改变

多年来，尤金对于传统方案一直心存疑虑。他决心采用全新方案，关注客户行为，这样做的依据有两点：第一，最近的宣传活动收效甚微；第二，他个人注意到，潜在理财客户的退出率很高。很多曾与理财顾问交谈过的客户，都止步于首次谈话。像其他所有理财经理一样，尤金曾认为留客率低是行业的固有问题。现在，尤金则想知道要走上更快的增长之路，是否需要更深刻地理解客户行为为何经常如此反复无常。

通过绘制选购过程瀑布图，尤金的第一个发现是，特定触发事件常会导致客户找新的机构或顾问询问投资事项，如图8.1所示。重要的生活事件或新的资金流入，常会导致人们评估现有投资组合的合理性，考虑全新的选项。这时，人们经常会去主动了解理财信息，签订新的理财顾问。尽管恺撒金融的顾问对此也有一定的了解，在与客户的首次谈话中也会经常询问这类动机，但是他们却并没有充分认识到这些不同触发事件对客户后续行为的影响。顾问习惯于用相似的方式接待所有客户，而不管他们的出发点如何。就像尤金指出的那样，这一现象的出现，是因为大家真正感兴趣的目标是获得客户的全部投资组合，制定针对全部财产的综合管理计划。对于大多顾问而言，客户某天心中想的琐事没有那么重要。

分析同样发现，触发事件发生后，客户行动的空窗期相对较短。一般而言，如果客户在触发事件发生60天后没有采取行动，那么他们顺着最初的想法，签订全新理财顾问的可能性就会大幅降低。这就需要更深入地研究一下选购过程的早期阶段。

在初始触发事件发生之后，客户会调查评估不同的理财选项。在这个过程中，客户通常会找理财顾问谈话。这种面对面的谈话，一般会在顾问办公室中进行，理财顾问会借此了解潜在客户的需求，以及客户的吸引力（即客户有多少资金可以让恺撒投

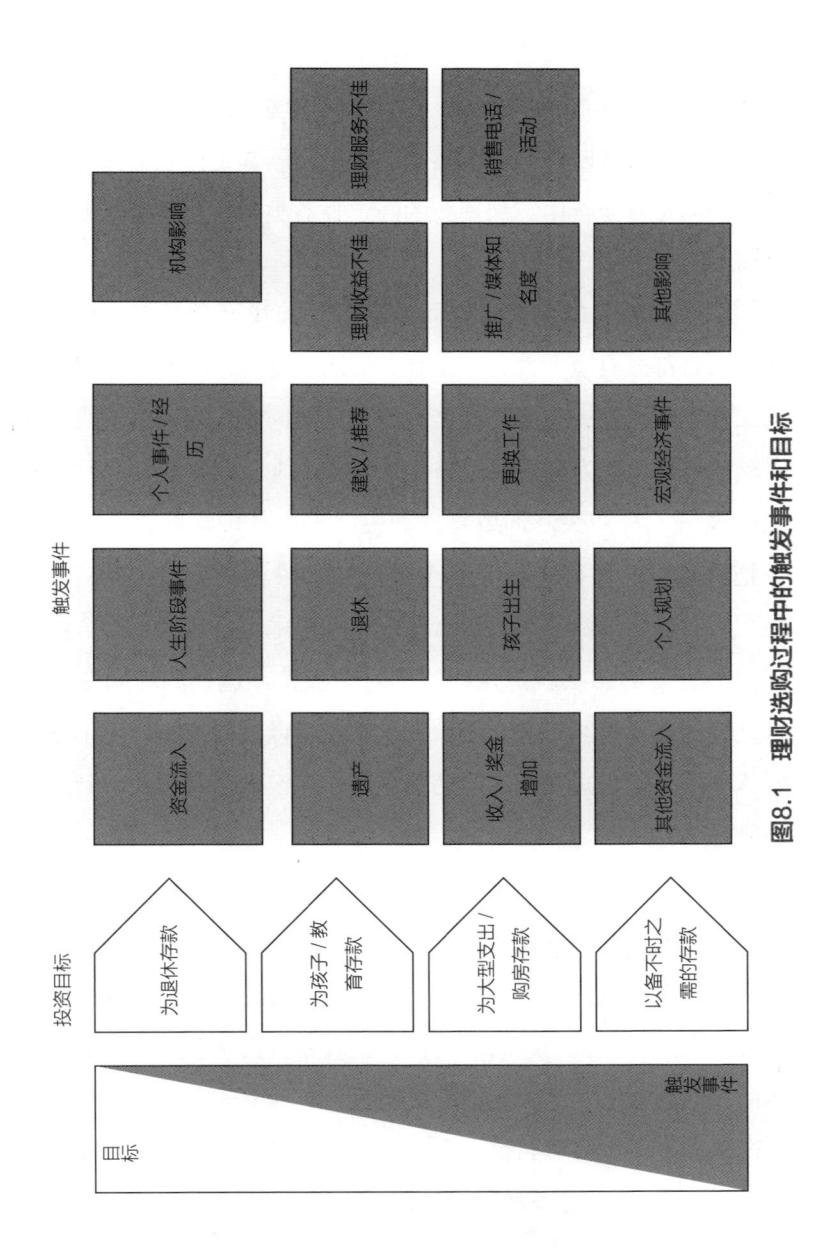

第8章 恺撒金融：我们要管理客户的全部投资组合

图8.1 理财选购过程中的触发事件和目标

触发事件：
- 机构影响
- 理财服务不佳
- 销售电话/活动
- 理财收益不佳
- 推广/媒体知名度
- 其他影响
- 个人事件/经历
- 建议/推荐
- 更换工作
- 宏观经济事件
- 人生阶段事件
- 退休
- 孩子出生
- 个人规划
- 资金流入
- 遗产
- 收入/奖金增加
- 其他资金流入

投资目标：
- 为退休存款
- 为孩子/教育存款
- 为大型支出/购房存款
- 以备不时之需的存款

目标 ← → 触发事件

203

资)。为了获取这些信息,顾问通常会请潜在客户填写一份详细的表格,描述其资产状况和投资目标。这些表格有时可达20多页之长,填起来耗时耗力。表格中的许多问题都是行业套话,例如"在您的投资组合中,您理想的固定收益类和权益类投资的比例如何?"

"当看到我们在表格中问的问题时,我就会联想到根管治疗,二者都颇具侵入性,"尤金若有所思地说,"但是,在过去的二十年中,我一直都在让客户回答这些问题,因为我们需要获得这些信息,来为客户制订综合的理财计划。"很多客户并没有完成表格,在初次咨询后直接消失。"在某种程度上,我们曾经把这当作一件好事,"尤金说,"如果客户没有认真完成表格,决心制定理财计划,那么他们可能根本不是我们想要合作的客户。过去的想法就是这样。"对于像尤金这样的理财专家而言,轻而易举就可以认识到,如果恺撒可以找到方法,阻止这个群体中的少量客户在首次谈话中流走,那么也会对增长起到巨大的促进作用。

研究的一项关键发现是,选购过程下游的行为与初始触发事件,和激励客户进入选购过程的投资目标密切相关。例如,如果客户与现有机构最近发生了一次不愉快的经历,那么客户就可能会考虑签订全新的顾问或机构,让后者负责其全部投资组合。然而,数据显示,这种类型的更换行为实际上非常罕见。将所有资产从一个顾问转移到另一个顾问涉及大量的工作,人们要有非常充分的理由才会这样做。通常而言,要更换理财机构,客户通

第8章 恺撒金融：我们要管理客户的全部投资组合

常需要完成烦琐的流程手续，并为此支付交易费用（如为形成全新的投资组合，支付给经纪人出售和购买证券的费用）。相比之下，当客户有"新钱"用来投资时，例如，收到意外的大额奖金或遗产，则更可能签订新的理财顾问，而不会将资产从现有顾问那里转出。尽管顾问屡次提议合并资产管理，但是客户通常仍会和多家机构合作，进行理财。

在调研中，恺撒与理财客户进行了多次定性采访，其中最令人意外的发现之一，就是普通人和专业人士对于理财的考虑角度完全不同。专业顾问一般会全面、客观地看待投资组合，认为钱就是钱，因此，正确的理财做法是将所有资金投入，获得最大收益。然后，客户可决定如何在退休、度假、教育等领域分配这些投资收益。

然而，客户的想法却与此截然不同。客户习惯在心里算一笔账，会把资金按照不同目标划分为不同部分，然后为每个部分的资金单独制定不同方案。目的，即他们想要实现的事是第一位的，要为此准备足够的钱，然后单独处理这部分钱，以实现这一目的。这样，他们就会心安理得地认定自己已经做了该做的事。因此，例如，如果目标是为孩子的教育提供资金，那么客户心中就会精打细算，用特定的方式投资这部分教育资金，且不会将资金用于其他用途。除了认为不同用途资金要有不同的投资方式，客户还认为，不同来源的资金也该有不同的处理和投资方式。与从工作中获得的奖金或涨薪获得的同样金额的钱相比，继承而来的钱，其投资方式通常会有所不同。

"作为理财专家,我们习惯性地认为,人们追求的理性目标应该是相关投资期限内的投资总收益加上风险合理,"尤金提道,

"事实是,在钱的问题上,人们并没有那么理性,人们是非常情绪化的。我们是时候停止自以为是了,而倾听客户诉说真正的心声了。"

随着选购过程图开始逐渐成形,越加可以清楚地看到,恺撒金融和其对手采取的行动都是在试图鼓励客户,也就是让客户将所有资金都放在一个顾问手里,坚持所有资产应使用一个综合的投资计划,而这些行动与客户真正的想法和行为大相径庭。客户更常见的行为是签订新的顾问,来投资特定金额的新资金,以实现某些具体目标。"我们简直就是在缘木求鱼,"尤金反思道,

"首先,我们让人们签约恺撒金融。然后,我们想让人们把所有资产交给我们管理。我们实际上在同时进行两项困难的任务。选购过程分析显示,这些行为是多么罕见,然而这却基本就是我们曾经的战略,也是行业中所有企业的战略。"

因此,尤金大胆甚至看似有些冒进地调整了部门的战略,不再继续坚持为客户的全部投资组合制订综合计划,而是要顾问在与客户的谈话中,找到并关注客户心中想要实现的特定目标,而

第 8 章　恺撒金融：我们要管理客户的全部投资组合

正是这些目标，让客户前来寻求投资建议。尤金团队想要鼓励的具体客户行为如下：

- 联络恺撒金融，以了解实现特定理财目标（如退休，医疗、教育等）的最佳方式；
- 让顾问帮助客户参照其资金用途投资新资金，换句话说，将资金投入与当下客户心中的目标最适合、最密切相关的投资方式和账户中；
- 长期与恺撒合作，为实现未来（额外）理财目标，投资额外资金。

全新战略标志着公司彻底放弃了曾经的目标，不再试图引导客户只与恺撒金融签约，管理其全部投资组合。下一步就是基于不同客户群体做出理想行为的倾向，来细分市场。

2. 重新思考细分市场

过去，恺撒金融细分市场的方式简单直接，以两个因素为基础：可投资资产和人口统计学特征。首先，要根据财富值（基于客户对所填表格中问题的回答）将客户分为四类：大众客户、大众富裕客户、富裕客户，以及家族客户（即非常有钱的客户）。然后，再按照年纪、性别、婚姻状况／家庭规模，对客户进一步细分。这一细分方式对恺撒受用，是因为可以据此精准识别服务回报，反映合意的服务成本。这一种方式的另一个吸引力在于，公司可以据此轻松地进行内部分工。例如，特定顾问专注服务富裕客户或非常富裕客户。由于是按照管理的资产额收费，所以，一般而言，理财机构都更加重视高净值投资者，尽力管理其更多的资产。

尽管传统市场细分方案简单明了，可满足适当的内部需求（如确定组织工作重点），然而，实际上，这一方案却一塌糊涂。这一方案并没有提供关于客户行为或需求的有用认知——即使是同为大众富裕客户，年纪和性别一致，两位客户的情况也可能千差万别。此外，这一方案是危险的，因为几乎每家理财机构在细分市场时，都使用类似版本的客户特征。由于每家机构对市场的看法一致，它们对客户优先排序的方式也一致，所以都将大部分资源投入到相同的少数客户群体。结果呢？各机构狭路相逢，用几乎相同的产品争夺相同的客户，事倍功半，得不偿失。恺撒金融之前开展的收效甚微的营销活动，就体现了这种无差别的细分方案。

尤金的团队另辟蹊径，放弃了行业中广泛使用的标准市场分布图。他们不再随大流，争取最富裕投资者的全部投资组合，而是设计了新的方案，找到并瞄准那些可能考虑与恺撒理财顾问合作、投资其新获得资金的客户。如表8.1所示，虽然基于倾向的市场细分方案与行业标准方案有些共通之处，实际上却千差万别。

在尤金团队制定的市场细分框架中，一个轴代表客户情境的关键因素（理想体验的驱动因素），另一个轴代表客户内在特征，如人口统计学特征。横轴，也就是情境轴，是其中全新的内容，有两个关注点：新的可投资资金的来源（如遗产、升职、意

第 8 章 恺撒金融：我们要管理客户的全部投资组合

表8.1 基于倾向的财富管理新客户细分

用途目标			遗产		收入／已知奖金			意外之财／意外奖金		
		退休	安排孩子	投资	投资	退休	健康	教育	投资	创业试投	"玩"
人口统计特征	家庭	30岁以下	一	二		三		四	十三	十四	
		30到55岁	五	六		九		七			
		55岁以上	八								
	个人	45岁以上	十	十一		十二		✕		十五	十七
		45岁以下	✕	十三		十三				十六	

209

外奖金），最重要的是，客户心中对这笔资金用途的规划。二者都是可行的市场细分变量，因为在与潜在客户的初次谈话中就可轻松得知这些信息，而且选购过程分析已经证实，二者都会对客户做出的目标行为倾向产生重大影响。相比之下，纵轴则更贴近行业标准方案，按照婚姻状况／家庭地位和年纪来划分客户。

新的市场细分方案比大部分方案更复杂，涵盖了许多不同客户群体。这意味着市场实际上非常支离破碎——客户想要实现很多不同的投资目标。实际上，这一市场细分框架基本涵盖了三个不同的框架（按照新可投资资金来源的指示栏划分），彼此在不同栏的交汇处有所重叠。

基于群体找新机构投资新资金的倾向，团队将群体五识别为最初的目标群体之一。这一群体中的投资者对于一次性事件中获得的资金，如遗产的处理方式，和对于收入功能改变中获得的资金，如升职的处理方式截然不同，并且通常会按照具体目的分配资金。这部分家庭主人的年龄在30~55岁之间，大多有孩子，一般会把继承来的资金用于解决家庭问题，如作为教育资金或帮孩子添置大件。尽管这一群体并不总拥有庞大的可投资资金总额，但对于恺撒金融而言，他们却代表了一个重要机遇，可以与之签署全新的咨询合同，并在未来发展壮大这一合作关系。

"对于很多人而言，我们要基于人们关于部分新获得资产的具体目标来识别目标客户，而不是专注获得客户全部的投资组合，简直是闻所未闻，异想天开，"尤金说，

第8章 恺撒金融：我们要管理客户的全部投资组合

"对于我们而言，这种思考方式很难，但是全新的市场细分方案告诉我们，即使是抓住这群客户的一小部分，也能发掘之前曾忽视的巨大增长机遇。"

公司要通过宣传和定向的服务供应，影响到这些客户群体，直接解决其具体需求。然而，要做到这一点，团队还需更加深入地研究客户行为的原因和动机，以识别客户行动的动力和阻碍。

3. 行为改变的动力和阻碍

选购过程采访和分析，揭示了许多关于客户签署理财咨询合同方式的意外发现。分析表明，大多数客户认为自己有理财计划；大多数客户通常会在两到三家机构投资理财；在调查新机构的任一过程中，大多数客户都容易中途退出；当真的开始与新机构合作时，大多数客户的合作机构总数会增加（换句话说，大多数客户极少完全舍弃现有咨询关系）；大多数客户几乎从不让一名顾问负责自己全部的投资组合。分析还表明，客户和专业顾问对于投资的思考方式有千差万别。投资者习惯在心里算一笔账，将资金划分为不同部分，而不是将资金作为需要优化的整个投资组合的一部分。此外，对于许多客户而言，关于资金用途的决策是高度情绪化的（常是负面情绪）。

尤金和他团队的任务，就是解释群体五特定的行为和结果模式。为弄清这一点，他们应用了客户行为框架和客户叙事，并借此识别了影响客户行为的关键因素——动力和阻碍。

从分析直接跳到动力和阻碍表单（见表8.2），可以看到，有许多不同类型的因素（经济的、物理的、社会的、心理的等），都会影响群体五的想法和行为。少数动力和阻碍涉及物理或经济制约，如聘请新顾问时手续多且复杂，而大部分动力和阻碍都是社会因素和情感因素。分析清晰表明，情感考虑会在很大程度上决定客户行为。例如，顾问的询问方式，会让潜在客户觉得顾问在评判他们过去的理财决策，或客户渴望通过投资方式来体现对新资金来源的重视。

这一系列的动力和阻碍都来自客户行为框架分析（见图8.2）。团队又针对群体五收集了额外的资料，开展了额外的信息收集采访，以绘制关于影响客户行为的背景、态度，以及理想行为的完整图纸。

群体五的故事在开头讲述了这一群体的社会和物理背景：他们来自多成员家庭；时间紧，任务重；在两到三家机构投资理财。对于这些忙碌的客户而言，决定使用新的顾问操作起来会非常困难。在需要投资刚刚继承的资金时，来源可靠的建议通常会发挥关键作用，促使他们决定接触理财顾问。然而，如果手续烦琐或需要和同一顾问团队的不同成员多次会面，那么客户很可能会就此离去。这些状况在客户的理想体验方面占比很重：客户想要找到真正的专家，被投资顾问认真对待，不浪费宝贵的时间。

第 8 章 恺撒金融：我们要管理客户的全部投资组合

表8.2 群体五建立新顾问关系的动力和阻碍

动力	阻碍
●继承了一笔新的资金可供投资——继承人或继承人家庭本身渴望好好利用这笔资金； ●清楚理财工具或计划对于实现特定目标的适宜程度； ●实现目标的执行方案清晰简单：不超过三个步骤，手续简单，容易获得所需资料； ●已证实目标理财机构的目的和计划良好； ●有相同情境的其他类似投资人（或朋友）给出建议／证明； ●与顾问／专家的交流中，发现他们在眼下的具体目标方面，比自己现在的机构／顾问更加懂行，不需要浪费时间在其他无关紧要的事务、机会或产品上。	●顾问的行为／言语暗示自己现在的投资组合管理方式不够好——感觉自己被顾问打分； ●顾问的行为／言语表明想把遗产进行"综合投资"，换句话说，投资并没有针对客户识别的任一目标； ●花费时间讨论与遗产和相关目标并不直接相关的事务； ●"开户"成本的大小；即与新机构签约的成本大小（尤其是如果感觉成本与针对目标的投资无关）； ●需要与多人合作，或不能单独一人负责处理整个交易过程； ●不得不提供难以收集的资料，特别是资料与想实现的目标无关时； ●言语和行动表示顾问并非目标领域的一流专家。

在群体五的认知和态度方面，一个关键发现是，客户在投资决策和与顾问的互动时，会出现强烈的，甚至压倒性的情绪。客户提到自己会对投资经历感到恐惧、困惑、无助和不信任。很多人并不擅长资金管理，担心会在投资遗产时犯错，因而会强烈倾向避免做出任何决策。另一方面，这些客户通常感觉自己大部分资产的理财计划是够用的，尽管可能不是正式计划。他们曾费尽心思确定理财方式，相信这些投资都恰到好处。当潜在新顾问建议客户对所有资产有一套"真正"的理财方案，而客户却只想顾问帮助自己完成具体目标时，客户就会心生反感。最后，客户相信，遗产独特甚至神圣的本质，要求他们用特别的方式处理这笔资金。

可以再次看到，这些因素会影响客户理想体验的内容。尽管理财专家常常强调投资表现和收益的重要性，但是客户却想要其他东西。客户很怕做出错误的决策，担心自己不理解产品和服务相关的行话和计算方法。

此外，客户讨厌被顾问的各种问题和建议狂轰滥炸，讨厌被提醒自己之前的决策并不明智，甚至是误入歧途。客户想要清楚地了解关于产品优势、特点和定价的信息，就如何实现自己的具体目标而获得适当的建议——在整个过程中，都要受到尊重。理财专家常会由于与客户相处的方式不当，而加剧客户的负面想法和情绪。对于理财顾问而言，询问客户目前的投资信息和资产状况，以制订综合的理财计划，是一名负责和专业的顾问正常的工作范畴。然而，许多客户则对此有不同看法，认为这些问题多此一举，浪费时间，且侵犯隐私。

了解了这些影响因素，就可以更好地理解尤金团队观察到的客户身上的行为和结果。将投资目标分解为一个个独立的小目标，避开重大决定——如将客户所有资产转到一名新的顾问手下——可帮助处理客户在投资时常出现的负面和恐惧情绪。客户喜欢与顾问逐渐建立关系，一次完成一项任务。客户会将投资目标分解为一个个可控的小任务，将新获得的资金划分为不同用途的多个部分，进而分别投资。分析表明，如果没有将资金划分为用于不同用途的部分，这些投资者就常会认为自己不能在储蓄和投资时获得足够收益，而实现具体目标。投资者也不相信顾问所谓的资产的综合投资计划，可以帮助自己实现全部目标。

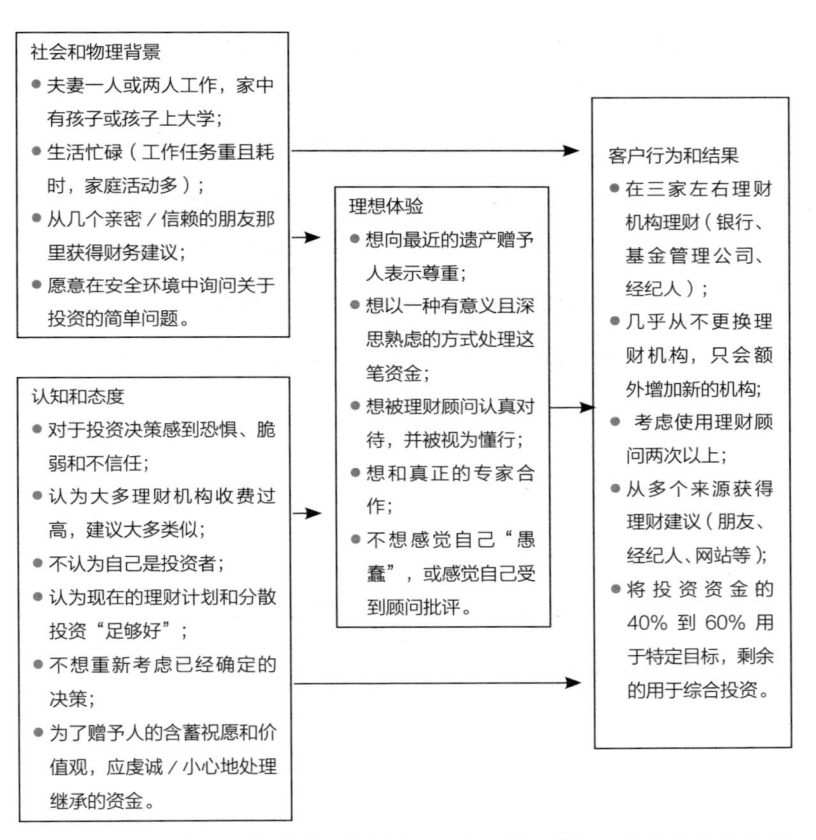

第8章 恺撒金融：我们要管理客户的全部投资组合

社会和物理背景
- 夫妻一人或两人工作，家中有孩子或孩子上大学；
- 生活忙碌（工作任务重且耗时，家庭活动多）；
- 从几个亲密/信赖的朋友那里获得财务建议；
- 愿意在安全环境中询问关于投资的简单问题。

认知和态度
- 对于投资决策感到恐惧、脆弱和不信任；
- 认为大多理财机构收费过高，建议大多类似；
- 不认为自己是投资者；
- 认为现在的理财计划和分散投资"足够好"；
- 不想重新考虑已经确定的决策；
- 为了赠予人的含蓄祝愿和价值观，应虔诚/小心地处理继承的资金。

理想体验
- 想向最近的遗产赠予人表示尊重；
- 想以一种有意义且深思熟虑的方式处理这笔资金；
- 想被理财顾问认真对待，并被视为懂行；
- 想和真正的专家合作；
- 不想感觉自己"愚蠢"，或感觉自己受到顾问批评。

客户行为和结果
- 在三家左右理财机构理财（银行、基金管理公司、经纪人）；
- 几乎从不更换理财机构，只会额外增加新的机构；
- 考虑使用理财顾问两次以上；
- 从多个来源获得理财建议（朋友、经纪人、网站等）；
- 将投资资金的40%到60%用于特定目标，剩余的用于综合投资。

图8.2 想要投资继承资金的、年龄在30到55岁之间的一家之主的客户行为框架

"尽管我们的出发点是好的，但是我们却搬起石头砸自己的脚，"尤金说，

"重点是，人们并不会客观计算，做出决策。客户需要鼓足勇气才能走出那一步，与新的顾问预约会面，我们却

将宝贵的时间花在增强他们对整个过程的恐慌和厌恶上。我们不仅没能帮助客户实现他们的目标，还对客户说他们之前的投资决策并不明智，他们的投资计划根本算不上真正的计划。我们还让客户填写成堆的文件。难怪在第一次会面后，会有这么大比例的客户离开。是我们给了客户充足的理由和机会。分析过程让我们得以站在客户的角度思考问题，理解他们想要我们在哪些方面帮助他们，而哪些方面不需要我们帮助。"

尤金和他团队的下一个任务，就是重新思索恺撒金融该如何制作宣传信息和客户接触点，以打破阻止客户行动的情绪和现实阻碍。他们还要思考该如何调整自己提供的产品和服务方式，以加强客户行动的关键动力。

4. 行为改变价值主张

尤金的团队花了很长时间讨论群体五的一系列动力和阻碍。通过辩论和讨论，他们厘清了各种动力和阻碍是如何相互加强、相互抵消的，以及哪些动力和阻碍是最重要的。随后，他们将讨论结果整合为一种行为改变价值主张，说明他们认为的哪些因素可说服群体五的客户与顾问合作（最好是和恺撒的顾问合作），真正完成一项针对具体目标的理财计划。

尽管格式和他们之前在营销活动中制定的价值主张格式

第 8 章　恺撒金融：我们要管理客户的全部投资组合

类似，行为改变价值主张的目的和内容却和之前截然不同（表8.3）。本质上，他们过去制定的价值主张都是以产品和／或品牌为中心的，旨在向客户清晰传达恺撒产品或品牌的优势。相比之下，行为改变价值主张并不涉及产品或品牌，而是告诉客户在选购过程中的某个阶段，采取不同的行动可收益颇丰。在恺撒的案例中，行为改变价值主张主要强调，应与专业理财顾问合作，为继承的资金制订一项针对具体目标的理财计划，这一行动非常重要。用书中的语言表达就是，群体五的行为改变价值主张阐明了恺撒应加强的有益行为（即动力），及应该削弱的有害行为（即阻碍），以提高群体五客户做出理想行为的可能性。

要说服客户把钱交给恺撒进行理财，关键在于，首先要避免做出任何可能引发客户潜在恐惧和不信任感的行为。新方案旨在消除那些常见的微妙（甚至有些明显）信号，让客户不再感到自己被顾问评判为不善投资或浪费资金。营销团队希望恺撒的顾问肯定客户过去的理财计划和对理财的重视，进而增强客户动力。第二，团队想要通过表明恺撒的产品是针对具体目标的，且恺撒的每位顾问都是实现这些客户目标的真正专家，来向客户证明恺撒非常适合进行具体的以客户目标为导向的投资。这就需要重新调整与潜在投资者的首次谈话，将重点完全放在弄清客户的真正兴趣所在（即新资金的用途），而非关注顾问想要了解的内容（如客户财富水平）。因此，行为改变价值主张讲述了一种将客户带入良性心理循环的方法——证实客户心中想走的路是对的，并且为客户行动铺平道路。

表8.3 群体五的行为改变价值主张

针对	想要投资继承资金的，年龄在 30 到 55 岁的一家之主（群体五）
鼓励的行为	向专业顾问求助，以合理投资近期继承的部分资金，以便实现家庭教育或住房需求相关的具体目标
避免的行为	将继承的资金放入综合投资账户，或不投资该资金（即退出）
可借此为客户创造价值	通过合理使用这笔资金，为家庭成员"做正确的事"，确保自己有尊重遗产赠予人的意愿
因此，我们的行为改变活动将试图增强目标行为对客户的价值，进而提高客户做出该行为的倾向，具体方法如下：	
加强理想行为的关键动力	提供适合将继承资金用于具体目标（如教育）的解决方案／产品
	设计与客户的初次谈话，以便围绕针对客户为部分继承资金确定的具体目标，制订理财计划
	证明恺撒金融有经验和专长，可帮助"像您这样的客户"实现具体目标
消除理想行为的阻碍	将与具体目标和具体用途无关的时间、成本、交接和书面工作降到最低，如精简表格（1-2页），不要求客户提供剩余投资组合的资料，所有问题可在一个小时内回答完毕，等等
	不要询问或含蓄评判客户更大投资组合的现有理财计划

事实上，行为改变价值主张就是尤金和他团队要遵循的行动蓝图，可以引导他们与群体五的客户进行更加积极有效的互动。行为改变价值主张强调，需要重新设计恺撒方案的内容（即其产品和其对全部投资组合的关注），及其工作流程和沟通交流的情绪影响（沟通的语调和节奏，使用可怕的调查问卷，等等）。图8.3概括了全新的客户体验。

第一项任务是制定或调整理财产品，以便可以真正有效地进行针对特定用途的投资。首先，团队针对已知的客户资金用途（为上大学存款），调整现有产品，使其更有针对性。然后，团队针对分析揭露的客户心中其他的目标，如旅行或购买二套住

第 8 章　恺撒金融：我们要管理客户的全部投资组合

宅，设计了全新的投资组合方案。这样调整产品阵容有助于向客户表明，恺撒非常关注客户的内心账，注重改善客户投资表现。

从	到
向客户讲述整个投资组合的理财计划和选项 →	简单认证后，询问问题，收集关于客户目标的信息
客户填写大量关于资产和投资目标的文件，需要后续再与顾问谈话 →	简化书面工作，关注为具体目标投资的资产——理想状况下，在与客户的首次谈话中，顾问就可以完成这一项任务
客户与顾问再次谈话，以讨论投资组合计划，并达成共识 →	顾问介绍适用客户目标的选项和组合方案
为讨论计划内容，客户需与不同产品专家进行多次谈话和交接 →	首席顾问与专家联系，为客户的唯一接触人
行政人员接管客户，批准计划执行 →	在确定和执行首次投资后，寻找后续机会进行交叉销售

图 8.3　重新设计客户体验

团队的第二项任务是制定全新的媒体宣传活动，以实现两个目标：肯定客户心中关于新的资金该用于具体用途的想法，以及表明恺撒是帮助客户采取行动的不二之选。宣传的设计旨在展示，客户应该将从奖金或遗产中获得的新资金，用在那些自己想做却还没做的事情上，同时应该在恺撒专家的协助下完成这些目标，因为后者刚好清楚如何找到适合客户心中资金用途的投资工具。整个宣传过程中的感情基调都应该是肯定的。宣传应尽量清晰地表明，客户对于资金投资的想法是明智良好的，而且恺撒知道该如何帮助客户实现这些想法。借此，团队可引申出恺撒作为有行动力银行的百年传承，巧妙地融合过去宣传活动的标志性元素（如标识、色调、曲调），以便提醒客户恺撒有能力帮助他们实现目标。

第三，恺撒团队大幅减少了烦琐的手续，正是这些手续使得客户反感与理财机构合作。其中，重新设计初次谈话事关重要，因为正是在初次谈话中，许多障碍第一次浮现，大多数客户就此流失。重新设计的目标是将初次谈话变成一个积极的非评判的客户体验，简化行动流程。恺撒团队指导顾问避免询问潜在客户关于全部投资组合的问题，而应快速瞄准更加明确的目标，并在谈话中重点展示投资新资金可以多么轻松地帮助客户实现目标。恺撒团队取消了冗长的资产披露问卷，取而代之以询问潜在客户近期资金流入、风险容忍度等方面的少量问题。随后，顾问要简单介绍可实现客户一项或多项目标的现有选项，即产品或计划，说明各选项的优缺点，但是要注意强调每个选项都是明智的，因为它们都可帮助客户实现目标，只是方式不同。

而后，顾问要当场提议进行投资流程的初始步骤，同时向客户说明如何完成简化选购过程的其他步骤。谈话要更加亲切，更加简短，减少许多客户在交流中感受到的恐惧和不信任感，并让客户感到自己正在朝着具体目标快速大步地迈进。顾问也要表明理解客户的心声，并致力于实现客户目标，这会让投资者感到信心十足和舒适，会鼓励投资者进入选购过程的下一阶段。

简化选购过程还需要将找不同投资专家交接的次数降到最低。过去，团队成员曾将客户转交给不同的专业人士，以处理不同类型的投资，有时甚至会转交两到三次。然而，在每次交接和

第8章 恺撒金融：我们要管理客户的全部投资组合

时间间断中，客户都容易感觉到进展停滞，会再次质疑，并因此退出选购过程。重新设计选购过程后，每个团队成员要同时扮演两个角色：作潜在客户的唯一接触人和建议人，同时与具备所需具体专长的其他团队成员接触沟通。流程加快，间断消失，大幅减少了客户理解和评估不同选项时耗费的时间。在这里，目标仍是快速无缝地引导客户完成选购过程的初始阶段，减少客户退出，鼓励客户向采购阶段进发。一旦客户签订了恺撒金融的顾问，顾问就要注意加深这一关系，一次完成一项任务，逐步提高投资资金的份额。"我们的有些行动相当简单，真的。"尤金说，

"但是这些行动都是深思熟虑的结果。我们意识到，首先要让客户进入选购过程，这通常需要多个触发因素同时发力。我们不再关注借助广告吸引更多的客户进入选购过程，而是关注确保当客户在寻找顾问，协助自己实现具体的目标时，会将恺撒考虑在内。因此，我们扩大了漏斗的入口，然后想方设法通过展开询问客户需求的不同对话，来留住客户。其中的难点在于要接受人们根本不想和我们对话！每个人都想受欢迎，但是我们必须付出努力，才能赢得人们的信任。"

5. 有重点地投资

事实证明，选购过程的最后一个阶段，虽然概念简单，但却

是整个新战略最艰巨的部分之一。"有重点地投资不只是调整营销支出，发布新的电视广告。这个部分相对简单。有重点地投资关系到每位顾问个人的层面，改变我们的运营方式，改变我们的谋生手段。"尤金说。

在有重点地投资中，第一步是确定营销活动的优先顺序，首先关注最可能进行选购的目标群体。在第一波活动中，新的方案和广告资源没有选择同时追求所有客户目标，而是重点关注一项具体的投资触发事件，即继承遗产，以及其相关的投资目标。第二波的营销活动，则针对那些获得意外之财或从其他来源，如升值或奖金，获得新资金的投资者。尽管第二波活动针对的资金和遗产在本质上都是一次性的，但是，在投资者心中，这些类型资金的目标用途却迥然不同。例如，投资者更可能将这些钱投入到个人项目或创业中，因而需要不同的理财产品组合。因此，在执行新方案的最初几年，恺撒的营销支出不再用于"广撒网"，而是更加关注先吸引第一拨客户群体，然后再吸引第二拨客户群体。

如上所述，重新设计的营销活动要想取得成功，在很大程度上取决于，顾问个人是否有能力且愿意采用新的方式与客户打交道。按照惯例，顾问是按照其管理的客户资产总额的比例获得报酬，这一方案会激励顾问吸引少数大型投资者，然后说服他们将大部分或全部资产交由恺撒管理。然而，新的客户目标方案则要求顾问与更多客户围绕相对小额的初始投资展开合作。

因此，对于尤金而言，要说服恺撒的高级管理层和投资顾问团队接受这一全新的增长战略，是一项艰巨的挑战。然而，在这

第 8 章 恺撒金融：我们要管理客户的全部投资组合

个过程中，他受到了来自公司首席执行官的坚定的支持。"当我们向他展示这一分析时，他立刻就懂了。"尤金说，

"知道在我和董事会以及其他利益相关方交谈时，首席执行官会始终支持我，这对我来说意义重大。但是，我也非常清楚我是在拿自己的工作和整个职业生涯冒险。然而，在调查分析之后，我不能在明知现有方案不能帮助我们实现增长目标的情况下，还继续保持现状。逼不得已的时候，我也做好了离职准备——我愿为此孤注一掷。"

在首席执行官的支持下，尤金的团队与主要高管和人力资源部合作，设计了全新的培训方案，以便向顾问讲解全新的产品供应方案，还修订了客户交谈协议，转而关注客户的投资目标。他们还调整了财务奖励计划，顾问薪酬的计算不仅参照管理的资产额，还基于顾问接触以及留住新客户的数量。不可避免的是，有些顾问抗拒这些改变。因此，公司有时不得不决定放任一些长期签约的顾问离去（这些顾问通常在离职时带走许多理财客户）。

6. 本章后记

恺撒金融的理财服务并非在一夜之间发生了彻底改变。但是，在执行新战略，关注为投资者实现具体目标后，效果却很快显现。在恺撒引入新的针对具体目标的投资组合方案后，有大量

潜在客户想要和恺撒的理财专家讨论，而这些初始讨论转化为最终销售额的比例也急剧增长。到了新活动执行的第三年，与顾问初始谈话的数量上升幅度超过25%，而初始会议转化为全新顾问关系的比例也翻了一番，从18%左右上升到48%。有些初始投资尽管金额相对较小，但是却常可以在长期带来的额外投资，以实现其他所需目标。

在发布新产品和开展全新的广告活动后，恺撒金融的管理资产规模的年增速超过了行业均值。在第一年，其管理的资产总额增长了7%（而行业整体的增速则为3%）；第二年，增长了10%；第三年，增长了12%。当其他企业仍在争先恐后地吸引大型投资者，努力获得客户全部投资组合时，恺撒却成了行业的领头羊，通过解决客户需求，为客户具体的投资目标提供有针对性的服务，从而另辟蹊径，大幅扩大了其客户基础。

第 9 章

第四条原则：制定行为改变价值主张

在恺撒金融任职之初，尤金·森面临这样一个令人不安的现实：所有的理财公司都在提供几乎完全相同的产品价值主张。简而言之，他们给投资者的信息就是：让我们管理你的所有资金，我们会给你带来最高投资收益。这一说法的可信度源自恺撒高学历的理财顾问，其独有的整套分析工具，以及广泛的理财产品，等等。这些卖点都与恺撒的竞争对手兜售的东西大同小异。因此，市场中充斥着提供相似服务和价值主张的相似企业，竞争异常激烈。尤金的处境并非个例，事实上，他的处境代表了许多公司的处境，这些公司都在推广足够优良却不够独特的产品或服务。

面对这一困境，营销人员通常的做法是加倍努力，通过开展更加大力、更频繁、更昂贵的宣传和推广活动，突出其产品差异化。看到恺撒这一做法收效甚微，尤金决定另辟蹊径，不再试图改变客户对公司品牌或产品供应方案的看法，而是将恺撒新战略的重点放在选购过程中某些常见的行为上。认识到大多数投资者实际只想获得投资建议，来帮助自己实现新资金的特定目标，而非想获得关于全部资金管理的建议，新的方案试图推动这一行为，并消除客户在采取该行动时常面临的阻碍。

大多顾问常主动阻止客户将投资组合分散处理，有时还会为此制造阻碍，例如让客户完成冗长的关于其全部资产的财务披露表。相比之下，尤金则决定增强客户做出此类行为的倾向。

新的方案没有为客户的全部投资组合制定综合计划，而是旨

第9章　第四条原则：制定行为改变价值主张

在肯定和加强客户为特定目标投资特定金额资金的做法。注意，新方案并没有推广产品或品牌，而是向客户指出，当他们有新资金用来投资时，咨询理财顾问的新行为是有意义的。恺撒重新设计的营销活动，重点推广这一行为改变价值主张，还调整了其产品供应方案和服务来支持这一行为，消除阻碍。在激烈的市场竞争中，面对众多提供相似产品的对手，恺撒改变了其营销方式，进而相较对手而言，实现了顾问合同数量和管理资产规模的快速提高。

的确，有些企业的产品极具差异化，甚至可以说是颠覆性的产品。泰拉斐就是如此。然而，尽管泰拉斐可以为一重症提供突破性的有效治疗，其销售增长率仍然停滞不前。我们并不是说销售增长与产品有深入人心、脱颖而出的价值取向毫不相干，这当然也非常重要。独特可信的产品价值主张是增长的基础，但是有力的产品价值主张本身并不足以确保增长。进一步增强已经深入人心的产品价值主张，也并不总能带来更快的增长。事实上，在客户心中创造令人印象深刻的积极产品（或服务）联系，哪怕是非常深入人心的联系（如将宝马与"终极座驾"联系到一起），对于增长的促进作用也只是喜忧参半。就像我们在前几章指出的那样，这其中的原因在于，要实现可靠的更快增长，只能引导客户在选购过程中，朝着对公司有利的方向来改变特定高产行为。

读者可能对行为改变价值主张的概念闻所未闻，但是已对产品价值主张或定位说明耳熟能详。在这一章，我们会说明行为改变价值主张与产品价值主张的共通之处，以及前者的独特之处。

尽管一直以来，传统观念都在强调，制定连贯一致、令人信服、别具一格的产品价值主张非常重要，但是，我们认为专注围绕有力的行为改变价值主张，构建营销活动，可以为读者带来更快的持续的增长。

1. 传统观念

一般而言，在不同的企业和营销人员中，产品价值主张的具体形式和内容千差万别，但是，所有的产品价值主张都包含了几项基本元素。本质上讲，产品价值主张说明了企业如何定位其产品或供应方案，以说服客户自己的方案拥有对手方案所不具备的价值。因此，产品价值主张首先会确定其价值主张针对的客户群体。第二，产品价值主张会识别产品或品牌可为目标客户提供的具体功能优势。好的产品价值主张通常只关注可以轻松传达的几个核心优势。尽管一个产品供应方案可能具备客户重视的多种优势，但是单一优势信息更可能给客户留下深刻的印象，如迪士尼是"世界上最快乐的地方"。

第三，产品价值主张认为，客户在评估所有产品或供应方案时，都会将其和次佳选择对比。因此，产品价值主张通常会细致描述相比对手产品，其产品的功能优势有哪些，或独特之处在哪里。最后，产品价值主张通常包括一系列证据，用来让客户相信其产品特性、企业资源、资产、能力、或客户服务，可以确保发挥其声称的绝佳优势。因此，企业可以说自己在一个核心优势方

第9章 第四条原则：制定行为改变价值主张

面表现优越，如是最可靠的航空公司，然而只有当企业可以提供相关证据时，如准时出发和到达的表现优于行业标准客户，客户才有理由相信其宣传的优势。在标准做法中，深入人心、别具一格的产品价值主张是营销计划的关键所在，为增长行动提供了平台。增长行动就旨在通过强调理由，说服客户相信其企业的供应方案优于对手方案，使得其筛选的优势在目标客户中深入人心。

那么，这一方案的问题在哪呢？在我们看来，传统方案有四个根本性的局限。首先，尽管传统营销观念强调，拥有差异化的产品价值主张和在客户心中建立独特的定位至关重要，然而，事实却是很多产品和服务根本没有那么突出。尽管工程师在绞尽脑汁为供应方案设计独特的亮点，尽管营销人员在大力宣传这些亮点，但是，在许多竞争非常激烈的市场中，重大且有意义的产品差异化却来之不易。璀璨、恺撒和恩塞维团队面对的状况都是如此。他们都有很好的产品和服务，都有相比对手产品而言的关键卖点可供宣传。然而，不论他们多么卖力、多么巧妙地宣传这些卖点，客户仍然不能真正看到这些产品和同类产品的区别。这些企业关注产品的营销活动收效甚微，是因为其核心产品宣传的说服力不足以激发人们行动。

第二点，也是非常重要的一点，就是传统产品价值主张驱动的模型只谈及产品的积极方面。产品价值主张几乎总是在围绕产品采购的优势展开，根本不涉及产品的缺点或选购过程中的阻碍。然而，在许多客户情境中，销售技巧的关键之处并不在于加强优势，而在于消除产品、服务或供应方案相关的劣势。例如，如上所述，尽管航空公司一直以来都强调航空旅行的愉悦和舒适，大多数商务旅客真正关注的却是减少麻烦。航空业最近的许多创新，如将飞机延误的通知发送到客户手机上，或用登机牌在家中办理乘机手续，都是旨在减少旅行的麻烦。因此，有效的营销活动应同时针对选购体验全程的优缺点，来采取行动，而传统的产品价值主张很少像这样均衡地看待客户利益。

基于产品价值主张的传统方案的第三和第四个局限，源于其默认只关注选购过程中的一个阶段，团队因而忽视了许多潜在的增长机遇，低估了客户外出购物时遇到的可能影响其想法的许多因素。产品价值取向关注选购过程下游的行为，即产品选择阶段的行为。实际上，产品价值主张想直接让已经决定购买品牌乙的客户改为购买品牌甲。在这一做法中，增长只能靠获得市场份额或维持市场份额实现。问题就在于这一做法忽略选购过程中其他所有阶段的同时，也忽略了许多增长机遇（不能从这一增长中获益），既不能吸引新客户进入该品类市场，也不能在现有的客户中提高产品使用数量或强度。如上所述，关键的高产行为可以发生在选购过程的任何一个阶段，上游和下游都有可能，且可能不只影响产品或品牌选择（见"在选购过程的不同阶段寻找契机"栏）。

> **在选购过程的不同阶段寻找契机**
>
> 在制药行业中，有很多企业在选购过程的不同阶段寻找契机的例子。例如，万艾可重点关注选购过程的起因阶段，以提高客户对其适应证的重视。作为同类产品中首个进行营销的产品，同时作为市场份

第9章 第四条原则：制定行为改变价值主张

> 额的领头羊，万艾可通过增加市场漏斗开口处的客户数量，获得比同行更多的收益。与此同时，其他制药厂家则关注在选购过程的末端发力，确保患者谨遵医嘱服药。借助含有电子标签的塑膜包装，甚至是可摄入传感器，这些厂家通过让更多患者选购后谨遵医嘱来实现增长。上述增长战略都没有关注产品或品牌选择，而是将重点放在整个选购流程的其他阶段。

最后，也是最重要的一点，标准方案认为，明显偏好产品甲的客户一定会寻找并且购买这一产品。这一观点尽管看似符合逻辑，但却没有反映客户购物的现实。正如我们看到的那样，不论客户最初的偏好如何，在选购过程中发生的事，可以大幅影响客户的想法和行为。因为客户在购物过程中会遇到一些情况，所以品牌偏好并不总能决定实际采购行为。在"商对商"和"商对客"情境中，都会发生这样的状况。例如，产品经理可能会倾向一个卖家，但是却因为公司采购流程的限制，最终选择了另一个卖家（见"从态度到行动"栏）。

> ### 从态度到行动
>
> 以优步拼车为例。在过去几年中，优步成功地在城市中的年轻智能手机用户心中，建立了其相对出租车而言更加廉价方便的服务定位。然而，尽管其价值主张深入人心、别具一格，但优步除了需要客户相信其优势外，更需要客户做出行动。具体而言，优步需要目标客户在智能手机上下载优步的软件，这是使用优步服务的前提。拥有有

> 力的产品价值主张，也许能帮助说服客户做出这一行为，但是从相信优势到行动之间，可能仍缺少一条直接路径。在优步的案例中，开展营销活动，通过向客户展示下载软件的价值，并减少下载软件的阻碍，让目标客户采取行动，可能会比宣扬服务优势的广告和促销活动更能有效地推动增长。重点就在于在选购过程中发生的事件会深刻影响选购结果。除非客户会从始至终坚持自己的偏好，否则让客户偏好你的品牌并不能真正奏效。

总之，传统做法对产品价值主张的重视有一些重大局限。即使是极为独特的产品价值主张，也不一定能带来收入增长。此外，因为选购过程中会受到其他因素的影响，所以客户经常会购买无差别的产品或足够好的产品。我们绝不是想说产品差异化微不足道，而是想表明，产品差异化还不足以实现增长。我们的方案提倡更加均衡地看待有力的产品价值主张和深入人心的行为改变价值主张的重要作用。

2. 方案：行为改变价值主张

我们认为，尽管良好的产品价值主张是产品增长战略的必备元素，但是，其本身不足以实现业绩的更快增长。明确地讲，糟糕的产品肯定行不通，不管怎样营销或销售，都不会管用。确保良好的产品成功销售的关键在于，确保客户在选购过程中，在天时地利人和的条件下，会看到、了解或接触这些产品，换句话

第9章 第四条原则：制定行为改变价值主张

说，客户会做出高产行为。行为改变价值主张就是一套行动方案，可以说服客户做出高产行为，在选购过程中的有利节点上采取行动。行为改变价值主张帮读者阐明了两个具体观点：第一，表明相比其他可能出现的选购过程行为，潜在客户做出高产行为的价值；第二，描述读者该如何增强该行为对客户的价值，进而提高客户做出该行为的倾向。因此，一个深入人心的行为改变价值主张，是产品价值主张的基本补充，为实现更快增长提供了全面可靠的行动蓝图。

回想一下，恩塞维团队的关键认知是，如果设备经理在选购过程早期咨询了卖家，询问节能项目事宜，那么他们会更可能完成节能项目，并且，选择最初咨询的卖家的可能性是选择其他卖家可能性的五倍。这一认知的言下之意非常明确——在选购过程早期更加频繁地接触这些客户，更可能引导他们进入后续活动的路径，最终向恩塞维采购节能项目。因此，恩塞维的增长行动就涵盖了许多旨在改变这一具体上游行为的活动。

注意，其增长行动也排除了一些活动。增长行动没有涉及花钱宣传恩塞维节能项目相比同行的优势，没有提及恩塞维设备或服务优于同行的原因所在，也并不包括在客户心中形成关键产品优势的定位。相反，实现更快有机增长的动力在于，增强目标客户心中的高产行为（如在为下一年计划制订节能方案时，要咨询合格的卖家）的价值。恩塞维对销售人员进行了培训，指导其针对节能管理各方面提供更加准确可行的认知，进而激发客户行为的动力，同时方便客户接触销售人员，并获得建议，进而减少客户行为的阻碍。增强这看似毫不起眼的选购过程行为，可让客户更加频繁地做出这一行为，因为相比其他选购行为，客户会从面向恩塞维的咨询中收获更多。紧接着，随着时间流逝，这就会提高客户向恩塞维采购节能项目的频率。

应该注意，这一观念会让很多产品经理和营销人员感到不适。在我们为客户提供咨询的过程中，我们常看到客户惊恐又意外地盯着我们，然后说类似"你们是说，你们想让我把70%的营销预算花在产品介绍之外的地方"的话。在有些案例中，我们就是这个意思。回顾一下，泰拉斐扭转乾坤的关键就在于其非品牌相关的信息宣传活动，而不是宣传药品的治疗功效，活动重点在于鼓励中年女性要求医生进行诊断检查。为此，泰拉斐向中年女性展示，对于其关注健康和幸福的内在需要而言，要求检查的行为非常重要。对于这看似将时间和金钱从推广药品上移开的做法，泰拉斐团队开始也左右为难，直到几个月后，他们看到销售额大幅提高，才放下心来。

行为改变价值主张的目的在于，使做出理想行为对于客户而言价值更高，在行为本身以及在帮助做出最优选购决策方面，都是如此。从这方面看，行为改变价值主张和产品价值主张有共通之处，但也有其重要的独特之处。顾名思义，产品价值主张和行为改变价值主张的目的都是在目标客户心中提示并建立某些事的价值。产品价值主张的重点在于通过宣传产品甲的优势，引导客户选购产品甲，而非其他产品（或其他选项）。从本质上讲，产品价值主张传达了一项具体行为的价值信息，也就是购买或使用

第9章 第四条原则：制定行为改变价值主张

特定品牌或产品的价值信息。相比之下，行为改变价值主张则关注整个选购过程，或者更确切地说，关注可能发生在选购过程任一阶段的特定高产行为。

有效的行为改变价值主张会清晰地阐明，相比现状，客户做出理想行为会有哪些具体收获。同时，行为改变价值主张还会列出引导行为改变的总体行动计划。因此，行为改变价值主张有两个组成部分：第一，向客户群体清晰地传达行为价值；第二，明确哪些举措可以提高客户群体心中该行为的价值。具体而言，行为改变价值主张会：

- 识别一个具体客户群体；
- 清晰地表述目标行为改变，即读者希望客户相对现在的行为而言做出哪些行为；
- 描述客户做出理想行为的好处；
- 明确提高目标客户做出理想行为倾向的动力；
- 明确妨碍目标客户做出理想行为倾向的阻碍。

行为改变价值主张的前三个部分涉及目标高产行为的价值，而第四和第五部分则涉及如何增强该行为的价值。

在很多案例中，有必要同时制定产品价值主张和行为改变价值主张。事实上，我们方案的前提假设是，产品或服务的价值主张足以说服客户购买该产品或服务。同时，如上所述，拥有清晰新颖被客户认可的产品价值主张，可以有效地帮助实现行为改变价值主张针对的行为目标。回到优步的例子，如果客户认为相比传统出租车，拼车更安全、方便、便宜，那么这些对产品优势的

235

有机增长： 激活高产行为以取得非凡业绩

认可会支持优步开展行动，引导客户做出相关的行为改变，即下载优步软件。

如图9.1所示，同时拥有独特产品价值主张和独特行为改变价值主张的企业将拥有最大优势。在泰拉斐的案例中，山姆·威尔科克斯非常幸运，一开始泰拉斐就拥有极高的差异化，治疗功效清晰明确，为医生所周知（因此山姆在矩阵的左上部分）。然而，持续加速增长的催化剂，则是加入了表述清晰的行为改变价值主张。这一行为改变价值主张，帮助他的团队制定并执行了有效的营销活动，改变了客户行为，引导患者要求医生开出适应证的客观检查。

之前：销售代表向医生详细介绍药品对无症状疾病的独特治疗功效

之后：开展非品牌相关活动，引导患者要求医生开出客观检测，因而大幅提高有患病风险患者获得药物处方的数量

尽管大力开展多项活动，宣扬产品独特优势，增长仍停滞不前。

新活动关注推动行为改变，引导客户要求（或开出）适应症的客观检查，同时辅以普及检查的相关措施，结果大幅提高了增长，还降低了总体的营销支出。

纵轴：产品价值主张的差异化（低—高）
横轴：行为改变价值主张的差异化（低—高）

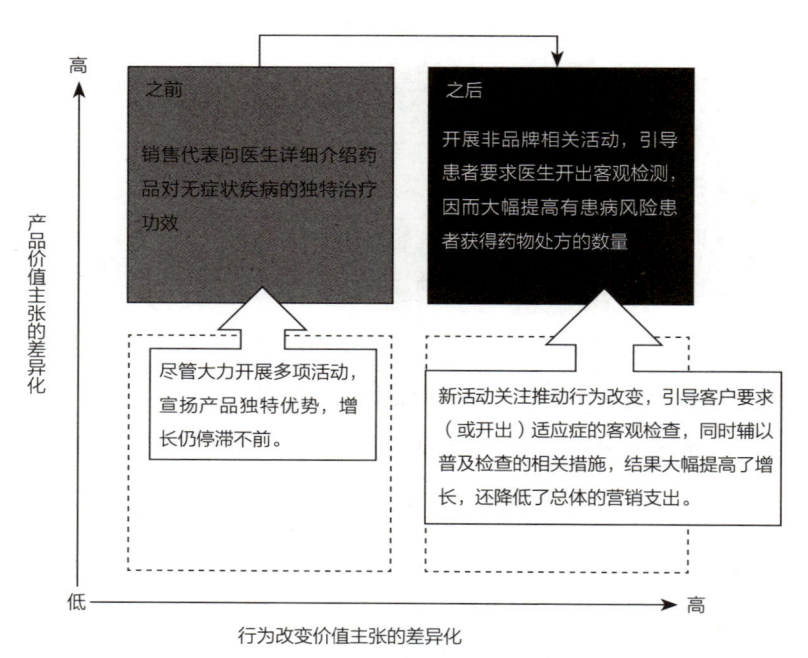

图9.1 产品价值主张和行为改变价值主张的差异化图：泰拉斐

第9章　第四条原则：制定行为改变价值主张

然而，正如恺撒金融的案例所示，没有必要在一开始就建立强有力的产品差异化。当时，尤金·森就是被牢牢困在图9.1矩阵中的左下部分，恺撒的产品价值主张与对手雷同，同时没有任何行为改变价值主张。参考选购过程分析中得出的深刻认知，尤金的团队基于资金用途目标的概念，为目标客户构建了深入人心的行为改变价值主张。一旦在客户心中确定，请顾问帮助投资用于具体用途的部分资金的行为有重要意义，他们就可以进而增强其理财产品的产品价值主张。从某种程度上讲，理财产品的真正内容，如内在分析和投资算法，并没有发生巨大改变。然而，恺撒却可以创造投资组合方案，以适用于特定的资金用途目标，如投入教育、为退休存款，或计划假期等。这就使得恺撒的组合产品在同类产品中脱颖而出（见"一场活动还是两场"栏）。

一场活动还是两场

考虑到同时拥有良好的产品价值主张和有力的行为改变价值主张很重要，那读者应该实际开展两场活动吗？也就是说，一场活动去建立或维持产品价值主张，另一场活动去建立和推动行为改变价值主张。从实用的角度来看，你必须经常宣传产品价值主张，以便维持其市场知名度。我们很少提议彻底放弃所有以产品为中心的营销活动。反过来讲，你通常需要采取更多行动，甚至大量行动，才能建立有力的行为改变价值主张，特别是当理想行为改变发生在选购过程中和产品选择阶段相隔甚远的阶段时。

一般而言，有三个因素会影响你对行为改变价值主张相对产品价

> 值主张的重视程度：现有产品价值主张的影响力、理想行为在选购过程中的所在位置，以及理想行为和当下行为的差异度。如果产品价值主张已经深入人心，理想行为在市场上寥寥无几，同时理想行为发生在产品选择的远端上游或下游，那么我们建议可以把几乎全部重心放在行为改变价值主张上。恩塞维案例分析中的情境就是如此，恩塞维的产品广受好评，但是理想行为（即找顾问咨询节能项目的事宜）却在行业中极其罕见。相比之下，在那些产品价值主张薄弱的案例中，你也许需要倾注更多的资源，来提高产品供应方案的声誉和吸引力，以便确保行为改变价值主张可以有效地发挥作用。在这些情况中，你也许需要针对产品价值主张和行为改变价值主张开展不同的组织行动。

总而言之，良好的行为改变价值主张必须简单明了，通俗易懂，能让所有设计和执行营销活动的相关人员都清楚行为改变是什么，以及如何实现这一行为改变。在下一部分，我们将详细说明如何构建有效的行为改变价值主张。同时，在附带讨论环节，我们将简要讨论一个行为改变模型，供读者用于评估行为改变价值主张的提案能否满足要求，从而实现行为改变。

3. 第四条原则说明

为协助团队构建有效的行为改变价值主张，我们整合了之前分析的重要因素，并借此开发了一个简单的模板（表9.1）旨在逐

第9章 第四条原则：制定行为改变价值主张

步指导读者创建设计文档，用以组织未来的所有针对特定群体的行为改变活动。考虑到这些活动需要读者分清在何处、何时、以何种方式投入营销资源（将在第10章中深入讨论这一内容），制定清晰可行的行为改变价值主张就显得非常重要。此外，在行为改变价值主张中，还要令人信服地表述出如何实现目标行为改变。

表9.1　行为改变价值主张模板

针对 [目标群体]	
鼓励的行为 [理想行为]	
避免的行为 [当下行为／普遍行为]	
可借此为客户创造价值 [行为改变的好处]	
因此，我们的行为改变活动将试图增强目标行为对客户的价值，进而提高客户做出该行为的倾向，具体方法如下：	
加强理想行为的关键动力 [激发选定动力的机制]	
消除理想行为的阻碍 [克服选定阻碍的机制]	

239

4. 行为改变价值主张模板

表9.1中的模板可用于构建客户群体层面的行为改变价值主张。第一眼看，行为改变价值主张的格式和产品价值主张的格式类似，但是实际上，行为改变价值主张的重点和组成部分却截然不同。最重要的区别在于，行为改变价值主张关注目标群体做出目标高产行为的好处，而非关注产品选购和使用带来的好处。因此，行为改变价值主张会指导如何说服客户更加频繁地做出高产行为，而非向客户列出相信其产品的理由。行为改变价值主张的各部分放在一起，可形成一种清晰简明的表述，阐明要实现的行为改变，做出该行为对目标群体的意义，以及企业激发改变方案中的关键元素。行为改变价值主张就是团队参与针对客户群体创造、运营和推广活动时的行军令。

从两个部分着手对于建立、理解这一模板很重要。在第一部分中，要明确目标客户群体（对象）、目标行为改变（内容），以及更加频繁地做出高产行为的价值主张（动机）。对象和内容自然会同时出现，因为正如第5章说明的那样，客户群体的定义就基于特定角色的人群做出目标行为的倾向。因此，行为改变价值主张第一部分的关键，就在于行为价值主张表述本身，这将会解释对于目标群体的客户而言，在选购过程的某个阶段，为什么相比其他可能行为，做出目标行为会更有价值。产品价值主张描述了客户通过选购、拥有和／或使用产品而获得的好处，而行为改变价值主张则展示了行为本身的积极意义。

第9章 第四条原则：制定行为改变价值主张

行为改变价值主张模板的第二部分则过渡到了行动。第二部分识别了少数关键的动力和阻碍，你可以据此针对目标群体设计行动，还谈到如何应对这些动力和阻碍。实际上，这些表述介绍了你该如何通过增强激励、扫清阻碍，来提高高产行为为客户带来的净值。正如第7章所述，要提高某一活动的价值，你可增强其公认的优势，或使进行该活动变得更加容易，或减少进行该活动的难度。通常提高活动价值最划算的方式，就是针对动力和阻碍同时施策。

表9.2借用恺撒团队一个关键客户群体的例子，阐明了填写完成后的行为改变模板是什么样子，以及其各个部分如何协同工作。在这个案例中，目标群体是那些想要投资继承资金的，年龄在30到55岁的一家之主们。要触发的关键行为是当这些客户想要为教育或住房相关的具体目的投资时，他们会向专业顾问求助，而非简单地将继承的资金划到通用投资账户中。选购过程和客户行为框架表明，这些客户已经有做出这一行为的倾向。为具体目标投资具体金额的资金对他们而言是有意义的，通过为家人合理使用这笔资金，可以表达对赠予人祝福的尊重。

表9.2 恺撒金融的行为改变价值主张

针对	想要投资继承资金的，年龄在30到55岁的一家之主（群体五）
鼓励的行为	向专业顾问求助，以合理投资近期继承的部分资金，以便实现家庭教育或住房需求相关的具体目标
避免的行为	将继承的资金放入综合投资账户，或不投资该资金（即退出）

241

（续表）

可借此为客户创造价值	通过合理使用这笔资金，为家庭成员"做正确的事"，确保自己有尊重遗产赠予人的意愿
因此，我们的行为改变活动将试图增强目标行为对客户的价值，进而提高客户做出该行为的倾向，具体方法如下：	
加强理想行为的关键动力	提供适合将继承资金用于具体目标（如教育）的解决方案/产品
	设计与客户的初次谈话，以便围绕针对客户为部分继承资金确定的具体目标，制订理财计划
	证明恺撒金融有经验和专长，可帮助"像您这样的客户"实现具体目标
消除理想行为的阻碍	将与具体目标和具体用途无关的时间、成本、交接和书面工作降到最低，如精简表格（1-2页），不要求客户提供剩余投资组合的资料，所有问题可在一个小时内回答完毕，等等
	不要询问或含蓄评判客户更大投资组合的现有理财计划

即使这一群体的客户认识到目标行为的潜在价值，恺撒团队仍需要消除阻碍，增强动力，以便实现该价值主张。例如，恺撒需要巧妙安排其投资方案，以更加明确、更加深刻地适应客户资金用途目标，还需设计初次谈话的内容，把注意力放在资金流入上。为消除阻碍，恺撒需要将其注意力从获得客户全部投资组合转到简化书面工作和手续流程上，以便完成具体用途目标的投资。

5. 明确角色、内容和动机

角色和内容：明确目标

我们的经验是，当团队已经在执行整个策略过程中制定清晰

第9章 第四条原则：制定行为改变价值主张

决策，他们就应该可以很快明确目标客户群体和目标行为改变。如果团队发现这一步有困难，那么很可能是因为他们在之前的分析中有纰漏，或者团队对一些核心决策还没有达成共识。在这种情况下，团队不应为了完成行为改变价值主张，试图强行就关键问题达成共识，甚至是假装达成共识，相反，更好的做法是团队重新进行之前的分析步骤。

在这里，我们想强调，行为改变价值主张要求，你要明确自己想看到增多的具体行为，即目标高产行为，以及想看到减少的具体行为。你可以在心里将行为目标定义为想推动的全新的理想行为，但是，实际上，顾名思义，行为改变价值主张事关具体行为改变，即从行为甲变成行为乙。行为改变价值主张的目的在于，明显提高在选购过程同一阶段，做出目标行为（如联系卖家）相较其他行为（如在网上调查）或退出选购过程的价值。要制定正确的行为价值主张，你需要明确并深刻地认识到，目标行为——你想让客户做出的行为——是客户心中多个备选行为之一。

表9.3就借助前几章中企业案例分析的行为目标，阐述了这一观点。表9.3列出了每个团队通过选购过程分析识别的目标高产行为，以及他们想要客户停止或减少的最重要的替代行为。在有些案例中，行为改变直截了当，如在店里试用彩妆，而非不试用；而在另外一些案例中，团队则不得不细致研究当下的选购流程，以尽量准确地描述他们想取代的替代行为。你对当下行为的描述越精确，其想要实现的行为改变就会越清楚。

表9.3 目标行为改变的例子

企业/品牌	客户群体	做出	相反
泰拉斐	受过高等教育的、年龄在55到65岁之间、之前未接受过无症状疾病评估的女性	要医生开出无症状疾病的客观检查	等医生推荐检查
恩塞维	负责多幢中型/大型建筑、定期跟踪能耗、过去曾完成两个以上节能项目的设备经理	考虑节能项目时，在选购过程早期咨询卖家	等到发出征求意见书阶段才联系卖家，或不采取任何行动（即不深思熟虑，跟进完成项目）
璀璨	开始选购化妆品的青春期前/青春期的女孩	在选购点试用璀璨的彩妆，以查看色号是否适合自己	不在店里试用彩妆

关键在于，要尽可能清晰明确地描述目标行为改变，做到既方便观察，又利于衡量。事实上，整个方案的基本观点就是，通过改变特定群体的这一具体行为，可以带来这部分客户业绩的大幅增长。下一步就是弄清客户想改变其行为的动机。

动机：选购过程行为（改变）的价值主张

行为改变价值主张的下一部分内容就是价值主张本身。价值主张会清晰阐明为什么目标客户想要做出该行为，而不是其他行为——他们能借此得到什么。除非做出全新行为本身就可以带来明确的好处，否则读者在试图激发理想行为改变时将寸步难行。

通常而言，表述价值主张是制定行为改变价值主张过程中最难的部分，因为这是整个过程中人们最不熟悉的元素。毕竟，价值主张无关产品，无关客户对产品好恶的原因，只关乎在选购过程中，客户对诸多活动中的一项活动赋予的价值。通常而言，在

第9章 第四条原则：制定行为改变价值主张

选购过程中，目标行为的发生与实际产品选择相距甚远，因此，看到这一行为的相关性就变得更加困难。然而，目标行为却是实施方案过程的核心和灵魂，是确保更快增长的关键所在。

如上所述，恺撒金融认识到，当客户将继承的资金投入具体用途时，可以感觉自己在通过合理使用这笔资金，为家人做正确的事，向赠予人的祝福表示尊重——这就是该行为的收获。尤金和他的团队了解到，客户会自然而然地偏向并看到这一行为的价值。客户会在内心算一笔账，为特定目标分配特定资金。然而，客户却常常受到来自投资顾问的阻碍，因为后者会敦促他们整体看待投资组合——从本质上讲，贬低了客户自身行为的价值。通过认识并肯定客户对这一行为的重视，恺撒成功找到了一个全新的增长机遇。

要识别行为改变对客户的好处，最好就是去客户叙事中探寻。客户叙事利用客户行为框架分析，从多个维度讲述了关于客户和客户想要什么的故事。在恩塞维的案例中，客户叙事发挥了重要作用，生动地描绘了被长期忽视的设备经理的情况，帮助团队发现，目标群体中的设备经理很重视在专业同行中建立声誉，而开展创新前沿的节能项目则可帮助其实现这一目标。对于设备经理而言，在选购过程早期积极频繁地咨询卖家，会让他们收获颇丰，可以帮助其构思和形成前沿观点，并将这些观点纳入其管理建筑的节能降费计划中。这一发现微妙却重要。同样地，尽管借助选购过程分析，团队清楚地认识到，让设备经理在早期咨询卖家可为恩塞维带来好处，但是，团队仍需要理解做出该行为可为客户带来的好处，才能激发这一行为。

泰拉斐团队在对标理想行为改变为目标群体带来的好处时，表现就极为亮眼。这里，泰拉斐的目标群体是受教育程度高、年龄较大的女性。在客户叙事中，一个清晰明显的信息就是这些女性非常重视主导事关身体健康和生活方式的决策。除了想看起来和感觉健康外，她们还看重能把幸福掌握在自己手中。在营销活动中，泰拉斐团队刊登了非品牌的杂志广告，借此成功地利用上述客户动机，将"要求进行无症状疾病检查"定位为在客户每个年龄阶段照顾好自己的必要部分。同样地，璀璨团队通过挖掘青少年客户与母亲和朋友一起选购、试用化妆品的乐趣及社会意义，强化了这部分客户从试用化妆品中获得的好处（见"改变客户行为"栏）。

改变客户行为

我们只讨论识别客户对于特定行为赋予的价值，而非该行为改变的难易程度。任何在费力减肥、控制体重的人都可证实，有些行为改变很难实现。在制药行业，不遵医嘱服用救命药物，以防止心脏病复发的发生率高到让人难以想象。尽管理解也承认减肥或服药会带来很多好处，人们有时仍然不能坚持到底，做出行为改变。你需要实事求是地看待行为改变的类型和程度，但是首先要从客户的角度，弄清为什么改变是值得的。

6. 明确如何激发目标行为的价值

行为改变价值主张的第二部分，关注如何实现理想行为改变。行为改变价值主张表述的第一部分，围绕客户及行为改变对于特定群体的价值展开，而第二部分则深入研究如何激发这一改变。事实上，在识别了活动的价值后，你现在就应该转向识别如何激励客户采取目标活动。这一部分的起始点就是从客户行为框架和客户叙事中得来的一系列动力和阻碍。行为改变价值主张重点强调这一表单中的部分因素，将其作为行为改变活动的工作中心，并探讨不同的行动选项。

在很多情况下，你可能需要从一长串的动力和阻碍开始。例如，恺撒金融的尤金团队就生成了行为改变的六个动力和七个阻碍（表8.2）。尽管所有因素都有效，但是同时关注十三项改变因素一定不切实际，造价不菲。在实践中，你应将这些因素缩减到自己能应付的程度，最终确定两到三个关键动力及两到三个关键阻碍。关于具体如何缩减，并没有严格的方法限制，但是思考与理想行为价值相关的主题常会对此有所帮助。这些主题可以帮助你在众多动力和阻碍中，瞄准特定元素。借此，恺撒团队最终关注了那些与围绕特定目标投资主题最明确相关的动力和阻碍，而非关注与恺撒投资顾问专长相关的更加宽泛的因素。恺撒通过围绕最常见的用途目标制定营销方案和供应方案，取消浪费时间的书面工作和理财顾问间的多次交接，方便了客户为具体目标投资具体金额的行为，还向客户表明这一行为难能可贵、合情合理。

对于恩塞维团队而言，在引导设备经理放弃网上调查，转而与卖家面谈时，他们注意到的一个关键主题就是"信心"。对于设备经理而言，与卖家面谈有意义的一个关键元素要增强信心，让设备经理坚信自己可以识别、提议、获批、并顺利执行节能项目。在最初识别的一系列动力和阻碍中，这一主题以各种形式多次出现，因而成为恩塞维团队的关注重点。此外，MOA模型也可帮助指导筛选少数元素。读者应尽力确保筛选的活动组合可以让客户有动机（Motivation）、机会（Opportunity）和能力（Ability）做出理想行为改变（见"MOA模型"栏）。

MOA模型

有大量文献研究人类行为如何改变。这是形形色色领域的核心课题，如经济学、员工管理、减重和营养、当然还有销售和营销等，都关注这一点。然而，对改变现象的各种解释本质上存在一些共通之处，而MOA模型就反映了这些共通之处。简而言之，这个模型认为，要人们作出行为改变，需要三个条件：动机、机会和改变能力。动机可以是外在激励的作用，如奖惩机制，也可以是内在因素的影响，如关于行为改变意义的认识和态度。机会指当事人所处情境（物理情境、社会情境等）对其变化能力的影响。改变能力包括技能、知识和才能等因素，这些因素使得改变成为可能。如果不能满足这三个条件，那么就不可能出现行为改变。

在第7章中，我们讨论了行为改变框架的提示问题，这些问题的设计就旨在获取与MOA三个因素相关的信息。客户行为框架关注客

第9章 第四条原则：制定行为改变价值主张

> 户的背景、认识和理想体验，可帮助读者理解和清晰表述支持或妨碍理想行为的因素。随后，这些认知被整合进客户叙事中，最终转化为每个客户群体的动力和阻碍表单。
>
> MOA模型是一套有用的工具，可以用来评估和检验读者制定的行为改变价值主张的表述。有效的行为改变活动应确保目标客户有足够的动力、机会和能力进行理想行为，或是在现有条件的作用下，或是在团队行动的影响下。在恺撒金融的案例中，恺撒的营销活动通过肯定客户习惯算心里账，肯定客户针对具体目标单独投资的行为，从而增强了客户动力。其营销活动的重点是通过减少理财顾问常设的障碍，提供方便这一投资方式的全新理财产品，确保客户有机会、有能力将这些意图坚持到底。

我们已经多次提到，消除阻碍可对激发理想行为产生决定性作用。璀璨品牌的例子就充分说明了这一点。璀璨重新设计了销售点展台，新增了一次性产品样品和大镜子，进而减少了青少年在量贩商店购物时常遇到的产品试用阻碍，增加了她们在店里试用产品的机会。这些创新做法还让年轻客户更能感受到购物的乐趣和社交作用，而对于这些客户而言，乐趣和社交是购物体验中的重要元素。此外，璀璨还丰富了吸引青少年客户的色号，同时将单个产品的价格点控制在较低水平，进而确保这些客户可以找到并购买适合自己的产品。重要的是，璀璨团队认识到，只改变部分因素并不足以带来客户行为改变。尽管重新设计店内展台，可以在很大程度上鼓励产品试用，并提供了试用机会，但是，如果产品价格点不合适，换句话说，如果青少年买不起这些产品，那么她们的行为仍旧不会改变。再重复一遍，要同时考虑MOA模型中的所有因素，这一点至关重要。

7. 结论

如果你已习惯制定产品价值主张，那么本章中介绍的行为改变价值主张的观点可能会让你觉得闻所未闻。传统的产品价值主张有助于表述品牌或产品的独特定位，以便读者在客户心中建立其品牌或产品的差异化。然而，我们的经验表明，有产品价值主张还远远不够。你或许有幸拥有市场上独一无二的产品，但是大部分人却没有这么幸运。此外，正如我们看到的那样，有独特的价值主张也许不能带来可靠的增长，除非客户真正改变客户行为。因此，更有保障的做法是针对理想行为改变本身，向客户表明并强调做出新行为的价值。

因此，行为改变价值主张可作为路线图，指导制定针对具体客户群体的行为改变活动。下一章，我们将探讨如何更好地集中和使用营销资源，以便有效地执行增长计划。

第 10 章

第五条原则：有重点地投资

回到恺撒金融的故事，在案例中，尤金·森采取了几项非同寻常的举措。首先，他认识到，整个行业都坚信，但也是误信，实现增长的唯一方式就是吸引富有投资者的全部投资组合。在许多情况下，这意味着要让这些客户放弃当前的理财顾问，投入一家全新理财机构的怀抱中。尤金抛弃了传统观念，转而关注投资者的新资金流入。对于这些新资金，投资者希望可以获得投资帮助，以实现具体明确的目标。第二，尤金舍弃了行业中普遍的基于可投资资金细分市场的因循守旧的方案，转而识别在客户为具体目标进行投资时，哪些客户很可能会咨询新顾问，以及在哪些情境下客户很可能会咨询新顾问。

但是，尤金还有第三个标新立异的举动：他叫停了过去"花生酱营销"的销售活动。尤金不再将营销资源分摊到多个客户群体、宣传信息、客户参与点和媒体渠道上，而是将工作重点放在一系列适合特定群体的营销活动上，旨在一次只改变一两个客户群体的行为。具体而言，在活动执行的初始阶段，尤金将营销资源集中，重点发力——在两年半的时间内，约60%~70%的营销支出被用于改变几个客户群体的活动。尽管这些群体并不是人数最多、最富有的群体，但是尤金断定，如果在其他方面与市场同步的同时，恺撒可以提高这些群体的业绩增长率，那么就能实现总体增长率在同行中的领先。事实证明，尤金的判断是正确的。与此同时，尤金的团队准备开展第二波营销，增加了两个客户群体

第 10 章　第五条原则：有重点地投资

作为目标，并针对他们制定了宣传信息和渠道。随着初期营销活动走向终点，尤金的团队将70%的营销资源转投第二波营销，持续一段时间后，再针对另一客户群体展开第三波营销。

本章探讨的核心原则是要通过有效整合、集中资源，一个群体接一个群体地改变客户行为。尽管有重点、按顺序地投资概念可能简单明了，但是要在实践中做到这一点却并非易事。这背后有很多原因。我们将在本章，以及在第12章讨论有机增长的常见组织障碍时，深入探讨这些原因。其中一个常见的障碍，就是组织内部根深蒂固的态度的影响。

例如，考虑一下恩塞维暖通空调设备业务的案例。在苏珊·戈麦斯成功在其商业节能部门中执行本书方案后，恩塞维的其他部门也开始使用这一套方法。家用空调部门的专职营销团队利用这一方案，识别了客户选购过程中的一个关键影响点：在年内的第一个高温天里，户主时隔几个月后第一次打开了空调，却常发现空调失灵。围绕这一上游影响点，团队制定了一场创新的营销活动，旨在引导关键群体中的客户预见这一情况，并在早春就联系专业的暖通空调设备经销商，在问题出现之前就将它们解决掉。研究发现，相比其他经销商，恩塞维庞大专业的经销商网络，可以从这一客户行为中收益颇丰。团队计划借助成本较低的媒体，如广播广告和在目标社区发放上门广告，开展非品牌的提高公众意识的活动，并成功在几个市场实施试点。然而，当他们开始全面开展这一营销活动时，却撞了南墙。

在这个案例中，阻碍来自该部门自己的市场总监。尽管该市场总监从一开始就定期收到计划报告，原则上也认可新方案的逻辑，但是他却很抗拒启动这一全新的营销活动。其中一个明显的原因是，他近期委托制作了华丽的电视广告，用来宣扬公司空调产品的优越性能和风格，并被这广告迷住了双眼。事实上，这些广告的确很棒，还荣获了多个广告行业的大奖！问题就在于播出这些昂贵的广告，对于关键行为目标的影响却微乎其微，客户并不会因此早早联系经销商。此外，这些广告还占用了大部分营销预算。因此，最新计划的非品牌营销活动就此搁浅，增长的目标也没能变为现实。

正如这个例子所示，通常而言，问题不在于分析失败，而是缺乏制度意愿。你做好了一切准备，再三检查降落伞运转正常，然后登上飞机，飞到1.2万英尺（约3.6千米）的高空，但是，除非你迈出机门，否则你就不能真正地跳伞。坚持有重点地分配营销资源，彻底摆脱过去的营销支出模式，就像是完全涉足未知的领域。这需要强大的心理素质。更重要的是，要坚持执行分析结果，还需要训练有素的方案和坚定不移的信念。本书中提供的方案严谨有序，可以帮助经理们走出这关键的一步。

1. 传统观念

在深入探讨关于营销活动投资和营销活动重点的传统态度和方法之前，让我们再来看一下本书旨在解决的多个难点。正如在本书之初所述，我们的方案主要关注在充斥类似品质优良产品的高度竞争的市场中，实现强劲、可靠的有机增长。在这些情境中，企业常关注自家产品的独特之处，以便将其和对手产品区分开来。然而，在没有实现产品功能的真正创新和突破的情况下，企业通常会针对相同的客户宣传相似产品的类似信息，因而收效甚微。事实上，靠用同样的方式做同样的事，试图从孪生兄弟那里夺得份额，几乎是痴心妄想。

本书并没有给企业提供额外的方法，指导其狭路相逢勇者胜，而是试图通过识别和利用关键客户行为，开辟一条崭新的通往增长的康庄大道。然而，到头来，除非企业选择按照这些认知来转变行动，否则哪怕手握全世界的认知，也不能帮助其实现有机增长。只有将营销支出和增长认知结合，才能在这一过程中迈出坚实的一步。在传统观念中，关于如何分配营销支出，主要有三个维度的考虑，具体如下：

- 在选购过程中，分配到营销资源的各个阶段；
- 重点关注的客户群体；
- 使用的营销策略。

读者将会看到，书中方案在以上三个方面都与传统观念相去甚远。

2. 将支出分摊到选购过程的每个阶段

令人意外的是，几乎没有学术文献探讨开展商业营销活动的主题。然而，在营销实践领域，却存在一个关于如何将营销支出分配到选购过程中的主流观点。可引用经典营销教材中的一句话，来生动概括这一传统观念：营销人员制定的活动和项目，必须可以在所有决策阶段影响客户。这其中的理论是需要引导客户完成选购过程中的每一步，这就意味着企业应因此将营销支出分配到每个阶段中（且通常要大致平均分配）。

将资源平摊到选购过程背后的逻辑是，需要在每个阶段提醒客户，保持其参与度，减少他们中途退出的可能。表面看来，这一逻辑似乎合乎情理。例如，汽车公司似乎应该投资于选购过程的后续阶段，以便客户能意识到其产品的存在；应该为客户提供信息，以便客户可以对比自家品牌和其他车型；还应该鼓励客户去经销店，为客户提供销售支持资料，以及继续提供售后支持和服务。

问题就在于，这一做法忽视了在选购过程中，高产影响点的特定决策和行为，可以带来超常影响。例如，在汽车的例子中，该公司发现，如果客户试驾自家品牌的汽车，会更可能购买该品牌，那么据此，公司就应将精力和资源投入促进试驾行为。传统方案未能看到，在选购过程中，有些阶段对于增长的促进作用远超其他阶段。我们时常可以看到，企业对于影响甚微的接触点投入了过多资金，并开展活动和宣传，却因此减少了可作用于关键影响点上的行为的可用资源。

3. 将支出分摊到所有客户群体

有一些年轻企业在没有过多注意市场细分的情况下，仍能成功推行其独特的全新产品。通常而言，这些企业取得成功，是因

第 10 章 第五条原则：有重点地投资

为理解并满足了之前未被满足的客户需求。然而，随着竞争对手蜂拥而至，争相提供自家更加全面的供应组合，抢夺这一部分市场，识别和排序客户群体的重要性就越加显现了。竞争市场中的成熟企业通常会有更加精细的市场细分分布图。然而，正如我们在前面章节谈到的那样，成熟企业的细分分布图也常和同行的别无二致，或大同小异，因此并不能从市场细分中获得优势。

然而，这其中更大的问题在于，企业常用相似的产品和宣传信息，和对手争夺同类客户群体，抢占同一货架空间、同一种用户心理和同笔采购资金。这一问题部分原因是企业基于传统的市场观念，进行了糟糕的市场细分。然而，除此之外，传统观念还涉及了如何对客户群体排序，及优先针对哪些群体施策。这部分问题看起来可能更加棘手，因为传统方案中的特定逻辑表面看来很有说服力。

首先，很多企业实际根本没有确定客户群体的优先顺序。即使企业完成了市场细分图的绘制，它们也不想错过任何客户带来的市场机遇，因而试图同时争取所有客户群体，对所有目标广泛撒网。同样地，尽管追逐全部机遇的做法或许看起来合理，但是在推动增长时，却没有必要这样做。此外，这还可能会导致营销重点和资源的稀释，反而损害增长。

其次，企业一般选择目标客户群体的方式也存在问题。给一群营销人员展示一幅市场细分分布图，然后问他们想将哪些群体定为目标，他们很有可能会下意识地说，"我们想要最大的群体"。当然，问题就在于其他人也都盯着同样的客户群体，讲着同样的话。不选择最大或最富有群体作为目标看起来似乎有些冒险，因此更好的做法是基于客户做出特定行为的倾向，将客户划分为不同群体，然后确定群体的优先顺序。这里的特定行为指那些只对我方有利的行为，而且我方有能力高效（且成本合理）、有效地影响这些行为。

我们常观察到的第三个问题是，企业声称自己有在重点针对特定群体，而实际却并没有这样做。这里的问题经常在于销售人员或其他重要的利益相关方并不认同其宣布的市场细分战略。这一现象时有发生，因为激励手段没有鼓励理想行动，或者未能有效或有力地解释选择客户群体的逻辑。因此，销售人员常忽视企业的市场细分计划，一意孤行地销售产品。销售人员真正使用的市场细分方案可能会一直不为人知，直到或除非有人分析销售人员真正卖给了哪些客户。

简而言之，我们观察到，无数企业运用传统方案，在同一时间争取过多客户群体，基于群体规模而非自身影响和服务能力筛选目标群体，并且无法完全掌控销售人员的行动。营销资源因而常被分摊到过多目标上，处处蜻蜓点水，或是干脆被挥霍一空，一事无成。

4. 将支出分摊到所有媒体渠道和策略

在确定营销预算总体规模时，企业通用的做法是在前一年营销支出的基础上，适当提高金额。我们很少看到企业会每年重新计算，重新确定营销支出总预算和分配方式。这很大程度上是由大型企业的本质造成的：广告部门、销售支持部门、社会媒体部门和其他部门，都有各自的预算、人员编制和活动范围。这一现象已经融入到了企业的经营日常中，影响着企业的资源分配和各部门内个人的职业道路。尽管这可能是企业现实的一部分，但是我们仍需承认，这一现象常会导致人们与借助客户行为认知分配营销支出的做法背道而驰。泰拉斐故事的一个特别之处就在于，山姆·威尔科克斯在执行全新的营销战略时，实际主动要求降低预算，并通过关注核心客户群体和影响点，实现了事半功倍的效果。

我们还观察到，企业会参照竞争对手的做法，确定自己的支出分配。为了应对市场形势的变化，企业还会增加新的营销和销售方式（如数字营销），但是却很少在其他方面做出相应减少。因此，随着时间过去，企业营销预算常会不断增加，同时被进一步分摊到更多的活动上。

总之，关于如何和在哪里分配营销支出的传统做法，似乎源于一种想要面面俱到的渴望，甚至可能是执念。因此，我们看到许多企业将营销支出分配到选购过程的各个阶段、许多不同的客户群体，以及一系列的营销策略上。正如读者所料，我们的方案与此截然不同。

5. 方案：对客户群体排序，有重点地支出

可以用一句话简单概括书中方案关于分配营销资源的部分：

确定针对具体群体活动的优先顺序，有重点地支出。在具体运作上，有序开展有重点的投资涉及三个层面：选购过程内、不同群体间，以及不同策略中。其中的想法就是，要在市场的目标群体中，创造一个接一个的爆炸性增长，以推动企业总体业绩的稳定上涨，好在整个行业中遥遥领先。

如果你跟着我们的思路，来到了论述的这个阶段，那么应该可以很淡定地接受这一观点——要针对选购过程中少数具体阶段和行为，分配支出。在军事理论中，有一条核心原则，就是集中力量发起进攻，具体而言，就是要在关键地点、关键时刻，同时发挥所有形式的战斗力，以便尽快形成压倒性的影响。我们的观点与这一原则基本类似：增长战略应该集中关注一项，或最多两项高产行为目标，在最容易改变行为的客户群体上实现业绩增长。因此，大部分的营销资源应该分配到这些目标上。方案要求基于做出关键行为的倾向细分市场，识别关键群体做出这些行为的动力和阻碍，并据此制定行为改变价值主张，因而为读者提供了重点施策的路线图。

我们将在下一部分详细介绍方案的基本内容，其主要包括三个相互关联的决策。第一个决策事关划分群体并对其进行排序，以有序地开展营销活动。重点群体一般包括一到两个客户群体——很少超过这个规模——企业要在一段时间内针对这些群体重点发力。

第二个决策是要针对每拨群体重点投资。这就包括决定为实现筛选群体行为的巨大转变，所需的投资数量和类型，以及所需

第10章 第五条原则：有重点地投资

工作时间。当然，有重点地投资有利有弊。有的群体和策略会占用大部分投资，而用在其他群体和策略上的投资必然会减少。同样地，这就需要做出选择，然后将选择坚持到底。最后一个决策是要围绕行为改变价值主张和每个目标群体的高产行为，设计适合具体群体的营销活动。

总的来说，采用这一做法徐徐图之、有条不紊，将会产生一连串的爆炸性增长。我们的方案不提倡争取在同一时间实现市场各部分的同步增长，而是追求一场接一场的决定性胜利。如图10.1所示，企业若是坚持几年重点投入一到两个客户群体，会实现比原来更快的增长。一旦最初的爆炸性增长开始放缓，企业可通过重点投入其他群体，实现更快增长。因此，我们认为可以将这些活动想成多波投资。

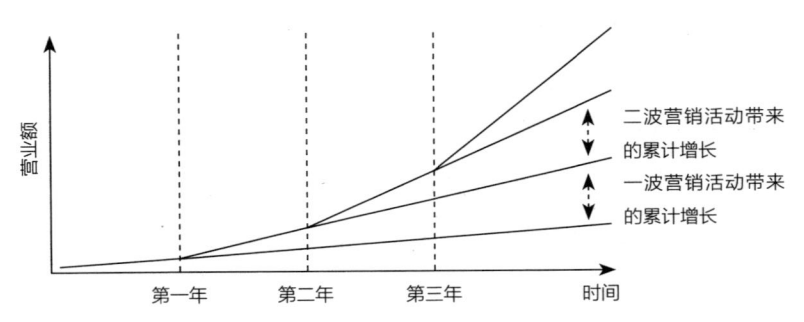

图10.1 借助针对群体的营销活动，实现一连串的增长

正如我们在本章讲述的那样，从概念上讲，对营销资源的分配排序，一次有重点地投入几个关键群体的观点相对简单。但是，要实现这一点，需要缜密的计划、严格的程序和强大的勇气——在那些倾向保持原状的大型企业背景中，尤为如此。接下来，我们将简要介绍帮助经理们采取行动的一系列步骤。

6. 第五条原则说明

本书中的前四条原则关注识别具体的高产行为，以及不同客户群体行为的驱动因素，而我们的第五条原则就是探讨管理的永恒问题，即在何处以及如何执行营销方案。问题的核心在于企业在采取有别于当前活动的全新方案，实现有机增长时，要针对方案的工作重点和资金分配，做出一系列决策。

在大多企业中，我们发现，有些经理极力主张针对整个市场开展营销活动。一般而言，这些经理会赞成开展一场全市场的活动，然而事实上，他们却只是用一个全新改进版的"一刀切"方案取代了现有的"一刀切"方案。还有一种变形版的宽泛方案，经理会从市场细分中汲取经验，大概在同一时间开展许多针对具体群体的营销活动。在各种背景下，我们总能遇到一些经理提倡缩小营销活动范围，更加谨慎地行事。他们提议，最开始应针对单一群体，制定并开展一场规模有限的营销活动，来确定活动是否可行，然后再开展更大范围的活动。

在这场争论背后，体现了企业面临的现实制约：多数企业没有足够的资金、能力或管理水平，可以在同一时间顾及所有方面，做好每件事。因此，企业常用的折中方案是针对部分最重要的动力和阻碍，设计一场全市场的营销活动，尽可能按照书中分析总结的认知行事。这些企业认为，确保目标更加专注的同时，

第10章 第五条原则：有重点地投资

全面地开展营销活动，定会带来最高投资收益。然而，我们的经验表明，这一方案一般会错过许多增长空间。此外，这一方案试图解决原本虚假的困境，纯属多此一举。

真相简单明了：如果读者可以将时间因素纳入考虑范围，那么你的资源、能力和影响力，足以确保你可以找到针对每个目标群体的最优营销方案。执行书中方案最有效的办法是有序开展多波有重点的投资。在每波投资中，要针对少数关键群体开展营销活动，对营销活动提供充足的资金，然后坚持下去（也许是数年时间）。因为每波营销活动都针对这些群体特定的动力和阻碍进行了调整，且有充分的资金供应以确保在竞争中取胜，所以一波又一波的活动，可以带来足够多的爆炸性增长，进而提高企业总体的增长率。此外，重要的是，每波活动都是力所能及的。例如，对于大部分团队而言，以18~30个月为周期，设计并执行两场明确的活动，都是切实可行的。

在下文，我们将详细说明团队如何通过两个阶段执行这一方案。在第一阶段，要确立一个持续四到六年的增长计划的参数。这一总体规划包括对针对具体群体的活动排序，并确定相应的时间安排，以及重要的是，确定分配给每波活动中不同群体的营销支出份额。在第二阶段，要关注设计群体层面的计划，特别要重视将大部分精力和资源投入特定的营销策略和高产行为中。事实上，有重点地支出原则本身在两个层面发挥作用：第一，在宏观层面，指导不同群体上的总支出分配；第二，在微观层面，指导群体层面支出在选购过程不同阶段和具体行为上的分配。

7. 明确总体规划

如图10.2所示，总体来说，执行规划其实非常简单。总体规划就是一个表格，其中列出了每波活动的目标群体，估计分配给各个群体的营销资源比例，以及预计每波活动的持续时间。所以我们可以看到，第一波活动的持续时间是18个月，并且在这波活动中，55%的总体预算投入群体一。在第二波活动中，70%的全部支出分配给了目标群体，即群体六和群体七，而剩余支出则用于继续投入少许的第一波活动和其他客户群体。

制定执行方案的过程包括三个基本步骤：描述激发每个群体的吸引力和可行性；将客户群体排序分组，置入有时限的各波营销中；估计应投入每波营销的时间和资金安排。

要识别哪些群体属于一波，以及各波营销的开展顺序，需要做出判断——选择不总是直截了当。相反，经理需要从持续数年的增长议程的角度入手，评估许多因素。经理很容易就决定，第一波营销将针对最有吸引力的客户群体（以便尽快取得最大收获），然后在接下来的活动中，将注意力转向那些吸引力较弱的客户群体。问题在于，有些群体的吸引力源自其庞大的规模或强大的内禀增长率，但是这部分群体却很难被激发，因为这些群体做出高产行为的倾向较低，或是因为企业没有能力影响他们。因此，在确定单个客户群体和客户群体组合的吸引力，以便确定优

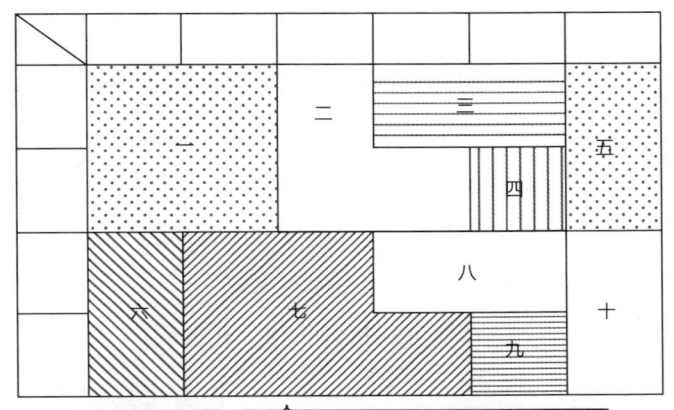

第几拨	客户群体	作为重点的持续时间	此波活动为重点时，总资金占比	其他波活动的总资金占比
第一拨	群体一	18 个月	55%	—
第二拨	群体六 群体七	24 个月	30%（群体六） 40%（群体七）	20%（第一拨） 10%（其他客户）
第三拨	群体五 群体十	30 个月	30%（群体五） 25%（群体十）	15%（第一拨） 20%（第二拨） 10%（其他客户）

图10.2　不同波活动的执行顺序和资金安排

先顺序时，我们需要考虑多个因素。在评估和衡量不同因素时，团队并没有直接的公式可用，但是可借助一些经验法则，做出更优决策。

8. 描述客户群体

为有效地对客户群体分组、排序，团队需要通过评估五种类型的资料，来描述客户：规模、影响力、倾向、可行性和竞争灵敏度。

规模——指按照数量、收入、总利润或内禀增长率衡量的客户群体绝对规格——通常是团队最重视的信息。这其中的逻辑清晰明了：针对规模最大、增速最快的群体开展行动，可以带来最高收益——大池塘里钓大鱼。然而，尽管回报规模无疑很重要，但是却不应是重视某一群体时的唯一考量。

第二个因素同样会发挥重要作用，我们称之为影响力。一些客户群体对市场的影响力，远远超过其绝对规格或盈利能力。赢得这些群体可以影响其他群体中客户的行为，因此对这些高影响力群体投入的单位营销资金，实际上可以带来比预计更大的总体增长。这或许是因为其他群体的客户将这些群体中的客户视为风向标，想要跟随（或强烈避讳）他们的行动脚步。影响力的另一个维度是对标这一群体可能对企业自身能力和经验的影响。激发一个群体所需的资产和技术，可能也是激发其他群体的基础，而若是没有这些条件，当前的企业对于其他群体或许会鞭长莫及。因此，为了成功赢得高影响力群体而建构的能力，或许可以在后续活动中减少阻碍，提高针对其他群体活动的有效性。

然而，比上述两个因素更重要的是客户做出目标高产行为的倾向。回忆一下，本书方案实际就是按照其做出特定高产行为的倾向，来划分客户群体的。如第五章的倾向热力图所示，不同群体做出目标行为（如去特定销售渠道、联系经销商，或要求检查）的频率和概率千差万别。如果群体已经常常做出理想行为，认定理想行为有意义，那么哪怕是开展鼓励行为的基础活动，

第10章 第五条原则：有重点地投资

这些群体仍很可能会积极响应。例如，我们发现，只是简单提醒高倾向群体特定高产行为的存在（如广告上只说"要求检查"或"找母亲讨论化妆品"），都足以将这些群体做出该行为的频率提高3~5个百分点。改变这些群体的行为就如同推开一扇半开的门，轻而易举，而他们做出理想行为的倾向，使他们注定成为有吸引的目标群体，无论其规模大小、增长率如何。相比之下，有些群体可能天生就不易做出理想行为，因而需要更大的启动能源——通常成本也更高——才能激发行为改变。

这三个因素——规模、影响力，尤其是做出高产行为的倾向——描述了某一群体的绝对吸引力，换句话说，也就是读者可通过成功的行为改变活动获得的收益。然而，要取得这些唾手可得的成果，读者或许会面临艰难险阻，因此还需评估这些阻碍对群体吸引力的影响。

在企业为提高群体内高产行为频率需要做什么和企业当下能做什么之间，通常存在差距。换句话说，考虑到当下资本（品牌价值、渠道覆盖范围，等等）和技术，企业可能会发现，改变某些群体的行为，会比改变其他群体的行为更加切实可行。为评估这一可行性差距，团队需要重新审视每个群体的动力和阻碍，勾勒出针对每个群体、减少阻碍或增强动力所需的策略和资产类型，然后冷静评估自己能做什么。多年来，我们发现，习惯采用传统营销方案的企业在采用全新的、基于本书的市场细分方案时，常会面临严重的可行性差距。好消息是企业看待市场的视角发生了变化，可以识别对手所忽视的有吸引力的客户和行为。

坏消息则是，这些企业通常缺乏有效应对这些全新群体所需的能力。因此，诚实地评估所需成本和投入是重要的一步。

最后，团队需要认识到，对于特定对手而言，某些客户群体可能特别重要。与一两个对手同时争取对于后者而言重要的客户群体，可能会招致对手快速一致的反击，因而降低了针对该群体行为活动支出的有效性。绝对武力值的确非常重要，在边际上尤为如此。当然，如果团队使用基于倾向的市场细分方案，就往往会拥有与对手不同的看待市场的视角（换句话说，二者的市场细分图根本不一样），这就意味着他们的客户群体不会与同行的群体一一对应。相反，基于倾向的群体通常会包含多个传统群体的部分内容。尽管这会降低无意间引发对手争夺特定群体的风险，但是竞争的可能性依旧存在，因而团队需要在判断群体吸引力时，识别并权衡这一可能。

评估上述不同因素的重要性时，并不存在正确的方式或固定的公式。经常可以看到，这五个因素会在不同方向发力。营销团队可以用这些标准对不同群体严格一致地打分，评估各群体的相对利弊。最终，团队需要判断应针对哪些群体采取行动，实现增长。此外，在筛选和排列不同群体时，应该在总体规划和分步执行的背景下进行，我们将在下文对此展开更详细的讨论。

9. 将客户群体排序分组，置入不同的执行波段

制定总体规划的第二步就是将客户群体排序分组，置入不同

执行波段（见图10.3）。第二步的目标是识别出两到四个明确的群组，每个群组中包括一到两个客户群体，然后对群组排序，按序开展不同波段营销活动，连续出现爆炸性增长，最终实现企业总体的持续快速增长。

同样，第二步也需要团队做出判断。然而，在决定如何将客户群体分入有意义的营销波段时，有一些经验可以借鉴。在我们经验中，一个清楚的教训就是在早期的各波营销活动中，少即是多。也就是说，团队在第一波营销中，应针对少量的客户群体——一个或者最多两个客户群体，而在第二波营销中，也最多针对两个客户群体。因为这些营销活动通常与过去的方案大相径庭，在早期将注意力和工作重点集中放在少数客户群体上，团队将收益颇丰。

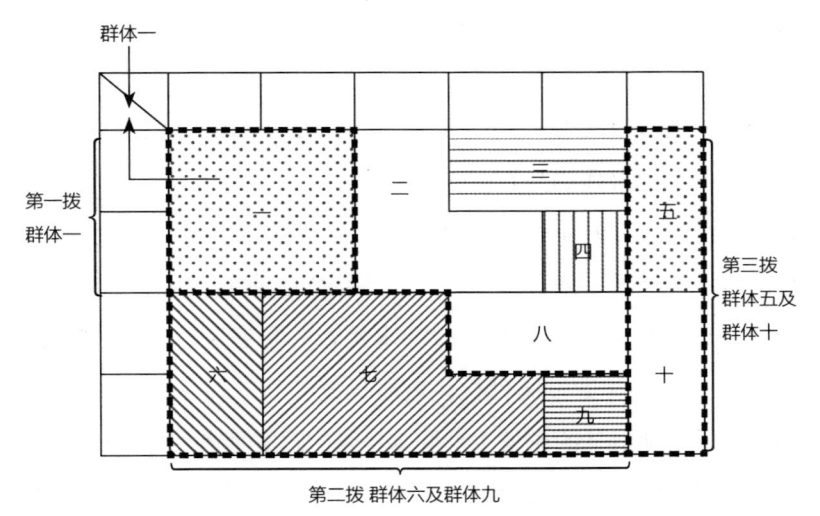

图10.3 为连续营销活动的波段排序

第二点考量是早期的各波营销通常应涉及具有最高倾向、最高可行性的客户群体，也就是最容易被激发的客户群体。回忆一下泰拉斐的案例，公司决定在最初只关注一个最可能做出目标行为的关键患者群体（愿意要求客观检查的、年龄较大的、受教育程度高的女性）。这里的常规做法就是根据群体做出高产行为的倾向，来确定客户群体的优先顺序。这是因为团队希望通过改变目标选购行为，证明迅速的爆炸性增长是可以实现的。关注最容易接受行为改变价值主张的客户群体通常是最合理的做法。

一定要注意一点，被选中的群体应具备足够的规模，以便针对这些群体成功开展行为改变活动后，足以带来企业总体增长率的明显提高。这就是一道简单的计算题：一波活动的范围该有多大，比如5%~8%的客户增长，才能确保可以带来总体增长的明显提高。因此，在选择最初的目标群体时，需要在激发难易程度和回报规模之间做出一些权衡。

在对各波活动排序时，第三点考量是注意到特定群体可以作为激发其他群体的基石——或是通过对市场有更大影响力的客户，或是通过在开始就建构后续活动同样需要的能力。回到泰拉斐的例子，在第一波营销中，部分活动就是关注和第三方提供方合作，以方便那些容易被说服要求检查的患者进行客观诊断检查。一旦检查基础设施到位，就可以支持第二波和第三波的营销，鼓励其他群体的患者主动要求检查。在其他条件相同的情况下，在第一波和第二波营销中，企业也可以选择避开那些可能会招致激烈竞争的客户群体。

第10章 第五条原则：有重点地投资

10. 估计资金和时间安排

总体规划的最后一个部分，就是确定每波营销的资源和时间预算。这听起来简单——但是也是在这一步，我们看到一些团队在做出重要决策时非常困难。当我们说要有重点地支出时，我们是发自内心的。在总体规划中勾勒出资金和时间需求，可以帮助克制"花生酱营销"的倾向：很多团队将营销资源分摊到太多目标上，以至于营销不痛不痒，效果甚微。

作为经验之谈，我们提倡在每波积极的营销中，每个群体应得到不少于25％的企业总增长支出。特别大的或特别有影响力的群体，或许会得到总增长支出的30％~40％。此外，对于涉及两个群体的营销波段，或许应将55％~65％的总支出用于这两个群体，然后把剩余的支出分配给其他群体和活动。

尽管这些比例看起来大，然而我们却发现，团队正需要这样对目标重点发力，以便全新的营销活动可以助力企业在激烈的市场竞争中脱颖而出。如上所述，这些营销活动通常还包括采取全新措施以激发新销售渠道，或引进全新活动，而这些都是需要时间和资源才能制定和执行的。在许多案例中，对目标群体重点发力还需要企业在内部更新装备和调整培训内容，以确保技术和激励措施与战略目标保持一致。

面对资源不平均分配的做法，营销人员会下意识觉得，长时间忽视对非目标群体的销售和营销支出，会导致收入的下降，进而抵消了重点群体带来的所有收益，而这就必然会损害战略的

271

有效性。事实上，这种情况发生的风险极低。大量研究表明，客户的支出模式存在巨大的惯性，即使企业没有积极向他们推广产品，客户仍然会继续购买习惯的品牌。事实上，脉冲式营销的观念就是麦迪逊大道经验教训的一部分。很少有企业会常年采用同样的频率做广告，积极推广其产品。在营销研究中，一个有趣的研究方向，就是量化被浪费的或不必要的广告资金，这些资金被用于连续推广活动中，却并没有带来累加增长。

针对营销人员的担心，我们想说的第二点是，我们并非提倡忽视所有非目标群体。仍然会有一些资金用在其他领域的营销、销售和创新活动中，只是在特定时间内，这笔资金的金额会有所减少。我们的大多客户发现，由于需要有重点地重新分配预算，他们就不得不思考自己针对非目标群体的销售和营销实践，并且再决定哪些措施是有效时，他们会变得更加严谨。此外，我们并非提议要全面无限期叫停市场其他领域的全部活动，只是要暂时减少那些活动。

这一严谨有序的方案不仅会带来更高的总体增长，还会用一致的、专注的营销活动取代在许多企业常见的半随机的推广活动。随着第一波营销活动趋于平缓，团队谋而后动，按部就班地减少对这些群体的支出，然后过渡到第二波营销。在这些过渡阶段，我们常常看到，即使一些资金已经被重新分配到其他重点上，第一波营销群体中的销售额仍然十分强劲，因为第一波专注行为的营销活动比以往的活动更加高效、有效。随着团队将重点转向下一波营销，第一波营销群体中的销售额仍在上升，只是不再像之前的那样"火急火燎"。

11. 制定有重点的、针对具体群体的营销活动

我们曾在第9章中讨论第四条原则,其中的核心信息是行为改变活动应该具体针对被选中群体的动力和阻碍。第五条原则拓展了这一观点,认为针对具体群体的内容,应该出现在群体选购过程中的恰当环节、适当时间。如果适用群体的产品、服务体验和宣传信息,可以在客户选购过程中做出关键高产行为附近出现,那么就可发挥强大作用。一旦团队制定了延续数年的总体规划,在宏观层面指导不同波段活动执行的顺序和重点,那么接下来,团队就可以将注意力转向策略和媒体的组合,以便在群体选购过程的关键环节产生巨大的影响(如图10.4所示)。

回忆一下,对于恩塞维而言,最重要的高产行为发生在客户选购过程的早期,即在客户构思下一年计划,并针对自己的想法展开初步调查之时。这就意味着,如果客户可以在计划阶段就收到关于恩塞维能力和供应方案的信息,那么这些信息将会产生极其庞大的影响。而客户在选购过程下游收到同样的信息——如在正式发出征求建议书和报价评估阶段——那么客户受到的影响将会小得多。恩塞维认识到,在选购过程早期获得客户咨询非常重要,因而大幅调整了其销售和营销活动的作用点和时机。

这一认识还改变了恩塞维用于影响客户的宣传工具的本质和组合。恩塞维的销售人员开始更加频繁地拜访更多客户,并在短

有机增长：激活高产行为以取得非凡业绩

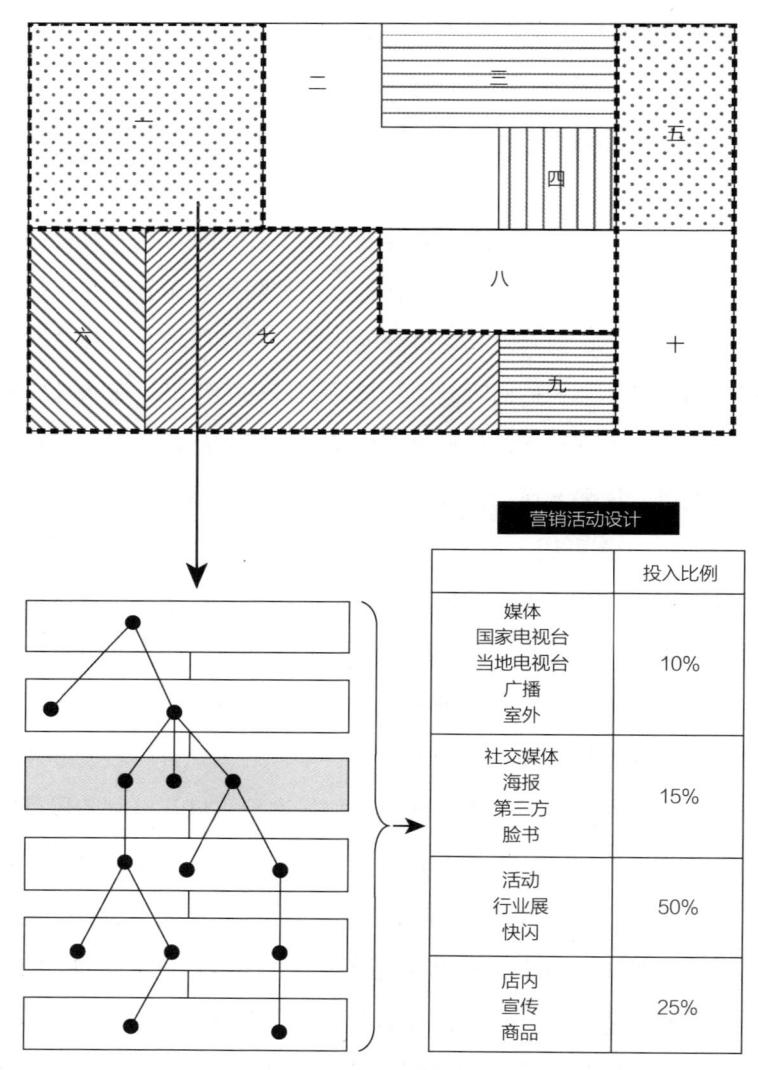

	营销活动设计	
		投入比例
媒体	国家电视台 当地电视台 广播 室外	10%
	社交媒体 海报 第三方 脸书	15%
	活动 行业展 快闪	50%
	店内 宣传 商品	25%

图10.4 激发具体群体高产行为的营销策略

第10章　第五条原则：有重点地投资

暂的拜访中，向客户介绍其产品信息，同时还频频现身设备经理出席的当地会议、研讨和行业展。恩塞维还开始编写、发行关于能耗管理的白皮书和技术手册。恩塞维将之前用于更加宽泛的品牌营销以及争取征求建议书上的资金，移到了这些全新的活动上。

如图10.4所示，涉及高产行为的特定阶段和活动，都是针对具体客户群体设计——这些行为的动力和阻碍也是如此。行为改变价值主张已经阐明了团队可用于提高高产行为频率的方案，而团队需要决定的是，如何借助现有营销机制（如销售人员类型、实物交付类型、物理渠道的安排、媒体等），传达行为改变价值主张。

有些传达机制本身就更适合、更能在选购过程关键阶段影响客户，因此应该在执行计划中着重强调这些机制。在恩塞维的案例中，行业展、当地会议和与专家简短的信息性对话，都是设备经理构思和探索过程中的关键内容，因此，恩塞维围绕这些类型的活动制定了其全新的营销活动。璀璨团队也用同样的方法调整了其支出分配环节和时机。过去，璀璨团队曾将大部分时间和精力投入到专注品牌的电视和纸媒广告上。此外，大部分用于与零售商合作营销的资金，都用于发行零售商的电视和纸媒广告。相比之下，针对青少年客户的全新营销则关注了选购过程的下游，关注销售和适用环节。璀璨将大部分资金转投到在零售商店设立试妆柜台，提供试妆样品，以及其他活动中，以鼓励客户当场试妆。

企业可用很多不同的方式与客户互动，有些方式本身就更加适合在选购过程的特定阶段触及和影响客户。例如，网络研讨会

275

就是在选购过程的起因或调查阶段触及技术买家的绝佳方式,但却不能很有效地影响深入评估或协商阶段的决策。重申一遍,应该由营销团队自己去选择具体所需的策略和宣传信息。但是,指导团队选择的核心原则是,要找到最适合改变特定群体一到两项高产行为的几个策略和工具,然后将精力和支出重点放在这些方面。

12. 结论

本章的中心信息和介绍的原则可以简单概括为"完成任务"!也就是说,在完成绘制客户选购过程、识别客户群体、明确动力阻碍的艰巨任务和细致分析后,下一步就是确保各位的营销计划反映了这些认知和决策。然而,我们也充分认识到,我们描述的重点投资特定活动而淡化其他活动的做法,可能会让大家觉得心理上难以接受,并且在执行过程中会面临诸多组织障碍。我们将在第12章探讨大多大型企业内常见的妨碍改变的制度障碍。

要做出任何改变,都需要与传统和惰性的力量进行斗争。企业重新分配资源后,也必然会有赢家和输家。那些会失去资金或权力的人或许会抗拒改变。然而,我们相信,本书可以在不同类型的企业取得成功,原因就在于其有理有据、按部就班地论证了专注行为的营销方案如何推动有机增长。一次又一次,我们看到,经理们借助书中的分析,带着此书赋予其做出困难决策的信心,成功做出了改变。

第 10 章　第五条原则：有重点地投资

13. 对"有机增长"方案的运用

在下个部分，我们将讨论如何在不同情境、不同类型的企业中执行书中方案。在第11章，我们分享了在不同类型市场中，如何最大化利用书中的一些关键教训。特别是，我们为计划在新兴市场（特别是快速发展的新兴市场）以及"商对商"市场（特别是高度集中或高科技"商对商"市场）中使用本书的团队提供了指导建议。这些部分的内容格式相似。首先，我们会简单描述经理们通常认为的市场的独特特征是什么，正是这些特征使经理们担心本书是否适用。然后，我们会讨论在这些市场情境中，如何最好地应用核心原则。

第12章，作为收官之章，将会关注使用本书过程中的组织障碍。我们在和客户打交道的过程中注意到，这些障碍几乎每次都会出现。这些障碍既涉及组织结构的问题，如企业内的组织团体，也涉及人力资源政策和其他问题，如对市场情报的系统性投资不足。

针对每一个障碍，我们都提供了具体的建议，并且这些建议已被实践证明有效。总而言之，第11章和第12章的重点，就是如何让本书更好地适用读者的情况，第11章关注市场状况的层面，而第12章则关注企业内部的形势。我们的目标是帮助你在所处的独特情境中，踏上执行本书方案之旅。

277

第 11 章

"有机增长"方案在不同市场的应用

经常有客户问我们，本书是否会适用他们的市场。如第1章所述，这套方法已被成功应用于各种类型市场中的数百家企业：涉及包括发达国家和发展中国家在内的各种地缘政治实体中，以及各行各业的"商对客"和"商对商"企业。在各类型的市场中，相关的五条原则和方法工具为企业提供了所需的深刻认知，指导其开发了打动人心的全新产品供应方案和营销活动，改变了客户高产行为，加速了业绩增长。

然而，我们也承认，客户提出这些问题，是因为他们心底常存在一些疑虑。经理们问出上述问题，是因为他们清楚地意识到，自身所处的品类或市场与他们认为的一般市场截然不同，因此会担心本书之类的方法论是为其他类型的企业或行业而设的，或许并不适合自己的情境。例如，经理们会认识到他们企业的基础设施和渠道并不达标，或是他们国家或品类的文化非常独特，或是他们的竞争对手数量低于或高于正常情况，或是他们的产品周期和创新速度远超（或远低于）教科书中的市场。他们认为，他们市场中的独特结构或竞争意味着，任何针对一般状况的手册，或是不会见效，或是需要进行大量调整，才能满足其自身的需求。考虑到并不存在"一刀切"的增长战略，读者自然会质疑任何一套增长方法能否适用不同的背景和状况。

我们认识到，每个市场都有其独特之处。在与不同国家、行业的企业和老板打交道的过程中，我们深刻认识到两点。第一，

第11章 "有机增长"方案在不同市场的应用

本书前面章节介绍的有机增长原则的确可以在每个地方都见效。第二，在不同市场应用本书时，根据具体情况进行适当的调整可以发挥积极作用。调整有时会直截了当——例如，有的市场客户数量很少，或在基础设施较差的市场中很难触及客户，为抵消这些问题带来的负面影响，可以调整研究方法。然而，在有些案例中，在特定背景中应用方案不同的元素时，可能需要更加巧妙地调整关注的细致程度或范围广度。本章旨在为那些最常质疑本书适用性的情境，提供关于如何应用本书的意见、建议和指导。在这一过程中，我们将会特别注意特定国家市场（尤其是欠发达市场）和各类型"商对商"市场的独特之处。

在阅读本章时，读者可以直接跳到最适合自家企业的部分。本章共包括三个部分。第一部分探讨在欠发达经济体中，制定增长战略时面临的问题。第二部分探讨能否调整本书方案，以适用更加传统的"商对商"市场，以及具体如何调整。第三部分则讨论了特殊"商对商"市场的案例，包括监管严格的行业和创新驱动型高科技市场。三部分内容的结构类似，都首先简要描述了这些市场中为本书应用带来独特挑战的特点，然后说明这些情况会如何影响决策或原则的应用，最后针对这些情境，提出调整方案，以找到实现有机增长的一些方法建议。

1. 欠发达经济市场

大多数经理都乐于接受这一观点，即应调整自己的产品供应方案和营销活动，以适应包括国家、地区在内的不同地缘政治区域中千差万别的情况。过往的艰辛让这些经理认识到，在一个地方管用的方案并不一定会适用另一个地方。企业的构架方式也常会强化适应地缘政治的观点。地理位置——通常而言，地区和国家——是企业设计的标准维度；有的企业将地理位置视作主要维度，也就是说企业会按地理位置制定损益表，各地部门自负盈亏，而有的企业则将地理位置视作次要维度，也就是说，只有部分决策和活动是按地理位置确定的。在地区或国家经理职责描述中，都期望企业的部分或所有方面——产品、价格、销售和营销方案等——可适应他们所在地的特殊需求和现实。

考虑到在中国、德国、摩洛哥、厄瓜多尔和印度尼西亚等不同的国家市场之间，存在巨大且明显的差异，有些经理自然想进一步拓展专门方案，这一点不足为奇。事实上，经理或许会质疑同一套有机增长方法是否可用于这些不同的市场中。在这一过程中，经理开始清楚认识到，需要从增长规划过程中（即活动有不同的宣传信息、价格、产品变型等）得到不同的结果，后来却似乎经过一番推断，认定增长规划过程本身也应该发生变化。这背后的假设似乎是，不同的情况需要不同的方法：例如，因为相比德国市场，厄瓜多尔的市场较小，而且多为夫妻店，所以在厄瓜多尔确定产品定位的方案应该更简单——或者至少应有别于德国方案。尽管可以看出这一看法背后的推理过程，但是，我们的经验表明，这一看法却是错误的。绝佳的增长行动源于深刻准确地理解客户和竞争，而要理解客户和竞争，则需要采用正确的方案

第 11 章 "有机增长"方案在不同市场的应用

和方法。

事实就是，书中的方案已经在各地奏效，指导制定了针对具体国家的增长计划，带来了更快的增长。事实上，在应用本书早期，大多都是在欠发达市场或迅速发展的市场中进行的，包括秘鲁、委内瑞拉、印度尼西亚、巴基斯坦、印度、土耳其、南非和巴西等。不同国家的团队都使用相同的原则和相同的工具，进行了相同类型的分析。当然，就像所在国家在渠道结构、文化等方面各不相同一样，每个团队制定的增长方案的具体内容也千差万别。但是，所有方案都关注少数高产行为，都为所在公司带来了增长率的大幅提高（见"欠发达国家市场的独特挑战"栏）。

欠发达国家市场的独特挑战

发展中国家间的特点和发展阶段千差万别，但是他们也与更发达的经济在一些维度上存在巨大的差异，包括：

- 物流/交通基础设施：发达国家一般拥有庞大、运行良好的交通基础设施（包括城市内和城市间的铁路、公路、码头和航线），而发展中国家则经常缺乏这些设施。例如，在发展中国家，或许会公路的状况不佳，或者干脆没有公路，或是公路规模太小，不足以支撑机动交通。
- 渠道类型/组合：发达国家更多用仓储商店和连锁商店销售商品，而发展中国家则更多用夫妻店来销售商品。
- 可用媒体：发达国家有大量媒体（广播、电视、纸媒、广告直邮等），且媒体覆盖了众多人口，而发展中国家通常媒体类型很少，

> 或媒体的覆盖面有限。在有些案例中，相比发达国家，发展中国家可能会更依赖使用普遍的特定技术和宣传渠道，如移动电话。
> - **经济结构**：发达国家有许多机制和设施，可支持市场经济的全面运行（如成熟的市场和金融中介），而在有的发展中国家，大部分经济体仍处于勉强维持的水平。
> - **人口结构**：许多发达国家都有快速老龄化的人口，而在很多发展中国家，大部分人口是年轻的工人和客户。

然而，通过在发展中国家的工作，我们发现，通过调整在何处以及如何使用方案，甚至可能实现更快的增长。特别是，我们认识到，在发展中国家，通常有位于不同发展阶段的多种经济体，这一明显特点导致如果将一个国家中的每种经济体单独拿出来，作为书中方案过程中的分析单位，常常可以比针对国家整体应用书中方案产生更快的增长。事实上，发展中国家内部的社会和经济变异通常会比发达国家内的差异更加明显。在实践中，这样就意味着，团队要想在欠发达国家实现增长，或许需要针对每种经济体分别执行全套方案（选购过程瀑布图、市场细分等）。我们还认识到，相比发达国家市场，在发展中国家遵循各原则和决策，来开展研究和分析时，可能需要更加细致。

最后，我们认识到，最好是可以安排一个单独的团队，投入充足的时间和资源，为每种经济体单独计划并开展行为驱动的营销活动。通常，不同经济体的营销活动本质上存在差异，而要求一个国家的团队同时管理所有活动，还要确保各活动有独特的

第 11 章 "有机增长"方案在不同市场的应用

重点和策略，会让团队心有余而力不足。一般而言，团队被要求负责设计和开展两到三场迥然不同的主要营销活动时，会不可避免地一并开展这些活动，将不同活动合并为一场活动，最终效果一般。对此，高级地区经理可能会问，这种额外的投资是否合理（特别是在低收入市场中），以及他们是否能管理好额外的资源。然而，成功地设计有针对性的营销活动，会带来极高的投资收益，远远超过了额外投资和额外管理负担的成本。

2. 欠发达市场中的不同经济体

许多，甚至所有的发展中国家都包括两个或者多个独特经济群体：一个发达或全球经济体、一个奋进的中产阶级经济体，以及一个勉强维持的经济体。每个经济体都大概有各自独立、明确的客户、渠道和竞争群体。在本书方案制定的早期，我们发现，三个不同的经济体同时存在于世界上的许多国家，例如南非、秘鲁、印度、巴西和巴基斯坦等。有时，这些不同的经济体会位于不同的地理位置，例如，勉强维持的经济体通常出现在农村，而发达或全球经济体则大多出现在城市。然而，尤其是在城市，特别是超大城市，三个经济体常并肩而立，各自为营。

在我们工作过的所有发展中国家，位于顶层相对狭小的经济体的表现和作风和欧洲富裕国家的情况别无二致。这一经济体中，客户的数量有限，但是客户的人均收入，在按生活成本调整后，可以与发达经济中的中产阶级和上层阶级的水平相媲美。这些客户的生活方式和他们在发达国家中的同伴非常相似：上海、加罗和约翰内斯堡高档购物区中的产品令人眼花缭乱，这更像是伦敦、纽约高档购物区的情况，而非所在国家其他区域的情况。这些客户的选购行为（如何、何时购物等）、这些客户购物的零售渠道，以及为其提供品牌和产品的企业，都和世界上最发达经济中的精英群体的经历别无二致。

这些发展中国家通常还有一个上进的中产阶级。中产阶级通常有不同的购物模式和选购活动，会通过更多当地渠道，向许多不同供应商采购。就总体购买力和客户数量而言，新兴中产阶级通常是最大的经济体，但是在这一阶级内部，也有很多层级和群体，包括城市／农村和种族的区分。中产阶级的渠道选择也千差万别。在范围的一端，客户可能会去遍布发展中和发达国家的大型超市或超大型超市购物；而在另一端，客户可能只会去各种小型专门的夫妻店或地区连锁店。这一经济体对于选购渠道的选择和使用通常会随社群变化而变化。例如，在马来西亚，面向马来、华裔或印度客户的茶叶店通常会有不同的布局，出售不同的产品。在这些经济体中，通常是当地企业或地方企业为渠道供应产品，且都专注为客户生产够好的产品（或只是足够低价的产品）。

此外，新兴的中产阶级经济体也有其独特的选购方式。这些客户通常没有足够的时间或条件去到处寻找商品，因而会在附近购物，通常就是离家几百米的地方。这部分客户很依赖人们的口耳相传——从亲戚和朋友那里获得的消息，并且只考虑附近的几个选项，或是那些在他们步行、骑车或乘坐公交车通勤时，路线

第 11 章 "有机增长"方案在不同市场的应用

附近的选项。选购（以及购物）会受到奋进的中产阶级文化和社会习俗的强烈影响，且这些影响通常是潜移默化的（见"不同类型经济群体的不同选购过程"栏）。

> **不同类型经济群体的不同选购过程**
>
> 在许多发达或全球经济体中，软饮不值一提。这些普通商品的选购过程和其他类似物品的选购过程大同小异。然而，我们发现在低收入国家，那些中产阶级劳动者购买这一品类商品的方式却大相径庭。对这些消费者而言，一罐可口可乐或百事可乐的价格，有时会超过他们半天的工资。因此，对于他们，可乐是近乎奢侈品的存在，通常是礼物一般的存在。在我们工作的一个国家，周日午餐会是每周将朋友和家人聚在一起的重要活动。用餐结束后，主人常会派一名孩子去当地商店买一打软饮，并指定带回能找到的最冰的软饮（这就意味着，店内的选购过程包括摸每瓶饮料，来看哪瓶最冰）。软饮买回来之后，会为成年客人倒上一小杯，作为饭后甜点——赠予客人的礼物。重点在于，理解不同经济体选购过程和客户叙事中这些特别的细微差别，对于设计有效的营销活动至关重要。

当然，这一有些典型的奋进中产阶级选购过程的描述一定会飞速变化，因为在发展的经济体中，这一层面的许多客户都可以通过手机联网。在特定品类产品市场和国家特定的区域，奋进的中产阶级或许会与更加成熟市场中的客户有类似的选购行为。即使有的地方公路状况不佳，有线通信分布不均，且缺乏正式的商业机构，顾客仍可能通过移动技术，获取信息或享受支付服务。因此，重要的是，要细致了解市场的特定状况和制约如何影响具体的选购行为。从本书的角度来看，关键就在于全面地绘制使用的渠道、选购方法和技术，全面了解这些因素如何影响客户行为。这里的诀窍是，不要被发达国家的模型所束缚，相反，读者应该去详细描绘当地特定的经济体的选购过程。

几乎所有国家都有一个勉强维持的经济体。在诸如印度、越南或尼日利亚等许多发展中国家，这一经济体人数众多，随处可见，但是，法国和美国也有这一经济体的存在。在不同国家，三个经济体在总经济的占比千差万别，但是，几乎世界各地都存在这三个经济体。同样，勉强维持的经济体与同一社会的其他经济体也不一样。面向这一群体的企业需要细致理解这些客户买什么、怎么买，以及在这部分市场中还有哪些替代产品。

如之前的讨论所述，通常而言，一国之中，在描述客户收入有限的那部分市场时，详尽细致地理解动力和阻碍通常是最重要的。例如，读者必须要特别注意销售地点的可支配收入以及后勤障碍。基础设施障碍常会非常突出——在许多地方，由于公共交通糟糕、路况不好、街道拥挤狭窄，客户仍然很难到达商店。因此，在这些地方的市场中，销售渠道的状况可能会大为不同。客户可能主要是去小商店或货摊购买消费品，而这些销售渠道并不能囤积多种品牌、包装和规格的产品。

对于欠成熟国家市场中工作的营销人员，上述讨论的启示在于，可以且应该在同一地区不同经济体的层面执行本书方案，以

第11章 "有机增长"方案在不同市场的应用

便识别并激发高产行为,促进增长。然而,对于想要涉足这些相对陌生市场的跨国公司而言,一个关键的挑战是现有市场调查相对匮乏,且收集定量的客户信息困难重重。因此,团队需要特别注意具体如何和在何处收集信息,以克服这些阻碍。

尽管我们曾强调,要基于全面的客户调查,严谨量化选购过程和选购路径,这一点是金科玉律,而且,在那些对决策证据有极高要求的领域(如制药行业),这一点非做不可。但是,在有些案例中,可能不能或不需要达到这种精准度。我们在欠发达市场中,特别是低收入经济中,开展的许多调查研究本质上都偏向定性和观察。这就需要特殊的资源和技巧,以便脚踏实地地展开行动,获得细致且可行的认知。理解特定客户群体行为和动力的关键在于要理解客户的独特之处(如工人回家时口袋里装了多少钱,或者一般家庭有多大的储物空间)。有时,只有到处观察,与人们交谈,才能真正理解他们的行为方式和行为动机。

继续我们之前谈到的例子,我们曾在南非贫困的乡镇长时间观察家庭杂货店(spaza)中客户的行为。家庭杂货店是一些非正式的便利店,主要出售家庭中常消耗的日用品。如上所述,我们曾观察到,孩子进入商店后,会用手指从所有冰镇饮料瓶的表面划过,然后才会选择饮料。我们询问他们在干什么,然后得知他们在找最冰的饮料,那种在炎炎烈日中步行很久回家后,仍然会散发阵阵凉意的饮料。在很多案例中,我们发现,在选择产品时,饮料瓶的冰镇程度比饮料品牌更加重要。借助这一对细节的认知,我们的客户将投资转向提高冷链的完整性,以确保他们的产品在到达时是凉的，而且会一直冰凉。

要调整本书方案以适应这些市场，关键在于，需要找到适用于不同经济体的高产影响点和行为目标，并据此细分机会群体。这就意味着，团队应该为每个独特的市场——城市有钱人、城市中产阶级、农村中产阶级、农村勉强维持的群体等，制订单独的增长计划。企业可以选择针对一些市场或全部市场，但是必须针对不同市场采取不同的方案，而且，对于市场不同部分的重视程度也应有所区别。在我们的观察中，企业最常犯的错误，是先将其国家市场战略专注于一个类型的经济体（如城市的中产阶级），随后将同样的活动推广到千差万别的各个市场中。

简而言之，发展中国家的市场有多种经济体，这些特殊状况需要读者在应用本书标准方案时，做出适当的调整：

- 更加依赖定性、观察的市场调研——在缺乏关于客户行为的定量资料时，需要合理设计调研，以便有效地发掘关键影响点的独特行为模式。
- 更加注重细节——通常必须要进行脚踏实地的调研，才能探寻单一国家市场中存在的不同经济群体的详细状况和行为。
- 不同团队负责不同活动——要理解和面向不同的经济体，通常需要针对每个独特的机遇群体，制订专门的计划和分配专门的资源。

我们的经验是，跨国公司（总部通常与服务的当地市场相隔万里）时常抗拒针对不同国家市场的选购过程，开展主要市场调研，反而更常将本国市场的营销战略直接照搬到其他国家，或者照搬到这些国家中看似与已有市场最类似的市场。我们经常看到，营销主管认可这一方案，认为这一做法有助于其产品全球一致的品牌定位。在各个市场宣传一致的品牌信息或许可以带来一些好处，但是，在很多情境中，这一做法会导致企业错过真正的有机增长机遇。如上述讨论所示，很有必要深入研究一国市场的具体情况，以及该国家内不同经济体的具体情况，以便识别选购行为，并有针对性地影响这些行为。

3. 传统"商对商"市场

"商对商"的团队常常质疑——起码在一开始会质疑——本书中方案之类的系统性营销方案的有效性。这些团队会指出许多"商对商"市场的独特之处，然后表示这些特点会消除或者减弱针对"商对客"市场制定（因而也只能用于"商对客"市场）的方案的功效。例如，我们的"商对商"客户就常指出，相对于"商对客"市场，他们的客户数量更少，并且有更多的订单来自最大的客户。事实上，他们常说他们最大的客户就是一个客户群体。他们会说，选购过程由专业采购经理主导，远离终端用户，因此会更加复杂难懂。很多人认为，"商对商"供应商并不直接接触终端用户，因此传统的营销概念很可能并不适用。最后，他们指出，在"商对商"采购中，实事求是、数字说话的行事逻辑通常会在选购决策中比人为因素影响更加重大，因而导致关注行为的方案没有意义。

讽刺的是，在我们的观察中，"商对商"客户与"商对客"客户最大的区别在于，"商对商"的营销人员通常认为自己非常了解自己的市场和客户。事实上，很多"商对商"市场已经连续几十年维持稳定，行业观念非常明确，根深蒂固。例如，"商对商"的营销人员知道要实现飞速增长根本不现实（起码在没有突破性产品的时候）。他们知道客户关心的是什么（最终都会归结到价格问题上）。然而，尽管他们无比确信市场形势会继续保持稳定，我们仍通过发掘市场中忽视的认知，并据此采取行动，成功帮助无数"商对商"的团队——例如恩塞维团队和泰拉斐团队——开启了更快的增长。因此，在"商对商"市场有效执行书中方案的最大阻碍，或许是企业领导拒绝判断市场的真实情况，不认为自己有能力影响行业内的客户行为。那些在"商对商"市场中，最能实现增长的企业都认识到，上游选购过程活动、消费中的非产品因素，以及不同的细分市场方式，都至关重要。我们发现，团队的成员组成也会强烈影响其是否能够转变视角，采取行动，实现增长。

事实是，在"商对客"和"商对商"市场中，本书都卓有成效。其核心观点是识别一两项高产行为，围绕做出理想行为的倾向细分市场，以及开展有针对性的营销活动，以便说服客户改变关键行为，这些做法适用于所有市场。但是，"商对商"的经理们说的也有道理。"商对商"市场的状况的确与"商对客"市场截然不同，在应用本书时，的确应该进行适当调整。例如，在仅有少数参与者的高度集中的市场中，几乎不可能用传统的调研方法对选购过程进行有意义的量化。在这些情况中，更好的做法或许是借助高质量的定性研究，以发现行为模式中切实可行的点滴差别。

下文列出了我们在与"商对商"客户多年成功合作过程中得出的经验教训，介绍了"商对商"市场最重要的特别之处，以及在这些市场中调整本书方案的不同做法。首先，我们将对"商对商"选购过程的独特本质谈几点看法。然后，就会转向一个重要的相关概念，我们称之为"准线"——需要针对从购买产品的即时客户到最终影响需求的终端用户，描绘全部的选购活动和影响因素。

4. "商对商"选购过程

如上所述，"商对商"市场常有独特复杂的选购过程，因此，企业必须全面描绘选购过程，才能发掘增长机遇。事实上，"商对客"市场和"商对商"市场的一个关键区别，就是相比"商对客"市场，"商对商"市场通常更加复杂——参与者更多，步骤更多，耗时更长。一般而言，"商对商"选购过程包括两个主要步骤：上游创新的选购过程主要围绕客户开发新产品和新项目展开，而下游采购的选购过程则由客户采购部门主导。

对于"商对商"企业而言，认识到在"商对商"选购过程中存在上游创新，就会让其非常意外，甚至大惊失色。"商对商"企业知道，客户（或客户的客户）新产品开发的过程会最终决定对其材料、产品或服务的需求，因而企业应该参与其中。然而，在现实中，企业却避开了选购过程的这一部分，他们告诉自己，自家的营销团队根本不能弄清客户的新产品开发活动，或者销售人员缺乏适当的联系，并且要弄清这些活动，建立适当的联系，成本极高（利润不允许）。企业看到了自家企业的新产品开发过程，知道这一过程包含许多步骤和众多参与者，涉及含混不清、非正式的决策过程，因此认定并不能系统、持续地识别或应对选购过程的这一部分。

然而，我们认为，客户的新产品开发过程是"商对商"客户选购过程的基础，在"商对商"市场中，要试图实现增长，几乎不可避免地要研究，并且要彻底描绘客户的新产品开发过程。在新产品开发过程的众多决策和活动中，有少数决策和活动会决定产品部门提交给采购部门的"需求文档"，进而决定了采购部门将要在市场上寻求什么。恩塞维的案例研究充分表明，在上游影响点影响客户行为，可让下游与采购部门的互动对自家企业更加有利。

事实上，我们多年以来的经验是，"商对商"团队常会在引导产品设计师或工程师与他们探讨技术问题（如恩塞维的情境）过程中，或者在引导产品设计师或工程师重新思考如何测试或评估他们提供的材料或产品过程中，发掘到所在品类的关键影响点。这些影响点可以发挥作用，是因为"商对商"企业可以在此影响客户的评估方案，使其在评估中更加注重自家产品或企业所有的功能或优势。例如，企业可以通过引导客户改变其测试协

第 11 章 "有机增长"方案在不同市场的应用

议（如寻求不同特点，或设定更高标准），或者增加一项全新测试，成功让选购过程的剩余部分对自家企业倾斜。

然而，"商对商"团队有一点说得很有道理——事实上，相比"商对客"团队，"商对商"团队描绘其面对的选购过程上游活动（新产品开发）会更加困难。绘制过程需要团队像侦探（或拼图玩家）一般抽丝剥茧，持之以恒：要弄清另一家企业的新产品开发过程，唯一的办法就是随着时间的推移，从多种渠道获取无数点滴信息，然后对这些信息片段认真筛选、分类，将其串联在一起。团队需要接触行业的前高管或参与者，详细询问来龙去脉。团队还需要参加技术人员经常出席的研讨会和活动，认真倾听技术人员谈论自己参加过的会议内容，以及他们采取的措施——他们的日常生活是什么样子的。借助这些行动，团队可以准确重建情境。恩塞维团队花时间重建了设备经理工作的实际全程（而非只是重新研究下游的征求建议书过程），收益颇丰。

当然，彻底弄清下游的采购过程同样非常重要。大多销售团队已对此花费了大量的时间，应该已经且确实非常了解客户在这一阶段的行为了。即便如此，企业仍需要系统性的第三方的研究。销售团队不得不全身心投入自身的销售过程，因此常不能弄清客户的采购部门真正在做什么。此外，事实证明，就如同上游的新产品开发阶段一样，如果针对采购部门的许多活动，采取合理的措施，也可为企业持续带来高收益。例如，客户采购部门将产品分为不同类别，将有的产品定为"战略性的"，有的则是"无差别的"，此时，团队就可以因势利导，采取行动。因此，

295

描绘选购过程的上游和下游都非常重要。然而，通常而言，我们会强调重点是要深入细致地了解客户上游的决策和创新过程。

5. 客户身份

"商对商"团队时常做出惊人之举。他们会假装客户是一家企业，然后骗自己客户是一个统一的实体，做事高度理性，会坚定不移、一心一意地关注利润最大化。从这一观点出发，关注诸如行为倾向、客户叙事之类的事，的确看起来毫无意义。

这一做法实际存在两个问题。第一个问题与上述理解客户组织内的过程有关，问题在于"商对商"企业实际是非常复杂的实体，包含众多子组织——五花八门的地区分部、产品业务部门、品牌、工厂等——这些都可能是产品的真正终端用户或决策者。第二个问题在于这些子组织也包括不同的个体，这些个体行事时，会从企业的利益和利润目标出发，同时也会受到各自私人考量的影响。

上述的第一个问题影响本书方案在应用时的分析单位选择：要确认需要细分的实际选购实体是什么。例如，读者需要弄清细分的单位是整家企业，是企业的一个分部，还是更加具体的单位，如一个品牌或一家工厂。例如，庞贝捷（PPG）工业公司主要生产油漆和专用涂料，也有不同的业务部门，分别负责建筑涂料、工业涂料、船舶涂料等。考虑到这些业务部门针对的市场不同，因此合理的做法是将每个业务部门，而非母公司，视为一个

第 11 章 "有机增长"方案在不同市场的应用

客户。此外,也可将每个业务部门内的单家制造厂视为独特客户,因为这些工厂都有不同的配置(如老厂技术所需的产品等级或类型,就与有新技术的工厂的需求不同),因而构成不同的买家,表现出不同的选购行为。重点在于,读者可能会觉得自己的市场只有10家,或30家,或50家涂料企业,企业数量少到根本不值得进行细分,然而,在充分考虑之后,读者可能会发现,市场的关键买家可能是80~100个业务部门,或是400~500家工厂——范围极大,不得不细分。

一家企业内部的多个子组织几乎总有不同的状况和不同的需求。在大客户中将这些子组织单独提炼出来,可以帮助我们看到更多机会,针对企业运营的具体环节来采取行动。我们看到,在很多情况中,团队发现自己在大型客户组织中的渗透不均,或份额不均。这就再次证明,客户并非单一整体,而是一系列子组织的集合,每个子组织都各自构成一名客户。通常而言,我们可以心安理得地假定自己知道"客户"一词的含义,但是在大多数"商对商"市场中,有必要对这些假定提出质疑,重新定义我们划清界限的方式,以确保我们在对相关分析单位应用本书。

第二个问题简单直接。只要和"商对商"客户稍微接触,就能清楚这些客户并非极度理性的、没有感情的、追求利润最大化的机器。事实上,这些客户包含了很多人,他们各自扮演不同的角色(房屋设计工程师、软件工程师、产品营销人员等)。然而,我们却经常发现,"商对商"企业不愿针对具体客户角色构建细致叙事,因而不能识别反映个体角色关注点的动力和阻碍。

297

事实上，"商对商"采购决策并非由各种试算表制定，而是由人单独及通过集体制定的。在这一过程中，人们的决策和行动通常受到其职位社会属性和物理属性的影响——人们会真正将自己的追求和担忧与自家企业的追求和担忧融在一起。对于"商对商"营销人员，我们的建议就是接受这一现实，识别其中的关键角色，并深入研究消费社会学和消费心理学。

6. 客户稀少且集中

在很多"商对商"市场中，企业的总客户数不超过100到150名，有的甚至只有10到20名。这其中，有的客户必然会比其他客户规模大得多。因此，定量绘制选购过程，以及定量细分市场，就变得困难重重——10到20名客户的数据资料并不能产生有统计学意义的认知，而且，那些涵盖大型多样化客户的资料也常让人摸不着头脑。

上述问题确实存在，却并不难解决。首先，如上所述，在有些市场中，虽然企业数量不多，但是企业内部有大量真实的客户（即工厂或分支或地区分部层面的客户）。第二，定性研究和分析，如果处理得当，也能就高产行为和影响点，以及客户群体，产生与定量研究和分析同样有效、准确的认识。合理的定性研究包括两个关键元素。

首先，重要的是要从很多人那里收集客户选购过程的资料，而非仅依靠团队自己的销售人员。一般而言，"商对商"企业都

第 11 章　"有机增长"方案在不同市场的应用

从销售团队那里获取客户认知，毕竟销售团队距离客户最近。实际上，企业常会完全遵循销售人员的判断，让销售人员全权负责确定客户需求和客户行为。当然，从销售人员的认识和联系开始，通常是良好的开端，但也仅是个开端而已。通常而言，销售团队对客户选购决策方式的认识，仅限于采购过程和征求建议书过程。事实上，合格的采购部门应该限制销售人员与其公司其他部门的接触，以确保所有卖家公平竞争，且交易过程公平一致。因此，销售人员要想知道客户决策方式，弄清哪个级别的管理层真正掌握决策权，了解哪些人是关键工程师和影响者等，可能会非常困难。此外，销售人员对客户行事作风的判断，常会被他们过往成功或失败的经历扭曲。当销售人员说"嗯，那个人不重要"或者"那一步并不关键"时，他们常是把个人的失败经历混在机构现实中（换句话说，那个人很重要，只是销售人员不能改变他的心意或行为）。

正如我们在上文讨论选购过程时说的那样，第二个必要的关键元素是团队要采访选购过程内外的很多人。采访其他内部来源非常重要，如采访客户服务和技术服务的人员，可以获得关于客户行为及动机的宝贵（尽管偏颇的）认知。当然，采访行业其他参与者也非常重要，如行业专家、不同部门的前高管、行业顾问、行业协会的工作人员等。要借此弄清行业中典型选购过程的本质，然后要针对参与者最熟悉的选购环节深入挖掘。

7. 价值体系中的位置

"商对商"市场的另一个特征在于，很多企业位于行业价值体系的源头。例如，原料厂商一般将货物卖给分销商，分销商再将货物卖给生产零部件的厂商，零部件厂商卖给品牌方或原始设备厂商，而后这些企业再（常通过分销）卖给终端用户。因此，上述企业与位于下游的终端用户之间隔了千山万水。

在这种情况下，应用本书时，只关注下游的一步是可行的（并且是宝贵的），换句话说，原材料厂商可尽力识别并影响其直接客户（即零部件厂商）。然而，如果可以费心获取终端用户和品牌方行为和思考方式的准线，那团队几乎总能获得巨大的额外增长机遇。

我们用"准线"一词描述细分价值体系每一步的参与者，以便追踪在原材料步骤中哪些群体卖给了零件生产步骤中的哪些群体，等等。准线分析认为，读者必须弄清企业的产品和供应方案如何通过价值体系的每个阶段，最终到达终端用户。我们可以用橡胶软管对这一概念做个生动的类比。从水龙头到喷嘴的全程，任一部分出现纽结或堵塞，都会阻断体系内的水流。获取整个选购过程的准线，可以帮助企业弄清自己要干预何处——改变人们的行为——以疏通水管，把水流开到最大。一个经典的例子就是企业有时会发现，自己并不能依赖经销商（即直接客户）去影响经销商的客户——零件厂商中设计工程师的行为。这就出现了纽结——设计工程师，而原材料企业可能根本不知道这一纽结的存

第11章 "有机增长"方案在不同市场的应用

在。因此从更大范围了解市场，有时可以给企业带来全新的推广方式，或是通过企业自身的开发新能力，或是通过与其他参与者的合作，来消除阻碍。例如，对零部件供应商开展准线分析，发现其最终零件买家面临融资或物流障碍，而后或许就可以通过与金融服务或技术支持提供商合作，以增强系统内的流动。

疏通橡胶水管的过程中涉及两个相互关联的观点。首先，弄清自己要细分价值体系中的哪些阶段非常重要（例如，分销商、零售商、客户，或是材料厂商、生产厂家、分销商、终端用户等）。第二，构建每个市场细分框架时，确保准线可从渠道的一个群体顺延到一个或多个客户群体，或是终端用户群体非常重要。

若能解决这些问题，那就意味着企业可通过关注整个体系，更加精准地对标并激发客户群体。如果读者的销售经销商不能触及读者想针对的具体客户群体，或是没有动力将这些群体定为目标客户，那么读者再完美的客户细分也都是一纸空谈。在这一过程中，目标是确保销量在全程的流动中，会通过对企业最有利的路径。

简而言之，"商对商"产业市场的特定考量，会让企业在应用本书时，做出适当调整或转变关注重点：

- 特别注意选购过程中客户的上游和创新活动——或许对于"商对商"营销人员而言，客户开发新产品和指定/评估材料的方式就是一个黑匣子，但是弄清选购过程这一部分的不同阶段、决策和守门人可带来高收益。
- 依靠定性研究克服数据限制——在客户数量不多的"商对

商"市场中，可能并不能开展统计学上有效、基于调查的研究。相反，企业应该尽力深挖，而非广刨，使用定性研究，理解客户选购过程中当下未知的步骤，弄清其中的隐藏决策点和影响者，以便围绕此制定行为目标和有针对性的行为改变价值主张。

- 从多方来源寻求信息和认知——"商对商"企业通常将销售团队视为客户认知的关键来源，但是面对客户行为的某些方面，销售人员或是不了解，或是因面临结构性阻碍而不能获得详细的认知。因此，企业应该从其他内部来源（如技术和工程支持人员或客户服务团队），以及外部来源获取信息，以全面理解选购过程瀑布图和客户叙事。

- 扩充和完善客户的定义——"商对商"企业不应将整家客户企业作为标准分析单位，更好的做法或许是在客户企业更加细致的层面，如分支、工厂和其他子组织层面，实施书中的方法。

- 发掘人类元素——机械化地看待客户组织，可能会认为客户决策完全由追求利润最大化的过程控制，而非由人决定。研究关键角色参与者的个人动机，发掘其行为的动力和阻碍，据此制定客户叙事，可在"商对商"背景中发挥重大作用。

- 在整个价值体系中采取准线方案——"商对商"选购过程通常十分复杂，价值链中包含众多阶段和参与者，因此企业应该整体看待直到终端客户的选购过程全程，制定相互关联的市场细分框架，确保在价值体系中，从企业到目标群体的每个阶段，准线都畅通无阻。

8. "商对商"市场：特殊案例

一些类型的"商对商"市场的结构或竞争形势特别独特，因而需要将其单独列出，研究在这些情况中如何最有效地应用本书。第一类特例市场是那些竞争性的但是受到高度管制的市场，例如，生命科学和金融服务市场。第二类是那些根本技术变革步伐迅猛复杂的市场，例如，高科技行业。

9. 高度管制的竞争市场

政府及其管制工具深刻影响着所有市场。事实上，政府的一项根本职能就是制定并执行市场交换背后的基本权利和规则。然而在某些行业中，政府或是唯一的客户（如军工行业），或有权监管或否决几乎所有的决策和行动（如公共事业）。但是在这里，我们关注的并非这些受管制的垄断行业，而是那些政府可以强烈影响或控制企业经营的一些竞争行业。这些市场也有上文谈论的"商对商"市场的一到多个普遍特质，例如客户数量相对较少，且/或高度集中，选购过程复杂等，因此上述讨论同样适用于这些案例。这些案例的独特之处在于，管制和其他强大的中介会发挥核心作用，影响行业竞争的本质。

例如，在美国的制药和生物技术行业，政府会通过美国食品药品监督管理局，细致监督所有新产品的开发和推广。美国食品药品监督管理局就是最后一道监管大门，实际掌控了所有产品通过／不通过的命运。美国食品药品监督管理局还针对每家企业营销和销售团队可以说什么、做什么，颁布了明确规定，细致到需要审议企业的广告文案。其他政府部门则是实际的买家——也是主要的买家。金融服务部门也是如此：多个政府部门制定政策，规定了银行和其他金融服务企业可以提供何种类型的产品，并严格规定和监管这些机构在推广和销售产品时的宣传和行为。在金融服务和生命科学领域，都存在终端用户／客户和决策者的混合。两个行业也都存在重要的第三方，如医生、理财顾问、经纪人等，会代替终端用户做出关键决策。

我们在本书中反复提及，也通过具体的企业案例阐明了本书对于这些市场的良好适用性。事实上，我们和同事已参与制定了数百家制药、生物技术、医院和健康保险企业的增长计划，并取得了成功。然而也的确需要认识到，这些市场独特的形势和制约意味着应用本书方案时，最好要重视过程中的特定方面——更加彻底，或更加广泛，或通过特殊的方式应用某些部分——以便实现最快的业绩增长。此外，我们发现对价值体系进行准线细分非常重要，横向和纵向的准线细分才能确保针对整个市场的动力和阻碍采取行动。在高度管制行业中，细分市场的一个特点是，成对识别行为目标通常有重要意义。在泰拉斐的故事中，同时确定患者和医生的行为目标就是一个经典的例子。最后，考虑到投

第11章 "有机增长"方案在不同市场的应用

资规模之大，以及投资回报期之长，我们也建议在进行重点投资时，弄清和论证重要决策。

10. 盈满的价值体系

这些特例市场的价值体系中参与者众多，且相互关联。例如，制药企业面临的价值体系中，不仅有医疗服务提供者及患者，还包括药品经销商、集中采购组织、私人和政府保险公司、医院，以及多种类型的综合供应网络（非营利的、营利的、大型／小型等）。众多机构通过其处方委员会，控制了医疗服务提供者和患者可获得哪些产品。如上所述，在制药行业，产品的主要选择者（即医生）和终端用户（即患者）也不是同一个人。

考虑到这些交织的互动和潜在的阻碍，制药公司很有必要绘制出所有下游参与者的互动，并将行业参与者划分为不同群体，以便可以追踪各群体间的关键互动。例如，在泰拉斐的案例中，山姆团队只理解、细分患者或医生还远远不够。要加速增长，他们还必须识别最可能要求检查的患者群体（推动行为），以及最可能开出检查的医生群体（拉动行为）。他们还需确认，在实际中，这些群体间是否存在交叉和互动，以便营销活动触及那些给目标病人看诊的目标医生。此外，他们还需启动多个杠杆，才能确保客观检查广泛普及、方便进行，同时由医疗保险公司支付检查费用。

从本书方案实行的过程来看，这就意味着围绕一组兼容的行为目标，制定相关的基于倾向的市场细分方案。在实践中，这意味着（通过调查）收集关于决策和产品在过程的每一阶段如何流动的准确数据。尽管这一方案与传统"商对商"市场的方案类似，但是在特例市场中，通常存在着更多管制机构，对理想行为的推动或阻碍发挥重要甚至是决定性的作用。例如，大型医院系统越加可以影响其网络内患者可用的品牌或通用的治疗药物。决定处方一览表上会有哪些药品，会深刻影响下游的治疗选择，并决定企业应该如何细分市场。简而言之，如果患者和医生所在的医院体系或保险体系中，并不包括企业的治疗药物，那么所有试图识别医生和患者影响点的努力都将付之东流。

11. 受政府影响的复杂选购过程

在高度管制的市场中，政府可同时扮演多个角色：可以作为监管者、守门人、提倡者和付款方。例如，在美国的医疗市场中，政府决定了研究活动的资金，积极把守临床实验的设计和最终药品的审批，还可能扮演保险机构的角色（如通过医疗保险和医疗补助服务中心）。

从本书的角度来看，制药企业需要认真绘制、理解和利用上述政府的每个角色。政府参与者的积极介入，使得这一行业的选购过程比传统"商对商"的选购过程更加复杂，这就意味着需要更加关注活动的细节、活动的参与者和不同决策的实际影响者。我们常发现，关键的增长杠杆并非仅限于一方参与者的一项高产行为，而是涉及多方参与者的众多高产行为，企业需要同时识别这些高产行为，并且采取有针对性的措施。

例如，有时可以发现，在选购过程的起点和终点处，都存在患者的高产行为（换句话说，在患者如何开始和调查不同类型的治疗方案，以及患者是否会长期遵循医嘱时）。同样的，医生在作为治疗患者的个人，以及作为医院或集体处方委员会的成员时，都会有高产行为。在保险公司和政府机构内，决策制定者也都有各自的高产行为，等等。在实践中，这就意味着，企业或许需要平行开展多场、极有针对性的行为改变活动，以激发价值体系内众多互动参与者的相关行为。我们可以再来看一下泰拉斐的例子：泰拉斐团队开展了针对患者的非品牌活动和向医生宣传客观检查益处的活动，同时，还针对政府监管部门和保险公司，开展了拓展活动，以确保检查费用可以得到报销。

12. 高创新（高科技）市场

尽管我们不能对这一话题展开详尽论述，我们仍想简要谈一下"商对商"行业中另一个特例——以迅猛创新和短产品生命周期为特点的高科技行业。高科技市场有各种各样的参与者，远超人们的想象。市场中既包括结合"商对商"和"商对客"元素的软件驱动公司（如脸书和亚马逊），更倾向"商对商"的软件公司（如甲骨文和赛富时），和附有软件和解决方案的硬件驱动公司（如德州仪器公司和思科），还包括那些主要争夺产品空间，同时也越加通过数字信息流赚钱的公司（如国际电话电报公司）。

尽管这些不同类别的高科技公司之间存在巨大差异，但是整个行业却存在一个共同特点，即产品创新速度极快。一代代全新的高科技产品接踵而至，这也意味着企业随时可能获得或失去巨大的市场份额。很多行业都在快速发展，但是高科技市场却在迅猛前进。图形芯片的生命周期通常只有三个月，而在汽车行业，车身设计可以10年保持不变。花六个月时间分析每个新芯片的选购过程，就会错过图形芯片的两个周期。

面对这一情形，有的人可能会提议精简或简化本书方案的过程，以跟上这些市场快速前进的步伐。例如，我们可以简化基本框架过程，如绘制选购过程流程图，制定基于倾向的市场细分框架，等等，收集可用证据，依赖定性而非定量资料，遵循企业内部的假设和积累的经验行事。按照高科技行业的准则，我们可以做好快速失败的准备，然后基于市场的反馈即时调整方案。

事实上，我们并不推荐这一方案。我们认为这一做法混淆了两个不同的概念：产品创新的变化率和潜在客户选购过程的变化率。尽管在每个全新的产品生命周期内，产品的特征和优势可能会迅速变化，但是在我们的经验中，人们选购的方式和高产行为实际上会长时间保持稳定。当然，要在这些行业中竞争，企业必须具备快速设计和生产新产品必需的研发能力、工程能力和生产能力。但是，引导"商对商"客户试用并购买新产品的方案却变动较少。在我们的经验中，开展详细的市场分析，细致理解市场

第11章 "有机增长"方案在不同市场的应用

中选购过程的根本动态是值得的。例如，我们或许可以选择基于客户试用新品的倾向细分市场，但是不应让行业中许多部门对新奇的着迷影响我们对客户行为方式的理解。

重申一下，本书关于高科技市场的讨论，根本不足以涵盖高科技市场这一庞大的话题。在此，我们只是想指出，这些领域的营销人员可以调整或强调标准本书方案的特定元素，以满足此市场的特殊需求。

在考虑特殊"商对商"市场时，我们看到了一些关键点。尽管这一章节的大部分内容都在讨论特定类型的市场（如生命科学），但是在复杂的"商对商"市场中应用本书时，却存在一些通用经验：

- 关注相互联系的系统和连接点：高度管制的市场面临比大多"商对商"企业更加复杂的情况和更多的监管，因此需要更加尽力地详细绘制价值体系图。这或许意味着要在众多层面制定市场细分框架，以确保企业可以激发众多参与者做出一系列相互关联的行为，这其中的每一个行为，都可能构成增长战略的潜在重大阻碍。
- 识别多个行为目标：企业很少能只靠拉动一个行为杠杆就实现这些市场内的增长。相反，企业常有必要影响价值体系中不同利益相关方的多个关键行为。
- 平行开展多场行为改变活动：针对上一点，企业或许有必要针对不同的目标群体，开展平行活动（同时或有序），以实现整个体系的行为改变。

- 担起适当的决策举证责任：对本书工具应用的重视程度和投入多少，取决于每个增长机会代表的风险和投资规模。在紧要关头或者孤注一掷的情境中，加倍投入关键分析常是值得的。增强对于关键点决策的信心和确定性，可以帮助避免在对行为改变活动分配资源和人力时，出现倒退或丢失目标的情况。
- 重视借助本书方案实行过程中的指导渡过复杂的形势——团队容易被所在市场复杂的动态和需求分心。遵循井然有序的方案实行过程，面对捷径要谨慎行事，可以帮助团队将稀缺的资源集中到可以带来真正增长的少数活动上。

13. 结论

在本章，我们介绍了在不同类型市场中执行本书方案时，企业会面临的诸多挑战。尽管我们不能针对每个市场的独特之处进言献策，但是我们在过去几十年中，在不同地理位置和行业应用了书中的原则，并积累了大量的经验教训，可供读者参考。在此，我们的目的是想说明，本书的核心方案已被证明可以在多种不同类型的市场中发挥作用，同时想从方案在不同状况的应用中提炼出一些关键的经验教训，以提高方案应用的效果。在下一章，我们的重点将会转向企业在应用和采纳本书方案时，经常会遇到的制度阻碍。

第 12 章

克服组织障碍

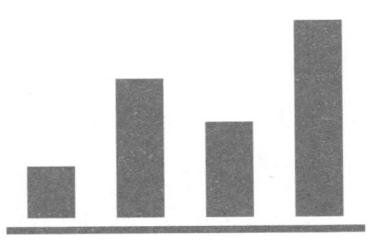

奇怪的是，尽管每家企业都渴望实现增长，然而，企业的组织和经营方式却经常与这一初衷南辕北辙。多数企业的组织结构（例如，业务部门结构和功能分支）都使得企业内部没有关于市场的组织层面的统一观点。此外，产品增长计划经常缺乏统一的过程或方案——减少了增长的可能，也使企业不能借助经验获得对增长的认知。尽管企业口口声声说自己是客户导向的，然而却经常对客户调研投入不足，同时还大肆吹嘘其研发投入。我们常常在想，缺乏对客户行为严谨可靠的认识，企业究竟能做什么类型的研发。而且，当发行创新产品时，营销和商业投资常被分摊到众多营销活动和策略上——几乎没有空间去进攻对手薄弱点或客户高产行为。最后，营销和商业经理经常会每24到36个月轮换一次，因而会在活动过程中就将商业计划移交出去。因为这种变动，新的经理常会出于压力而实施全新的举措——在中途修改或放弃计划。由于这些因素的存在，企业在行动之初，就已经被捆住了手脚。有这样一个开始，若还能实现增长，真是会让我们大吃一惊。

在过去几十年与客户打交道的过程中，我们开始意识到，要执行本书方案，企业领导必须还要处理具体的企业组织问题才能取得成功。因此在本章，我们想转移一下话题，重新回到之前章节探讨过的四家企业的故事（及其他客户的经历），以便识别我们在实践中经常看到的组织障碍。重要的是，尽管我们设计了解

第12章 克服组织障碍

决这些阻碍的方法，我们同样意识到，仅靠书中方法可能还不足以扭转乾坤。

每个阻碍都可能破坏增长，而这些阻碍一旦同时出现，必然会打断任何增长规划。因此，在本章的末尾，我们提出了五条具体的建议，帮助企业克服这些障碍。每条建议都可以单独发挥作用，但是如果同时采纳，会对本书方案的成功执行起到巨大的促进作用。

1. 传统行业观念

每个行业都有一套关于何处和如何竞争的潜规则，就仿佛行业是一个体育联盟，有自己的一套规则。随着时间的流逝，那些看似合理的组织设计选择、竞争性基准和人类内在偏见共同发挥作用，限制了竞争企业高管的思维，使他们形成了在行业中如何实现增长的一些片面假设。最常见的是，高管们开始相信，增长主要有两个源头：维持并扩充其现有客户基础，即建立客户忠诚度，以及/或从弱势对手那里争得客户，即获得市场份额。这一认识限制了其实现快速可靠增长的能力。如果这样看待市场，多数经理在行事时就会表现得像在参与一系列连续的零和游戏。经理们会尽快互相抄袭，产品线战略几乎如出一辙，投资的最佳内部实践也一模一样。这样一来，所有企业的增长率也就随着行业均值上下起伏。即使那些熟悉游戏规则的企业也会发现，随着竞争对手紧跟他们的有效举措（可能模仿并不完美，但也足够合

313

理），自己其实就是在不断地进两步退一步。

尤金·森加入恺撒金融，接任其财富和投资管理副总裁职位时，就面临这样的情境。在之前的公司，尤金刚刚参与完成了一项效果不佳的营销宣传活动，来到恺撒金融后，尤金感受了那种似曾相识的不安。恺撒的营销活动，以及产品供应方案，几乎和其他理财机构别无二致。这是因为所有企业都遵循同一套传统观念，认为指导投资者的正确方式，就是制定全面的理财计划，管理投资者的全部投资组合。从要求新客户填写的财务披露表，到理财顾问的薪酬计算方式，这一切的一切无不基于要管理客户全部投资组合的传统观念。

作为行业的老手，尤金自己也曾长期抱有这一观念，但是他也认识到，复制与竞争对手相同的产品供应方案和价值主张，不可能带来他需要实现的那种增长。尤金进行了选购过程分析，结果显示，增长机遇在于帮助客户投资那些为了具体目的而准备的具体金额的资金，而要发掘这些机遇，则需背离行业常规做法。然而，借助分析的确切数据和首席执行官在背后的强烈支持，尤金摆脱了传统观念的束缚，开展了成功的增长方案。

2. 冲突的观点和分布图：销售、营销和研发的不一致

在第5章，我们注意到企业内部常存在对立的市场观点。一个表现就是企业中会有多个不同的市场细分方案并存。考虑到不同

部门有不同的时间跨度和目标,这一现象的存在不足为奇。

多数企业的销售团队主要关注卖出现有产品或设备。同理,研发部门的设置旨在围绕全新产品创新(如新化妆品的味道、新的节能暖通空调系统,或新的治疗药物)。最后,营销团队的任务则是了解客户所思所想,然后据此刺激客户需求。也难怪不同部门之间常会出现冲突。简而言之,除非采纳全新的流程,否则这些部门之间不可能实现联动。

如果我们转移一下视角,观察客户在产品选择之前的上游行为,会发现不同部门的观点差异问题愈加严重。在这一环节,关键的认知很少事关产品本身,反而是关于改变与产品特征无关的某些买家行为。我们经常看到,研发部门尽管常自认为该负责理解和预计客户需求,却经常在制定全新的增长方案时被迫退居二线。如果不能明确解决,观点的差异将会带来不同部门角色和职责的冲突,进而导致不同部门彼此心生怨气,企业失去增长动力,刺激持续增长的资源分配不佳。

事实证明,当苏珊·戈麦斯开始改革节能服务部门时,恩塞维的研发部门是这一进程的一个关键利益相关方。从历史上看,恩塞维的营销部门相对弱势分散,缺乏与其他业务部门统一的计划过程。研发部门弥补了这一空白,有效担起了市场情报部门的职责。研发部门的领导认为自己代表了客户的声音,因此在苏珊让运营部门(销售和营销部门)主导基于客户选购行为的全面调查,进行市场细分时,研发部门的领导对此抱有怀疑态度。

过去，研发部门推崇开发节能服务套餐，这一套餐曾经被成功地卖到行业的一个垂直分组（这也是恩塞维过去的市场细分方式）。研发部门的领导强烈支持苏珊前任所执行的战略，认为应该大力向其他客户群体销售这些产品供应方案。然而，选购过程分析却发现，这种大型捆绑销售实际只代表了一个相对较小的机遇，并不符合决策者选购节能服务的实际做法，因而挑战了传统方案的观念。此外，苏珊和团队根据设备经理在计划节能服务项目早期咨询卖家的倾向，制订了全新的市场细分方案。

尽管这些改变在最初受到了来自销售人员和研发部门的抵制，但是分析得出的证据最终帮助人们达成了关于目标关键群体的共识。苏珊邀请众多利益相关方参与制定针对这些目标客户群体的全新解决方案。在这一过程中，团队依靠产品开发部门，设计了一系列小型、高投资回报的产品供应方案，可供设备经理选购执行，而无需进行漫长的内部资本预算和审批流程。再一次，分析带来的有数据支撑的认知提供了所需的证据支持，以便动员并联合不同的业务部门，执行全新的增长战略。

3. 投资不足的客户调研

多数企业都宣称自己以客户为导向，但是我们却观察到，很多企业都对客户调研长期投资不足，这一现象令人感到疑惑。这其中的第一个问题涉及营销调研的总预算。尽管诸如联合利华、宝洁和雀巢之类的标志性"商对客"企业，会投入数千万美元用

第 12 章 克服组织障碍

于客户调研，但大部分企业却并非如此。经常可以看到，规模在4到5亿美元的"商对客"企业通常投入50万美元用于客户调研。事实上，在许多"商对商"企业，具体的部门和产品线或许都没有任何正式的市场调研。

第二个问题与投资重点有关。大多数企业将绝大部分调研资金用于评估相对同类产品的产品性能，或是花钱追踪现有活动的作用，而非真正了解未被满足或未被充分满足的客户需求。此外，当企业投入资金，开展产品性能研究时，通常只会花钱强化企业现有的客户认知（如客户想要更低的价格和更好的服务）。为了论证这一点，我们经常询问研讨会的参与者，"你知道哪些竞争对手不知道的关于客户的信息吗？"通常而言，这段对话都会无疾而终。

第三个问题与市场调研本身相关。企业通常会对主要客户调研投资不足，同时，企业还会过度依赖第三方、次级调研的卖家。换句话说，企业会将关键的客户情报和市场调研部门外包给外部卖家，如欧睿国际。尽管企业通常可以借此获得良好的数据，但最终却是所有企业都有和对手一样的情报。因此，企业并没有只适用自身的独特认知。企业依靠卖家主导的数据，自然会开发相似的产品和服务，因为所有企业的数据都一样。调研过程的第二个问题，与以发现为导向的调研关注重点有关。在大多数情况下，企业的调研都以产品本身为主——如产品与对家产品比起来如何，理想的新特征有哪些，核心产品上可添加什么服务，而并没有关注更为广泛的选购过程全程。最后，企业常会将以发现为导向的调研分配给初级营销调研人员，而后者却并没有必备

317

的行业背景和市场知识，不能将发现结果的作用发挥到最大。当象棋大师看着棋盘时，他们知道该走哪一步。同样的，当高级管理人员参与以发现为导向的调研讨论时，他们会与那些长期接受市场调研技巧培训的人得出不同的结论。

在本书中分享的所有企业故事中，都可以明显看到企业对发现调研的重视不足。在有些案例中，如恩塞维的案例中，问题在于长期投资不足，营销部门的发展不足，而行业中的企业却都依靠简单的市场框架和激进的销售策略。相比之下，在泰拉斐的案例中，该企业对患者和医生的调查投入了大量资金，问题出在调研重点上，其调研只片面地关注了产品的治疗功效和开药的益处，而没有关注更广泛的一系列客户行为。

然而，最明显的例子还是恺撒金融的案例（尽管在这方面看来，恺撒金融和对手公司的行为也没什么两样）。多年来，恺撒的理财顾问一直知道很多潜在的客户会在初次咨询后就离去。但是，他们并没有研究这一环节高退出率背后的原因和行为，而是试图用各种方式将这一现象合理化。只有当其投入资源，理解了投资者上游关于资金用途目标的影响后，恺撒金融才开始抓住这一曾被错失的重大机遇。

4. 分摊到各个领域的商业投资

有机增长缓慢的另一个原因就近在眼前，即分摊商业投资。这其中涉及三个具体问题。第一，企业试图激发过多的市场对象。相比只关注一两个客户群体，向高级管理层汇报自己在针对多个客户群体行动会容易得多。如果试图针对一大部分市场采取行动，那么看起来似乎会更有保障、更加进取。结果就是团队通常会以四到五个客户群体为目标，有时甚至会针对整个市场。

第二，投资一个特定目标群体时，资金也常用于开展宣传组合活动——广告、社交媒体、行业文件、会议等。这一"花生酱"分摊方式的原因在于，团队相信需要启动所有杠杆，才能得到最好的结果。第三点也与第二点相关，就是一旦安排了预算和负责人员，就很难对宣传活动撤资。事实上，新媒体工具（如推特和阅后即焚）不断涌现，日新月异，进一步加剧了这种活动不能取消的问题。新的媒体工具加入了宣传组合，继续获得无限期的投资。因此，媒体支出被进一步分摊——分摊至整套的媒体策略。

简而言之，如果经理们不能获取精准独到的信息，了解投资收益率最高的一两个机遇所在，那么他们就会对众多机遇都投资少量资金，以获得保障。分散化的支出势必会导致，对任何真正有意义的机遇的投资金额都不足以带来竞争优势，更不可能大幅影响客户行为，带来理想的结果。

5. 晋升周期和职位轮转

企业领导都迫切渴望方案可以立竿见影，这一想法源自华尔街的期待，也源自其自家企业的人员政策和实践。有许多文献探讨华尔街对短期收益的着迷，因此不需要对此过多赘述，不过这一趋势的确影响了想要获得季度绩效的经理们的心态。

大家对企业人力资源政策的影响,特别是与晋升相关的政策知之甚少,因为这一影响只会潜在地发挥作用。通常而言,企业会每18到36个月安排一轮晋升和/或职位调整。这就意味着,平均而言,有抱负的经理会期待自己在特定职位待24到30个月,然后就会晋升。如果他们在特定职位待的时间过长,就会开始担心自己在该企业的职业前景。尽管企业的具体政策和标准各异,但所有企业都会将经理的能力表现作为其晋升标准——最好是能有具体可见的成果。为此,有上进心的经理都开始拼命表现自己的能力,过程中要盖上自己的"印章",要让自己更加突出——做出一些全新的、更好的、引人注目的举动。同时,在这一过程中,经理们倾向风险更小的活动。因此,经理们就强烈偏好那些可以在6到12个月计划执行,同时在自己任职的最后12个月中见效的方案。对于立刻见效的渴望,通常会导致经理们采取短期策略,对关键活动做些表面改动,或者采用新包装,而很少会让经理重新深刻思考针对其他增长源头的战略。

追求快速增长的压力可能会为泰拉斐带来灭顶之灾。在成功主导了这一主打新品的发行后,山姆·威尔科克斯的晋升看起来似乎是势在必得。然而,突然之间,山姆发现自己的产品和事业发展脚步都开始放缓。如果他听从了团队中许多成员的建议,加大投入,进一步向医生推广泰拉斐的独特优势,那么山姆或许可以勉强实现足够的额外增长,或者至少赢得更多的时间,来给自己找到一个良好的新职位。

第 12 章　克服组织障碍

多亏山姆自己，也多亏那些既要求他制定全新方案，又给他足够时间和权限的领导团队，山姆选择了另辟蹊径。山姆没有将营销资源投入到短期不可持续的增长行动上，而是投入到了患者和医生行为研究上，发现要求和开出适应证的诊断性检查至关重要，而现在对于这一检查的使用率不高。尽管毋庸置疑，最终的结果对于山姆和公司而言都更好了，但是在短期的财务和业绩压力面前，选择这一长期方案的确需要相当的勇气。

6. 增长障碍的解决方案

关于五大障碍的讨论，让我们转向关注本书在企业内应用的更大背景。从我们的经验来看，上述组织层面的阻碍因素甚至会决定最精彩的战略能否带来理想的增长，而解决这些背景问题并非易事（可借助表12.1概览解决方案建议）。如上所述，尽管本书的设计就是为了克服这些挑战，但企业还是可采用其他方法来减少阻碍。

表12.1　增长障碍和本书的解决方案

增长障碍	可能的解决方案
1. 传统增长观念	1. 系统解决方案 全系统替换 制定变革活动 将本书方案融入其他体系和过程
2. 冲突的分布图和观点	2. 就对市场的看法达成共识 跨部门领导团队有权推荐一个框架 每个团队成员都确保自己部门使用该市场细分框架

（续表）

增长障碍	可能的解决方案
3. 客户调研投资不足	3. 用新的方式投资调研 探索与证实性调研 主要而非次要调研 适当的基于证据的管理 高级管理层的参与
4. 分摊的商业投资	4. 集中商业支出 避免分摊至整个选购过程 一次重点投资一场或两场针对具体客户群体的活动 按序重点执行不同波段的活动（同时继续但减少之前针对具体客户群体的活动支出）
5. 晋升周期	5. 替代的晋升途径 将标准和增长源头挂钩 职位周期内延长任职期 将不同时间的职位联系在一起

7. 从传统观念到全系统替换

如果所有人都在玩同一个游戏——遵循同一套游戏规则，那么现在就是时候改变游戏规则了。如我们在第一章所述，整本书的目的就是希望通过市场计划，改变增长战略的实现方式。重要的是，我们一直提议对市场推广方案进行全系统的替换，而非只是替换其中的几个部分。做个类比，在网球场上，球员要么多是后场进攻，要么多是发球上网。这就是一个非此即彼的选择。同样的，我们想说，本书的基础原则最好是作为一个整体系统发

第12章 克服组织障碍

力,而非作为独立的个体发挥作用。

本书提供了一套全新的体系。本书基于完全不同的客户认知,特别关注在选购过程全程定量的退出点。璀璨团队现在可以回答这个简单的问题了。"你知道哪些竞争对手不知道的事?"璀璨团队知道,试用璀璨品牌的女性用户中,有40%会购买璀璨,而在没有当场试用产品的客户中,只有15%会购买璀璨。这一数据点推动了整个品牌策划过程。璀璨团队将选购过程中这一数据点作为催化剂,执行了本书的整个系统,同时放弃了他们现有的品牌策划过程。

因为本书的方案与旧方案截然不同,所以企业在其运营中采纳和实行本书方案时,应该将所有改变管理项目中出现的问题都纳入在内。恩塞维的方案之所以能够见效,是因为高管团队能够将缓慢增长确定为棘手的平台问题,为团队设定了积极的增长目标和愿景,开展了试点论证,并针对整个商业团队以及企业高层,实行了系统性的培训。

随着读者应用本书,必然会遇到第二个问题:读者该如何将本书和有着其他体系、过程、结构的培训项目结合在一起?也就是说,读者该如何让本书和年度预算周期、年度职位轮转、预测及产品发行周期保持一致?本书与其他活动的衔接并非一日之功。我们的结论是,这一过渡的发生通常会带来一场变革活动——在此论证了改革企业的增长能力其实是一个过程,而非一次性的干预。对于恩塞维而言,这就意味着发展新的商业能力、改变奖励机制,以及与首席财政官一起重新设计预算。

8. 从众多分散的观点到统一的观点

在创造和管理持续的增长时,一个重大的挑战就是需要确保所有相关业务部门都接受了计划。事实上,如果各个部门没有都参与制订计划,那么该计划被接受的可能性就很小。因此,我们的经验是,能确保这一工作顺利开展的唯一方法,就是将可适当代表营销、研发、销售和企业其他核心业务部门的工作组聚在一起。这些工作组必须还可以代表高级管理层,拥有强大的跨部门背景。此外,这些工作组必须获得一个强大的领导联盟(常称之为领导团队)的支持,才能成功地进行干预。

企业可以成立多个不同的工作组,并分配给每个工作组适当的预算,以便其可以关注最有潜力的增长源泉。同时,每个工作组都拥有恰当的职能和权限,以便可以设计和委托适合自己战略的不同产品版本以及市场推广活动,还可以与企业获得和留住客户的主流活动平行开展自己的活动。制药企业会定期成立不同工作组,来向监管部门和医生展示同一种药品是在多方面都安全有效的,也就是说可安全有效地治疗不同疾病,或同一疾病的不同方面。制药企业已经认识到,要靠一支团队去发掘不同的增长源泉非常困难。但是,企业还需通过建立市场理解的共识,使用单一市场细分框架,确保不同的团队工作会保持连贯一致。

恩塞维仍是这方面的一个绝佳范例。在恩塞维,不同的业务部门和个人会因为各自的视角以及面临的激励不同,而对良好客户有不同的定义。例如,对于销售人员而言,良好客户应该是每隔几年就会大批采购暖通空调设备（如为大型建筑群添置制冷机）的客户，因为这样会带来大量的销售订单。苏珊·戈麦斯和恩塞维工作组在调整节能服务部门的市场细分和市场推广方案时，主要的任务内容就是获得众多团队的接纳，重新统一激励机制，以确保企业的所有部门都能步调一致。

9. 从客户调研投资不足到市场驱动的认知

高管应该负责投资客户调研。为了处理上述提到的三个问题，高管应分配更多的资金用于客户调研，重点关注以发现为导向的调研，坚持要求团队基于证据制定营销策划，以及参与审议、检查和质疑研究结果。

第一，公司必须致力于分配资金用于市场调研。考虑到这些资金通常没有预算，而研发部门却有预算，更简单的方法就是使用少量研发资金进行调研。当然，在一开始，研发部门一定会非常抗拒，但是如果研发部门认识到此资金用途非常合理，会提高研发效果，那么就有可能实现这一调整。

第二，高管必须要求其团队深入挖掘认知，推动团队重新分配现有调研资金，并在必要时提供额外资金。关于客户和未来的认知就是增长的燃料。如果新成立的团队不能有不同视角，或看到同行忽视的事，那么这些团队就不能设计独特的增长方案。如上所述，多数企业对调研的投入过低，而投入的大部分资金也是集中在跟踪品牌健康、市场份额或广告效果上，对发现的投资远远不足。

第三，高管应该要求团队定量绘制选购过程的退出点。要求所有营销计划都提供证据，证明企业可以成功干预哪些环节、如何改变客户行为，以及为什么客户想要进行全新行为——这对于制定基于证据的商业策划而言至关重要。这一做法还会让团队避免购买次级调研的数据库，将调研任务外包给相关卖家。

第四，高管应要求工作组论证选购过程的退出点、基于倾向划分的客户群体、基于高产行为的动力和阻碍的客户叙事，以及书中的其他工具。例如，选购过程瀑布图（见图3.5）就是推动营销资源分配的重要讨论工具。高级领导团队必须查看、争辩、检查和讨论这些团队的工作成果。高级领导团队必须参与所有产品或品牌策划。如果高管不参与理解市场，不要求全新的客户认知和不同的看待市场方式，那么改变就只是纸上谈兵。

10. 从分摊商业投资到有重点地支出

在第10章，我们深入探讨了将商业支出重点投入具体活动的过程。玛雅·斯通作为赫莲娜诗蒂克美妆的营销总监，非常了解资源的"花生酱"分摊。多年来，营销预算常按照品牌销售额被分摊到一系列品牌上，紧跟行业惯例。实际上，这就意味着近80%的营销支出用于在纸媒和电视媒体推广品牌，剩下20%的支出则大多用于社交媒体广告。的确，玛雅团队内的主要争议，就是是否应该调整支出组合，更加关注线上媒体和社交媒体，而非传统媒体。

采用本书方案的过程就改变了整个局面。因为分析显示在零售渠道中，店内的行为决策至关重要，所以玛雅的团队转而通过调整展台、样品展示和选购背景，将大量资源投入重新设计美妆购物体验。此外，团队决定重点投资改变一个客户群体的行为——第一次选购化妆品的入口点青少年客户，同时优先推广面向这一群体的王牌品牌——璀璨（第一波营销）。在战略起效后，团队又重新分配资源，将同一战略运用到其他客户群体（第二波营销）和旗下的其他品牌。

11. 从职位轮转到长期视角

如何衡量和提拔致力于增长源泉的团队领导也非常重要。通常而言，经理绩效的衡量会参照定量指标（如收入增长和市场份额）和定性指标（如完成特定计划）。如果企业希望实现大幅增长，就应同时调整定量指标和定性指标。这就需要企业投资新体系和新能力，以收集新数据，改变实践。首先，每支团队在各自发掘新增长源泉时，都可能需要设计和实行适合自身的跟踪体系，以便生成可合理评估其工作成果的度量标准。用产品线销售收入数据衡量业绩有点不切实际——这些数据会受到所有团队工作的影响。

企业需要适用增长源泉的度量标准。大多数企业的跟踪调查只抽样检验品类内的客户，收集总体采购、消耗、品牌选择的信息，这就意味着企业只可能计算市场份额和留住客户数量的变动情况。因此，企业应调整并／或创造新的跟踪调查方法，以获取正确的数据，帮助发掘不同的增长源泉。如果读者关注通过新入门的客户实现增长，那么你就应该创造一个跟踪系统（或调整现有跟踪系统）以抽样检验品类内外的客户，并认真跟踪过渡客户的行为。相反，如果读者关注提高使用率，那么你就需要一个可以细致划分现有客户行为的跟踪系统：弄清客户每次的品牌选择和使用。

改变定性指标和晋升政策也同样重要，可以确保全新增长源泉获得适当的关注。这里的问题在于时间安排的不匹配。一般而言，大多企业的晋升周期比适当设计并开展针对新增长源泉的方案和活动所需的时间要短。按照正常的每20到24个月晋升一次的轨迹，经理们的绩效评估就会靠那些可以在12到14个月内设计、执行和完成的计划。这就会导致经理们不愿花时间深入研究，不愿开展必须的、多维的、参与性的宣传教育活动，借此吸引客户进入品类市场，或提高产品使用率。

通过改变晋升标准，可以纠正经理们对短期、以份额／留住客户为导向的计划的偏好。企业可让有上进心的经理负责完成长期项目，例如，明确告知这些经理，如果他们不能成功完成前任留下的长期增长计划，那么他们就不能晋升。关键在于要让经理负责比自己预计在职位上待的时间更长的增长计划。

12. 结论

本章提炼了企业中阻碍增长的具体的行为和心态。这些问

第12章 克服组织障碍

题通常是更加广泛的系统性的问题(如职位轮转),与企业运营相关。企业渴望稳定和持续并不奇怪。事实上,彼得·德鲁克一些最具影响力的作品,都是关注需要企业放弃过去曾立下汗马功劳的活动、过程和方案。德鲁克将这种活动的联系称为"经营之道",他提倡每两年重新审议一遍行业的核心假设、企业的使命和战略。我们的信息是:传统增长方案并不管用——或者起码,不能带来可靠的增长。决定实行系统性的替换绝非易事,但是遵循传统观念通常并不能带来增长。现在是时候采用全新方案了!